중국경학사
中國經學史

동아시아
자료총서

21

중국경학사

中國經學史

유사배劉師培 지음 | 이영호, 서혜준 옮김

이 책 『중국경학사』(원제: 『경학교과서』 제1책)는 총 36과로 이루어져 있는데, 중국 경학의 역사를
시대순, 경전순으로 분류하여 서술해 놓고 있다. 중국 경학사의 시기를 크게 공자 전후 육경의
전승, 한대 경학, 삼국, 남북조, 수, 당 경학, 송, 원, 명 경학, 청대 경학 등 5장으로 구분하였다.
그리고 한대에서 청대까지 중국 경학의 내용을, 『주역』, 『상서』, 『시경』, 『춘추』, 『예경』, 『논
어』(『맹자』, 『대학』, 『중용』을 함께 논함), 『효경』(『이아』를 함께 논함)으로 구분하여 기술하였다.

성균관대학교
출판부

목차

목차

목차

해제

유사배(劉師培, 1884~1919)의 자는 신숙(申叔)이고, 호는 좌암(左盦)이다. 광서(光緖) 28년(1902) 장병린(章炳麟)의 영향을 받아 이름을 광한(光漢)으로 고쳤다.

『춘추좌씨전(春秋左氏傳)』과 교감학을 연구한 가문에서 출생하여 전통적인 교육을 받으면서 성장하였다. 당연히 유가학술에 대하여 어린 시절부터 침잠하였다. 1902년 18세에 거인(擧人)이 됨으로써 그는 유학에 대한 소양을 공식적으로 증명하였다.

1903년에 장병린을 만나 『춘추좌씨전』의 의례(義例)를 토론하면서부터 고문경학(古文經學)의 기치를 내세웠으며, 동시에 민족주의 혁명에 투신하였다. 1904년 채원배(蔡元培)의 소개로 광복회(光復會)에 들어갔으며, 1907년에 반청활동을 하다가 일본으로 망명하여 '위예(韋裔)'라는 필명으로 활동하였다. 이때 무정부주의를 제창하기도 하였다.

이후 유사배는 이런 노선을 포기하고, 1908년에는 청나라 조정에 투신하였다가 민국 초기에는 원세개(袁世凱)의 제제(帝制) 운동에 참여하기도 하였다. 1917년부터는 북경대학교장(北京大學校長) 채원배(蔡元

培)의 초빙으로 북경대학(北京大學) 교수가 되었다가 2년 뒤인 1919년에 세상을 떠났으니, 그의 나이 35세였다. 유사배가 남긴 74종의 저서는 1934년『유신숙선생유서(劉申叔先生遺書)』에 수습되었다. 여기에는 유사배의 경학, 사학, 문학에 관한 저술들이 망라되어 있는데, 그 가운데 경학의 역사와『주역』에 대해 서술한『경학교과서(經學敎科書)』가 있다.

『경학교과서』는 2책으로 이루어져 있는데, 제1책은 중국의 경학사이고 제2책은 역학(易學) 개론서이다. 성서(成書) 시기는 1905년으로, 상해국학보존회(上海國學保存會)에서 출간되었다. 본 역서(『중국경학사』)는 이 중, 제1책 중국 경학사를 서술한 부분을 완역한 것이다.

이 책『중국경학사』(원제:『경학교과서』제1책)는 총 36과로 이루어져 있는데, 중국 경학의 역사를 시대순, 경전순으로 분류하여 서술해 놓고 있다. 중국 경학사의 시기를 크게 공자 전후 육경의 전승, 한대 경학, 삼국, 남북조, 수, 당 경학, 송, 원, 명 경학, 청대 경학 등 5장으로 구분하였다. 그리고 한대에서 청대까지 중국 경학의 내용을, 『주역』,『상서』,『시경』,『춘추』,『예경』,『논어』(『맹자』,『대학』,『중용』을 함께 논함),『효경』(『이아』를 함께 논함)으로 구분하여 기술하였다.

각 시대별 중국 경학의 양상을 일별하면서 이처럼 핵심만을 잘 정리한 전적은 지금까지도 찾아보기 어렵다. 다소 간략하기는 하나 교과서라는 이름에 걸맞게 정수만 추려 놓았다. 다만 이 책은 중국 경학의 역사를 시대의 흐름에 따라 기술하였기에, 각 경전별 주석의 전개양상을 살펴보기에는 불편하다. 이에 본 해제에서는 시대별로 기술된 중국 경학의 흐름을 각 경전별로 재분류하여 요약 정리하였다. 이 부분을 읽고서 본문을 읽는다면, 중국 경학의 전개양상을 경전별, 시대별로 일별할 수 있을 것이다.

상고시대와 서주(西周)시대에 이미 존재하였던 육경(六經)은 공자에 이르러 정리되었다. 그리고 공자의 제자들에 의해 계승된 육경은 한대(漢代)부터 본격적인 주석이 나옴으로 인하여 이른바 중국경학의 역사를 구축하게 되었다. 육경에 더하여 중국경학사에서는 사서(四書)와 『효경(孝經)』, 『이아(爾雅)』도 매우 중시되었다. 이에 경전별로 그 주석(注釋)의 역사를 요약하면 다음과 같다.

『주역(周易)』

【한(漢)】전한 시대 금문(今文) 역학 4가인 맹희(孟喜) 학파, 시수(施讎) 학파, 양구하(梁丘賀) 학파, 경방(京房) 학파는 모두 제학(齊學)의 별파(別派)로써 학관에 들어갔다. 당시 고문(古文) 역학은 비직(費直) 학파가 있었다.

후한(後漢) 시대에 이르러 마융(馬融), 정현(鄭玄) 같은 경학 대사들이 비직의 역을 전수함으로써, 역학 고문 학파가 성립되었다. 후한 말엽에는 대부분 정현(鄭玄)의 주(注)를 숭상하였다.

【위진남북조(魏晉南北朝)】위(魏)나라 왕필(王弼)이 『역주(易注)』를 지어 상수(象數)를 버리고 의리(義理)를 말하였으며, 한강백(韓康伯)이 노장(老莊)의 뜻을 섞어 『역(易)』을 해설하였기에 정현의 역설(易說)과 달라졌다. 진(晉)나라 영가(永嘉)의 난 시기에 이르러 시수(施讎), 맹희(孟喜), 양구하(梁丘賀)의 『역』이 없어졌다.

남북조 시기가 되어서는 정현의 『역』이 하북(河北)에서 성행하였고, 하남(河南)의 일부 지역에서 왕필의 주(注)가 간간이 유행하였

다.【북학(北學)】

강동 지방의 경우는 왕필의 주가 중심이 되어 학관에 세워졌다. 남제(南齊) 시기에 이르러서는 정현과 왕필을 나란한 위치에 두었다가, 이후에 다시 정현을 버리고 왕필을 숭상하였다. 이 시기 등장한 역학은 대체로 왕필의 주를 위주로 하였는데, 엄식지(嚴植之)만이 정현의 주를 숭상하였다.【남학(南學)】

【수당(隋唐)】수대(隋代)에는 왕필의 주가 성행하였다. 당나라 공영달(孔穎達)은 왕필의 『역』을 숭상하였고 정현의 주를 버려서 한대(漢代)의 『역』이 마침내 없어지게 되었다. 이정조(李鼎祚)의 『주역집해(周易集解)』만이 한대 학자들이 『역』을 주석한 설을 채록하여 35가(家)를 얻었으니, 정현을 숭상하고 왕필을 버려 한대의 학문을 드러내어 밝혔다.

이 시기에는 현학(玄學)이 번성하였기 때문에, 『역』을 해설할 때 도가(道家)의 뜻을 많이 채록하였다.

【송명(宋明)】진단(陳摶)에게서 연원한 송대 역학은 상수(象數)를 통해 의리(義理)를 추구하였지만, 도학파 계열의 사마광(司馬光), 장재(張載), 소식(蘇軾), 정이(程頤)의 역학은 상수를 배제하고 의리를 말하였다. 이후 송대 『역』 주석은 의리 추구, 상수 중시, 의리와 상수의 겸채(兼采)로 나뉘었다.

한편 주자(朱子)의 『주역본의(周易本義)』는 의리와 상수를 모두 숭상하였는데, 송(宋), 원(元) 이래로 『역』을 말한 사람들은 정자(程子)를 존숭하거나, 주자(朱子)를 존숭하거나, 혹은 정자와 주자의 설을 참고하여 합하였다.

명대(明代)에 『대전(大全)』을 선집함에 이르러, 한(漢)의 『역』이 대부분 없어졌다. 오직 왕부지(王夫之)의 『주역패전(周易稗傳)』만이 여전히 실증을 위주로 하였다. 명말(明末)의 역학(易學)은 대체로 진단(陳摶)과 소옹(邵雍)의 도서(圖書)를 배척하였다.

【청(淸)】호위(胡渭)는『역도명변(易圖明辨)』에서 상수를 버리고 의리를 말하였다. 그러나 청대역학은 한대의『역』을 중심으로 하였다. 혜동(惠棟)은『주역술(周易述)』에서 우번(虞翻)과 정현(鄭玄)의 주석을 근본으로 하면서 양한(兩漢)의『역』연구가들의 설을 채집하였다. 초순(焦循)과 장혜언(張惠言)의 역설도 한나라 유학자들에 위배되지 않았다. 송대의 역학을 숭상하고 한대의 역학을 배척하는 주석이 나오기도 하였으나, 유사배는 이들을 대부분 억측이라고 평가한다.

『상서(尙書)』

【한(漢)】전한의 복생(伏生)에게서 전수되어 성립한 구양씨(歐陽氏) 학파, 대하후(大夏侯) 학파, 소하후(小夏侯) 학파 등 3가가 학관에 세워졌는데, 28편의『금문상서(今文尙書)』를 통해 계승되었다. 이 중, 구양씨(歐陽氏) 학파가 가장 성대하였다. 이상 금문상서학파는 모두 제학(齊學)에 해당한다.

한편 공안국(孔安國)은 본래 복생에게『서(書)』를 전수받았는데, 다시 공씨(孔氏)의 벽에 소장된 고문(古文) 16편을 얻어서 교동(膠東) 사람인 용생(庸生)에게 전수하였다. 이것이 다섯 번 전해져 상흠(桑欽)에 이르고, 유흠(劉歆)이 또한 그 글을 신봉하였는데, 이것이 바로 고문상서학파이다.

후한에 이르러 가규(賈逵)를 중심으로 고문상서학파가 융성하였는데, 이것이 바로 노학(魯學)이다. 다만 고문 16편은 사설(師說)이 없었다,

부풍(扶風) 사람 두림(杜林)이 서주(西州)의『칠서(漆書)』고문을 얻었는데, 마융이 그 학문을 전하였다. 정현(鄭玄)은『고문상서(古文尚書)』를 전하였는데, 또 마융의 문하에서 배우고 나서는 두림의『칠서』까지 아울러 통달하였다. 마융의 전(傳)과 정현의 주(注)는 모두『칠서』를 가지고 금문(今文) 28편을 풀이하였다.

【위진남북조(魏晉南北朝)】후한 말엽,『서(書)』를 해설한 자들은 모두 정현(鄭玄)의 주(注)를 정통으로 여겼다. 그러나 위(魏)나라 왕숙(王肅) 이래로는 많은 학자들이 정현의 주를 공격하였다. 이때 공안국(孔安國)의『고문상서』는 이미 없어졌고, 왕숙, 황보밀(皇甫謐) 등이『고문상서』25편을 위조하였으나, 당시에 숭상되지는 않았다. 진(晉)나라 영가(永嘉)의 난 시기에 이르러 구양씨(歐陽氏), 대소하후씨(大小夏侯氏)의 해석이 없어졌다.

남북조 시기가 되어서는 정현의『상서』주석이 하북(河北)에서 유행하는데, 유방(劉芳)만은 왕숙의 주를 인용하였다.【북학(北學)】

진(晉) 원제(元帝) 때 매색(梅賾)이 위작한『고문상서』를 진상하였는데, 진대의 군신들이 이 위서를 믿었다. 이로 말미암아『상서』를 연구하는 자들이 모두 가짜『공안국전』을 위주로 하여 학관에 세워졌다. 양(梁), 진(陳) 두 왕조만이 정현과 공안국을 나란히 세웠다.

한편 비감(費甝)은 다시『고문상서』에 소(疏)를 지었고, 요방흥(姚方興)은「순전공전(舜典孔傳)」1편을 위조하여 경문을 함부로 증익하였다.【남학(南學)】

【수당(隋唐)】수(隋)나라 유현(劉炫)이 남조(南朝) 비감(費甝)의 소(疏)를 얻고 이를 요방흥의 책과 나란히 숭상하여「순전(舜典)」에 16자를 더해 넣었는데, 이에 북방의 선비들이 고문을 연구하고 금문을 버렸다.

당(唐)나라 공영달(孔穎達)은 본래 정현의 주를 숭상하였으나, 『상서』에 의소(義疏)를 지을 때에 이르러서는 한결같이 『공안국전(孔安國傳)』을 정통으로 하고 정현의 주를 배척하여 정현의 해석이 마침내 없어졌다.

【송명(宋明)】송대의 『상서(尚書)』 연구는 소식(蘇軾)에서 시작되었는데, 그는 고주(古注)를 폐기하였고 의론(議論)에 뛰어났다. 이후 사사(史事)로 『상서』를 해설하는 주석들이 나타났고, 간간이 고훈(古訓)이 남아있는 주석들이 있었으나 한학(漢學)과 송학(宋學)을 뒤섞은 것이었다. 그리고 육씨학파(陸氏學派)를 따라서 심학(心學)으로 『서』를 해석하는 경향도 있었다. 채침(蔡沈)은 주희의 경설에 의거하여 『서경집전』을 지었다.

원대(元代)에는 대체로 채침의 주석을 계승하였으며, 다시 고의(古義)를 고찰하고 연구하지 않았다.

명대(明代)에 『서전대전(書傳大全)』을 집록할 때에도 채침의 전을 위주로 하여 여러 주석을 채록하였다. 이런 가운데 명말 왕부지(王夫之)의 『서경패소(書經稗疏)』, 『상서인의(尚書引義)』의 주석은 정밀하다고 평가된다.

또 주자(朱子), 오징(吳澄), 매작(梅鷟)은 고문(古文)이 위작(僞作)임을 점차 의심하였으며, 장식(張栻)은 금문(今文)도 의심하였다. 『고문상서』를 의심한 이 한 가지 일은 청대 고증학의 선구가 되었다.

【청(淸)】오징(吳澄), 매작(梅鷟)이 위고문(僞古文)을 공박하고, 염약거(閻若璩)가 『고문상서소증(古文尚書疏證)』을 지으면서부터 고문(古文) 『공안국전(孔安國傳)』이 위작임이 드러났다. 왕명성(王鳴盛)과 손성연(孫星衍)도 모두 금문(今文)을 받들어 위서인 『공안국전(孔安國傳)』을 배척하고, 마융(馬融)과 정현(鄭玄)의 전(傳)과 주(注)를 조종으로 삼았다. 단

옥재(段玉裁)는『고문상서찬이(古文尚書撰異)』를 지었는데, 또한 고증에 상세하다.

오직 모기령(毛奇齡)만 위고문(僞古文)을 존숭하여『고문상서원사(古文尚書冤詞)』를 지었다. 그 후 장존여(莊存與)를 비롯한 여러 경학자들도 위(僞)『상서(尚書)』를 폐할 수 없다고 하였다.

한편 위원(魏源)은『서고미(書古微)』에서 마융(馬融)과 정현(鄭玄)의 학문이 두림(杜林)의『칠서고문상서(漆書古文尚書)』에서 나왔다고 하여, 아울러 두림의『칠서고문상서』까지 위작이라 의심하기도 하였다.

또한 공자진(龔自珍)은『태서답문(太誓答問)』을 지어 금문(今文)「태서(泰誓)」를 위서(僞書)라 여겼는데, 상주학파(常州學派)가 대부분 이를 따랐다.

그리고 호위(胡渭), 초순(焦循) 등 청대 대표적 경학자들에 의해『상서(尚書)』의 한 편인「우공(禹貢)」과「홍범(洪範)」주석이 성행한 것도 한 특징으로 거론할 수 있다.

『시경(詩經)』

【한(漢)】전한(前漢) 초기에는 제(齊), 노(魯), 한(韓), 모(毛) 사가(四家)의 시설(詩說)이 있었다. 이 중,『제시』,『노시』,『한시』 삼가는 모두 학관에 들어갔다.

한편 모형(毛亨)이 순경(荀卿)에게『시』를 전수받고서 모장(毛萇)에게 전하였는데, 이를『모시(毛詩)』라고 하였다. 이후 가규(賈逵), 마융(馬融), 정현(鄭玄)이 모두『모시』를 연구하였다. 마융은 전(傳)을 지었으며 정현은『모시(毛詩)』에 전(箋)을 짓고 혹 삼가의 설을 잡다하게 채집하였으니,

이것이 모시학(毛詩學)이다. 이에 후한 말엽에 이르기까지 『시(詩)』를 해설하는 자는 모두 모씨(毛氏)와 정현(鄭玄)을 정통으로 여겼다.

【위진남북조(魏晉南北朝)】위(魏)나라 왕숙(王肅)과 촉(蜀)나라의 이선(李譔)은 『정전(鄭箋)』과 다른 의견을 세우기도 하였다. 오(吳)나라 육기(陸璣)는 『모시초목조수충어소(毛詩草木鳥獸蟲魚疏)』를 지어 명물(名物)을 상세하게 설명하여 옛것을 고증한 공로가 있었다.

진(晉)나라 영가(永嘉)의 난 시기에 이르러 『제시(齊詩)』가 몰락해 없어지고, 한(韓), 노(魯)의 시설(詩說)만이 겨우 남았다.

남북조 시기가 되어서는 『모전(毛傳)』, 『정전』이 하북(河北)에 유행하여 많은 주석이 나왔다.【북학(北學)】

강좌(江左)에서도 왕숙, 정현 양가는 서로를 배격하였으나, 모두 『모전』을 정통으로 여겼다.【남학(南學)】

【수당(隋唐)】공영달(孔穎達)은 모씨, 정현을 모두 숭상하여 양가의 설을 부연하였고, 자신의 견해를 세우지 않음으로써 소(疏)가 주(注)를 깨뜨리지 않는 전례를 지켰다. 그리하여 『모시』의 옛 뜻은 여기에 힘입어 겨우 보존되었으나, 노(魯), 한(韓)의 사라진 시설들은 다시 상고되지 못하였다.

한편 당나라 성백여(成伯璵)는 「모시서(毛詩序)」를 모공(毛公)이 지은 것이라 하여, 송대(宋代) 학자들이 「모시서(毛詩序)」를 의심하게 되는 선례를 열었다.

【송명(宋明)】송대의 시경학은 구양수(歐陽脩)의 『모시본의(毛詩本義)』에서 시작되었는데, 「시서(詩序)」를 논박하고 『모전(毛傳)』과 『정전(鄭箋)』을 공박함으로써 처음으로 송대(宋代)의 경전을 의심하는 학풍을 열었다.

주자(朱子)는 『시집전(詩集傳)』을 지으면서 「서(序)」를 버리고 채용하지 않았다. 『모시(毛詩)』와 『정전(鄭箋)』을 채집하였으나, 또한 삼가(三家)의 『시(詩)』도 간간이 취하였으니, 『시』의 뜻이 이 때문에 섞이게 되었다.

범처의(范處義)와 여조겸(呂祖謙)은 「소서(小序)」를 근본으로 삼아 『시』를 해설하여 고증에 뛰어났다.

주자가 별세한 뒤, 대부분 『시집전(詩集傳)』을 준수하면서 발전시켜 나갔다. 명나라에서 『대전(大全)』을 편찬할 때 이러한 양상이 심화되었다.

왕부지(王夫之)의 『시경패소(詩經稗疏)』와 『시광전(詩廣傳)』은 새로운 뜻이 많으며, 명물(名物)과 훈고(訓詁)에 상세하였다.

한편 왕응린(王應麟)은 『시고(詩考)』를 저술하여 삼가(三家)의 『시』에서 빠진 학설을 수집하여 한 편을 이루었으니, 옛것을 보존한 공이 있다.

【청(淸)】청나라 초기의 시설(詩說)은 가법(家法)이 없거나, 근거 없이 천착한 말들이 많았다. 대진(戴震)과 단옥재(段玉裁) 같은 경학대사들에 이르러 한학적 전통을 고수하는 저작을 남겼다.

또한 마서진(馬瑞辰)의 『모시전전통석(毛詩傳箋通釋)』과 호승공(胡承珙)의 『모시후전(毛詩後箋)』, 진환(陳奐) 『모시의소(毛詩義疏)』에서는 정현을 버리고 『모시(毛詩)』를 채택했고, 여러 설을 잘 모아 집대성하였다.

이에 비해 위원(魏源)이 쓴 『시고미(詩古微)』에서는 『모시(毛詩)』를 배척하고 삼가(三家)의 『시(詩)』를 종주로 삼았다. 공자진(龔自珍) 또한 위원(魏源)의 학설을 믿어 모형(毛亨)과 정현(鄭玄)을 비판하였고, 아울러 「대서」와 「소서」의 문장을 배척하였다. 그러나 근거가 없는 말로 지루하게 해설하여 일가(一家)의 언설을 이루지 못하였다.

한편 초순(焦循)의 『모시초목충어조수석(毛詩草木蟲魚鳥獸釋)』, 요병

(姚炳)의 『시석명해(詩釋名解)』, 진대장(陳大章)의 『시전명물집람(詩傳名物集覽)』 등은 청대 시경학의 한 경향을 잘 보여주고 있다.

『춘추(春秋)』

【한(漢)】전한 초기 춘추학에는 좌씨(左氏), 공양(公羊), 곡량(穀梁), 추씨(鄒氏), 협씨(夾氏) 다섯 가(家)가 있었다. 추씨는 스승이 없었고, 협씨는 기록은 있으나 남아 있는 책이 없다.

가의(賈誼)에 의해 전수된 좌씨학은 장우(張禹)를 거쳐 유흠(劉歆)에 이르렀고, 다시 가규(賈逵)에 이르렀다. 이후 가규의 『좌씨해고(左氏解詁)』를 비롯한 좌씨학 관련 주석들이 연이어 나오고, 정현과 마융, 복건 등이 좌씨학을 연구함으로써 『춘추좌씨전』의 설이 크게 유행하였다.

전한의 동중서(董仲舒)는 『춘추공양전』을 연구하여 전하였는데, 특히 엄팽조(嚴彭祖), 안안락(顏安樂)에 이르러 『엄씨춘추(嚴氏春秋)』와 『안씨춘추(顏氏春秋)』가 있게 되었고, 두 가(家)는 모두 학관에 세워졌다. 후한(後漢)의 하휴(何休)는 『춘추공양전』의 뜻을 고수하여 『공양해고(公羊解詁)』를 지었다.

신공(申公)에게서 『춘추곡량전』이 전수된 이래, 유향(劉向)을 비롯한 이들이 모두 『춘추곡량전』을 우수하게 여기니, 그 학문이 점점 성행하였다.

『춘추공양전』은 금문학(今文學)에 속하고, 『춘추좌씨전』와 『춘추곡량전』은 고문학(古文學)에 속하며, 『춘추공양전』은 제학(齊學), 『춘추곡량전』은 노학(魯學)이다.

【위진남북조(魏晉南北朝)】위(魏)나라 왕숙(王肅) 이래 대부분 『춘추좌

씨전』를 연구하여, 『춘추공양전』, 『춘추곡량전』의 학문은 점차 쇠퇴하였다. 진(晉)나라 두예(杜預)가 『좌전주(左傳注)』를 짓고, 가규(賈逵)와 복건(服虔)의 설을 취하여 다시 『춘추석례(春秋釋例)』를 지었으나 오류가 많았다.

남북조 시대에는 복건(服虔)의 『좌씨주(左氏注)』가 하북(河北)에 유행하였다. 두주(杜注)는 두예(杜預)의 현손(玄孫)인 두원(杜垣)에게 전해져 제(齊)나라 땅에서 유행하였다. 그리하여 복건과 두예 2가(家)가 서로 배격하게 되었다.【북학(北學)】

강좌(江左)에서는 두예의 주를 숭상하였고, 간간이 복건의 주를 썼다.【남학(南學)】

【수당(隋唐)】공영달(孔穎達)이 의소(義疏)를 지으면서 오로지 두예의 주석만을 채택하여, 한학(漢學)은 모두 없어지게 되었다. 삼국 시대 이후 『춘추공양전』의 학문이 하북에서 성행하였는데, 범녕(范寧)이 제가의 설을 모아 『곡량집해(穀梁集解)』를 이루었다.

당(唐)나라의 서언(徐彦)이 『공양소(公羊疏)』를 지을 때에 미쳐 하휴(何休)의 『해고(解詁)』를 위주로 하였고, 양사훈(楊士勛)은 『곡량소(穀梁疏)』를 지으면서 범녕(范寧)의 『집해(集解)』를 위주로 하였다. 조광(趙匡), 담조(啖助), 육순(陸淳)은 삼전(三傳)을 배격하고 자신들의 뜻으로 경을 해설하여 별도로 하나의 유파를 이루었다.

【송명(宋明)】송(宋)나라 춘추학의 시발점인 손복(孫復)은 『존왕발미(尊王發微)』를 지었는데, 전(傳)과 주(注)를 버리고 오로지 서법(書法)만을 논하여 매우 엄정하였다.

호안국(胡安國)이 『춘추전(春秋傳)』을 지으면서부터 금문(今文)을 차용하여 시사를 풍자하였는데, 또한 경(經)의 뜻에 부합하지 않았다.

송(宋)나라 진심(陳深)이 『춘추호씨전(春秋胡氏傳)』을 숭상한 이후로 원(元)나라 유학자 유고(俞皐)와 왕극관(汪克寬)은 모두 『춘추호씨전』을 위주로 하였다.

명대(明代)의 『대전(大全)』은 『춘추호씨전』에 근본을 두었는데, 이것이 반포되어 공령(功令)이 되었다.

【청(淸)】『춘추좌씨전』를 연구한 주석서인 고염무(顧炎武)의 『두해집정(杜解集正)』, 홍량길(洪亮吉)의 『좌전고(左傳詁)』 등은 모두 두주(杜注)를 바로잡고 가규(賈逵)와 복건(服虔)이 다하지 않은 말을 미루어 밝혔다.

『춘추공양전』을 연구한 공광삼(孔廣森), 장존여(莊存與), 유봉록(劉逢祿), 송상봉(宋翔鳳), 위원(魏源), 공자진(龔自珍), 왕개운(王闓運) 등은 모두 『춘추공양전』의 뜻을 가지고 여러 경을 해설하였다.

『춘추곡량전』을 연구한 주석가로는 후강(侯康), 유흥은(柳興恩), 허계림(許桂林), 종문증(鍾文烝) 등을 거론할 수 있다.

『예경(禮經)』

【한(漢)】전한 초기에는 고당생(高堂生)이 『사례(士禮)』 17편(지금의 『의례(儀禮)』)을 전하였고, 후창(后蒼)은 『예(禮)』를 해설하여 『곡대기(曲臺記)』를 지어 문인통한(聞人通漢)에게 전수하고, 아울러 대덕(戴德), 대성(戴聖), 경보(慶普)에게 전수하였다. 이로 말미암아 『예(禮)』에는 대대(大戴), 소대(小戴), 경씨(慶氏)의 학문이 있게 되었다.

또한 대덕은 『고례기(古禮記)』 204편을 산삭하여 85편으로 만들었으니, 이를 『대대례(大戴禮)』라고 한다. 대성은 그것을 다시 산삭하여 46편으로 만들었으니, 이를 『소대례(小戴禮)』라고 하며 이것이 지금 전하는 『예기(禮記)』이다.

마융(馬融)은 다시 『소대례』에 3편을 더하여 49편으로 만들었는데, 정현(鄭玄)은 『소대례』를 연구하여 49편에 주를 달고, 『사례』17편에 주를 달았으며, 아울러 『주관경(周官經)』에도 주를 달았다. 유흠은 왕망(王莽)의 국사(國師)가 되어 처음으로 『주관경』을 학관에 세우고 『주례(周禮)』라고 명명하고서 전수하였다.

후한 이전에는 본래 '삼례(三禮)'라는 명칭이 없었고, 『주관경』(『주례』)과 『소대례』(예기)는 본래 경(經)이라고 칭해질 수 없는, 『예경(禮經)』(『의례(儀禮)』)을 보충하는 책에 불과하였다. 정현이 『삼례주(三禮注)』를 만든 이후부터 '삼례(三禮)'라는 명칭이 마침내 정해져서 바꿀 수 없게 되었다. 후대에 이르러 『소대례』를 본경(本經, 禮經)으로 삼았으니, 이는 오류이다.

【위진남북조(魏晉南北朝)】후한 말엽에 『예(禮)』를 해설하는 경학자들은 모두 정현(鄭玄)의 주를 숭상하였다. 그런데 위(魏)나라 왕숙(王肅)은 정현(鄭玄)과 다른 의견을 세웠고, 그 후 진(晉)나라에서 『예(禮)』를 해설하는 자들은 대부분 왕숙(王肅)을 숭상하였다.

남북조 시대에 하북에서는 정현의 『삼례주(三禮注)』가 성행하였다.【북학(北學)】

강좌(江左)에서는 정현(鄭玄), 왕숙(王肅)의 설을 섞어서 채택하여, 북조(北朝)에서 정학(鄭學)을 신봉하는 것과는 조금 달랐다.【남학(南學)】

【수당(隋唐)】공영달(孔穎達)이 『예기정의(禮記正義)』를 찬술하고, 가공언(賈公彦)이 『주례』와 『의례』의 의소(義疏)를 지음에 이르러서 모두 정현의 주를 숭상했기 때문에 한학(漢學)이 없어지지 않았다.

【송명(宋明)】송(宋)에서 삼례(三禮)를 연구한 것은 장순(張淳)에게서 시

작되었다. 이후『의례』를 연구하는 학자들이 많았는데, 특히 주자(朱子)가『의례경전통해(儀禮經傳通解)』를 지을 적에『의례(儀禮)』를 경(經)으로 삼고『주례(周禮)』의 여러 책을 전(傳)으로 삼았다.

『예기(禮記)』 주석서로는 진호(陳澔)의『집설(集說)』을 들 수 있는데, 입론이 천근하였다. 명(明)나라의『대전(大全)』은 이 책을 근본으로 하였기 때문에 옛 해석들이 마침내 사라졌다. 이에 비해 왕부지(王夫之)의『예기장구(禮記章句)』는 매우 정밀하다.

한편『주례(周禮)』 연구는 왕안석(王安石)의『신의(新義)』에서 시작되었다. 명(明)에 와서『주례』를 연구한 경학자들로 가상천(柯尙遷), 왕응전(王應電) 등이 있었으나, 모두 고경(古經)을 수정하고 어지럽혀 멋대로 새로운 해석을 내었다.

삼례(三禮)의 총체적인 뜻을 설명한 것으로는 송(宋)나라 진상도(陳祥道)의『예서(禮書)』가 가장 유명하다. 그러나 옛 해석을 배격하고 천루한 것에 천착하여 자못 볼 것이 못 된다.

【청(淸)】청대 삼례학(三禮學) 연구는 서건학(徐乾學)의『독례통고(讀禮通攷)』에서 시작되었다. 만사대(萬斯大), 모기령(毛奇齡), 이광지(李光地), 방포(方苞)의 예 연구는 잡다하거나 조리가 없었다.

오직 장이기(張爾岐), 오정화(吳廷華), 김일추(金日追), 심동(沈彤), 저인량(褚寅亮), 능정감(凌廷堪)의『의례(儀禮)』 연구는 한나라의 훈고(訓詁)를 종주로 삼아 자못 볼만하였다. 이외에도 강영(江永)의『예경강목(禮經綱目)』, 대진(戴震)의『고공기도(考工記圖)』, 완원(阮元)의『거제고(車制考)』가 영향을 미쳤다.

한편 호배휘(胡培翬)가『의례정의(儀禮正義)』를 지은 이래로 주빈(朱彬)은『예기훈찬(禮記訓纂)』을 지었고 손이양(孫詒讓)은『주례정의(周禮正

義)』를 지었으니, 삼례(三禮)의 신소(新疏)가 모두 구소(舊疏)를 넘어서
게 되었다.

▶청대 9종의 신소(新疏) : 강성(江聲) 『상서집주음소(尚書集注音疏)』,
왕명성(王鳴盛) 『상서후안(尚書後案)』, 손성연(孫星衍) 『상서금고문주소
(尚書今古文注疏)』, 진환(陳奐) 『시모씨전소(詩毛氏傳疏)』, 호배휘(胡培翬)
『의례정의(儀禮正義)』, 유문기(劉文淇) 『좌전구주소증(左傳舊注疏證)』, 진
립(陳立) 『춘추공양전의소(春秋公羊傳義疏)』, 유보남(劉寶楠) 『논어정의(論
語正義)』, 초순(焦循) 『맹자정의(孟子正義)』, 소진함(邵晉涵) 『이아정의(爾
雅正義)』, 학의행(郝懿行) 『이아의소(爾雅義疏)』, 손이양(孫詒讓) 『주례정
의(周禮正義)』.

『논어(論語)』

【한(漢)】전한 초기에 『논어』 삼가(三家)가 있었다. 오늘날 유행하
는 것은 『노론(魯論)』이며, 『제론(齊論)』은 별도로 「문왕(問王)」, 「지도(知
道)」 2편의 장구(章句)가 있어 『노론』에 비해 많다. 『고론(古論)』은 공자
의 집 벽 속에서 나왔는데, 두 개의 「자장(子張)」편이 있고 편차가 『제
론』, 『노론』과 같지 않다.

장우(張禹)는 『노론』을 중심으로 하고 『제론』을 참조하여 장구를 만
들었는데 크게 성행하였다. 후한 시대에 이르러 정현도 『노론』을 전
수하였는데, 다시 『제론』과 『고론』을 참고하여 주를 달았다.

후한 말기에 『논어(論語)』를 해설하는 자들은 대부분 정현(鄭玄)의
주를 숭상하였다.

【위진남북조(魏晉南北朝)】위(魏)나라 왕숙(王肅)이 『논어해(論語解)』를 지

음에 이르러 비로소 정현의 주와 다른 의견을 세웠고, 왕필(王弼)도『논어(論語)』에 주석을 달았다. 하안(何晏)은 한(漢), 위(魏) 여덟 경사(經師)의 설을 모아『논어집해(論語集解)』를 편찬하였다. 그 편목(篇目)은 한결같이『노론(魯論)』에 의거하였는데, 비록 어긋난 점이 있기는 하나 한(漢)나라 유학자들의 경설이 이 책에 힘입어 겨우 보존될 수 있었다.

남북조 시대에는 정현(鄭玄)의『논어주(論語注)』가 하북(河北)에서 유행하였다.【북학(北學)】

강좌(江左)에서『논어』를 연구한 것으로 황간(皇侃)의『논어의소(論語義疏)』가 있는데, 여전히 하안의『논어집해(論語集解)』에 소를 달았으니, 북방(北方)에서 정현의 주를 고수한 것과는 달랐다.【남학(南學)】

【수당(隋唐)】수(隋), 당(唐) 이래로 논어학이 쇠퇴하였다. 오직 당(唐)나라 한유(韓愈)와 이고(李翺)가『논어필해(論語筆解)』를 지었는데, 부회(附會)하고 천착(穿鑿)하여 글귀를 가지고 새로운 해석을 만들어 마침내 송대 설경(說經)의 기원을 열었다.

【송명(宋明)】송나라 유학자의『논어(論語)』주석은 오직 형병(邢昺) 등이 지은『정의(正義)』만이 고주(古注)를 수집했고, 나머지는 모두 의리(義理)로 경을 해설하였다. 정이(程頤)가『논어』를 표창하면서부터 정자(程子) 문하의 제자 중 범조우(范祖禹), 사현도(謝顯道), 양시(楊時), 윤돈(尹焞) 같은 이들은 모두『논어』를 해설했다. 주자는 송나라 유학자 11가의 설을 모아『논어집의(論語集義)』를 짓고, 다시『논어집해(論語集解)』를 지었다. 후에 주자는 이 두 주석서를 바탕으로『논어집주(論語集注)』를 완성하였는데, 원(元), 명(明) 이후로『논어』를 해설한 자는 모두 주자를 종주로 삼았다.

【청(淸)】청초『논어(論語)』주석을 저술한 유학자들은 모두 주자의

주를 종주로 삼아 헛되이 의리(義理)를 말하였다.

유태공(劉台拱), 방관욱(方觀旭), 전점(錢坫), 포신언(包愼言)에 이르러 비로소 한대(漢代)의 주(注)를 종주로 삼아 『논어』를 연구하였고, 유보남(劉寶楠)의 『논어정의(論語正義)』는 하안(何晏)의 『논어집해(論語集解)』를 위주로 여러 학설을 집대성하였다.

유봉록(劉逢祿)의 『논어술하(論語述何)』, 송상봉(宋翔鳳)의 『논어발미(論語發微)』, 대망(戴望)의 『논어주(論語注)』는 모두 『춘추공양전(春秋公羊傳)』으로 『논어』를 풀어 별도로 일가의 학설을 이룬 주석서이다. 그리고 초순(焦循)의 『논어통석(論語通釋)』은 이치를 분석한 것이 매우 정밀하며, 강영(江永)의 『향당도고(鄕黨圖考)』는 명물과 제도에 정심한 분석을 가한 주석서이다.

『맹자(孟子)』

【한(漢)】문제(文帝)때 박사(博士)의 관직이 세워졌다가, 후에 폐지되었다.

『맹자』에 주를 다는 것은 양웅(揚雄)으로부터 시작되었는데, 후한(後漢) 시대에는 오직 조기(趙岐)가 지은 『맹자장구(孟子章句)』와 『제사(題詞)』만이 지금도 남아 있다. 그러나 일찍이 『맹자』를 존숭하여 한 경(經)으로 삼은 적은 없다.

【위진남북조(魏晉南北朝)】삼국시대 이후 수, 당에 이르기까지 『맹자(孟子)』 연구는 부진하였다.

【수당(隋唐)】한유(韓愈), 피습미(皮襲美)로부터 시작하여, 여러 유학자들이 『맹자』를 존숭하여 마침내 송나라 유학자들의 『맹자』 존숭의 기

원을 열었다.

【송명(宋明)】송대『맹자(孟子)』를 해설한 주석서로는 손석(孫奭) 등이 지은『정의(正義)』가 있는데 조기(趙岐)의 주석을 위주로 하였다. 이정(二程)이『맹자(孟子)』를 표창한 이후로, 주자가 송나라 유학자 11가의 설을 모아『맹자집의(孟子集義)』를 짓고 다시『맹자집해(孟子集解)』를 지었다. 이후 주자는 이 책들을 바탕으로『맹자집주(孟子集注)』를 편찬하였는데, 원, 명 이후로『맹자』를 해설한 유학자들은 모두 주자를 종주로 삼았다.

【청(淸)】청대의 유학자 가운데『맹자(孟子)』를 연구한 자들 또한 헛되이 성리(性理)를 말하였는데, 오직 황종희(黃宗羲)의『맹자사설(孟子師說)』만 다소 우수하다. 초순(焦循)의『맹자정의(孟子正義)』는 조기(趙岐)의 주를 절충하여 광대하고 정밀하며, 대진(戴震)의『맹자자의소증(孟子字義疏證)』은 의리(義理)를 해석함에 송대의 학설을 물리치고 한대의 학설을 숭상하였으니, 또한 청대의 기서(奇書)이다.

『대학(大學)』과『중용(中庸)』

【한(漢)】『대학』과『중용』은 대성(戴聖)이『고례기(古禮記)』를 산삭하여 46편으로 만든『소대례기(小戴禮記)』중의 한 편이다. 정현 등 여러 유학자들이 모두 주를 달았는데, 홀로 통행되어 별도로 한 책이 된 적은 없다. 서한(西漢) 시대에『중용설(中庸說)』2편이 있었는데 누가 지었는지는 밝혀지지 않았다.

【위진남북조(魏晉南北朝)】삼국시대 이후『대학(大學)』과『중용(中庸)』을 해설하는 유학자는 모두『예기(禮記)』에 붙여서 해석하였다. 당(唐)나

라 공영달(孔穎達)도『예기정의(禮記正義)』를 지으면서 아울러『대학』,
『중용』두 편에 소(疏)를 달았는데, 오직 양 무제(梁武帝)만이『중용강
소(中庸講疏)』를 책으로 만들어 별도로 내놓았으니, 송유(宋儒)의 기원
을 연 것이다.

　【송명(宋明)】『대학(大學)』과『중용(中庸)』은 본래『예기(禮記)』속에 편
차되어 있었는데, 송유인 사마광(司馬光), 정호(程顥) 등이 특별히 표
창하여 따로 빼내서『논어』,『맹자』와 나란히 일컬어졌다. 주자는『학
용장구(學庸章句)』와『학용혹문(學庸或問)』을 지었고 아울러『중용집략
(中庸輯略)』을 지었다.『대학』을 증자(曾子)가 지은 것으로 여기고,『대
학』을 나누어 경(經) 1장과 전(傳) 10장으로 만들었으며, 다시 경문을
옮기고 바꾸었다. 아울러『중용(中庸)』을 나누어 33장으로 만들었다.
원, 명 이후로『대학』과『중용』을 해설한 유학자들 중 다수는 주자를
종주로 삼았다.

　왕백(王栢)과 고반룡(高攀龍), 방효유(方孝孺), 왕수인(王守仁)은『대학
(大學)』고본(古本)을 회복하자고 주장하여 주자와 의견을 달리하였다.

　정자(程子)와 주자(朱子)가『대학』,『중용』,『논어』,『맹자』를 사서(四
書)로 삼은 이후에, 채모(蔡模)는『집소(集疏)』, 조순손(趙順孫)은『찬소
(纂疏)』, 오진자(吳眞子)는『집성(集成)』, 진력(陳櫟)은『발명(發明)』, 예사
의(倪士毅)는『집석(輯釋)』, 섬도전(詹道傳)은『찬전(纂箋)』를 지었다. 명
대의『대전(大全)』은 위의 책들을 저본으로 삼았다. 송학(宋學)이 성행
하자 옛 학설들이 사라졌다.

　【청(淸)】청초에『대학』과『중용』을 연구한 학자들 또한 주희(朱熹)의
정본(定本)을 추종하였다. 모기령(毛奇齡)과 이공(李塨)이 처음 송(宋)의
주석을 배척한 이래로, 이광지(李光地)도『대학』을 연구하면서 또한 고

본(古本)을 회복하는 것을 위주로 하였으나, 그가 지은 『중용장단(中庸章段)』만은 헛되이 의리를 말하는 것을 인습하였다.

건륭(乾隆), 가경(嘉慶) 연간 이후로 한대(漢代)의 학설을 연구한 유학자는 『대학』과 『중용』을 『예기』로 되돌려 놓았는데, 왕중(汪中)의 『대학평의(大學評議)』는 더욱 근본을 바로잡은 논설이다.

한편 혜동(惠棟)과 위원(魏源)은 『주역(周易)』으로 『중용』을 풀었고, 송상봉(宋翔鳳)과 포신언(包愼言)은 『춘추공양전(春秋公羊傳)』으로 『중용』을 풀어 별도로 일파가 되었다.

청대 유학자들은 비록 대체로 한나라의 학설을 종주로 하지만, 『대학(大學)』, 『중용(中庸)』, 『논어(論語)』, 『맹자(孟子)』는 사서(四書)라 하여 대체로 송나라 학자의 명칭을 그대로 인습하였다. 그러나 모기령(毛奇齡)이 지은 『사서개착(四書改錯)』은 주희의 주를 배척하는 데 온 힘을 다하였으며, 염약거(閻若璩)의 『사서석지(四書釋地)』와 적호(翟灝)의 『사서고이(四書攷異)』와 능서(凌曙)의 『사서전고핵(四書典故覈)』은 고증이 또한 정밀한 것으로, 모두 한나라의 주를 종주로 하고 송나라의 주를 배척하였다.

『효경(孝經)』

【한(漢)】『효경(孝經)』은 전국(戰國) 시대부터 전수되다가, 전한 초기에 금문(今文)과 고문(古文)의 구별이 있었다. 금문 『효경』은 장우(張禹)가 계승하여 명가(名家)를 이루었는데, 제학(齊學)이다.

고문 『효경』의 경우는 공자의 묘벽(廟壁)에서 나온 것으로 금문과 다르며, 공안국(孔安國)이 이를 얻었다. 명제(明帝) 때 조정에 헌상되었는데, 유향(劉向)이 편장(篇章)을 교정하고 마융(馬融)이 주를 달았는데, 실전되었다. 정현(鄭玄)과 그의 손자 정소동(鄭小同)도 고문『효경』에 주를 달았는데, 지금 전하는 정주(鄭注)가 이것이다. 이상은 노학(魯學)이다.

【위진남북조(魏晉南北朝)】전한 이후『효경(孝經)』을 해설한 자들 역시 대부분 정현(鄭玄)의 주를 숭상하였다. 북제(北齊) 이후로 모두『효경』을 학관에 세웠다.【북학(北學)】

남방에서도 송제(宋齊) 이후로『효경』이 학관에 섰다.【남학(南學)】

【수당(隋唐)】공안국(孔安國)이 고문(古文)『효경』에 주석을 단『공안국전(孔安國傳)』은 한(漢)나라 이후로 진본(眞本)이 없어진 지 오래였다. 수(隋)나라의 왕일(王逸), 왕소(王邵), 유현(劉炫)과 당(唐)나라 유자현(劉子玄)이 이에 대한 논란을 벌였다. 그러다가 당 현종(玄宗)이『어주효경(禦注孝經)』18장을 찬술하자 이것이 그대로 정본(定本)이 되었다.

【송명(宋明)】송나라 형병(邢昺)이 지은『효경소(孝經疏)』는 위고문(僞古文)을 믿지 않고 당 현종(唐玄宗)의 주를 근본으로 삼았는데, 십삼경의 소(十三經義疏)의 하나로 들어갔다. 사마광(司馬光)은 위고문을 독실히 믿어『효경지해(孝經指解)』를 지었는데,『공안국전(孔安國傳)』을 위주로 하였다.

주자(朱子) 역시 고문(古文)을 신봉하였다. 이에 주자는『효경간오(孝經刊誤)』를 지었는데, 고문에 나아가 경문 1장을 만들고 다시 전(傳)을 나누어 14장을 만들어, 삭제하고 고친 것이 많았다. 원(元)나라 오징(吳澄)은 금문(今文)을 바른 것으로 여겨 주자의『간오(刊誤)』의 장목(章目)을 따라 경(經) 1장과 전(傳) 12장을 만들었다.

명(明)나라 손분(孫蕡), 황도주(黃道周)는 정현(鄭玄)의 금문을 바른 것으로 여겼다.

【청(淸)】청대『효경(孝經)』연구의 효시는 모기령(毛奇齡)이다. 모기령이 지은『효경문(孝經問)』은 주자(朱子)와 오징(吳澄)의 학설을 배척하였으나, 공리(空理)로 논박하여 자못 저서의 체재에 어긋났다.

한편 피석서(皮錫瑞)는『효경정주소(孝經鄭注疏)』를 지어 정주(鄭注)의 뜻을 확대하였다. 정안(丁晏)은『공안국전』이 위서(僞書)라고 공격하였으며, 요제항(姚際恒)은『고금위서고(古今僞書考)』를 지어『효경』을 곧바로 위서에 배열하여 장우(張禹)와 동시대인이 지은 것이라고 확정하였다.

『이아(爾雅)』

【한(漢)】『이아』는 전한의 숙손통(叔孫通) 등에 의해 전해지다가, 문제(文帝) 때에『맹자』와 함께 박사를 두었다. 나중에 양웅(揚雄)도『이아』를 숭상하였고, 유흠(劉歆)은 양웅에게 배워『이아』에 주를 달았다. 정현도『이아』에 주를 달았는데, 모두 실전되었다.

【위진남북조(魏晉南北朝)】진(晉)나라 곽박(郭璞)은『이아주(爾雅注)』를 지어 여러 설을 집대성하였다. 남북조 시대에는 이아학이 강좌(江左)에서 성행하였다.

【수당(隋唐)】수(隋), 당(唐) 이후에『이아』의 해설은 대체로 곽박의 주가 빠뜨린 부분을 채우고 보완하였다.

위(魏)나라 장읍(張揖)의『광아(廣雅)』, 양(梁)나라 고야왕(顧野王)의『옥편(玉篇)』, 수나라 조헌(曹憲)의『박아(博雅)』, 당(唐)나라 육덕명(陸德明)의『경전석문(經典釋文)』은 모두 성음훈고학(聲音訓詁學)에 정밀하니, 또한 문자학의 참고서이다.

【송명(宋明)】송나라 유학자가 『이아(爾雅)』를 연구한 것은 형병의 『이아소(爾雅疏)』가 있는데, 곽박(郭璞)의 주를 위주로 하였다. 이후 이아학(爾雅學)은 흥성하지 못하였다.

【청(淸)】청대의 유학자 가운데 한나라의 학설을 치중한 유학자는 대부분 『이아(爾雅)』를 연구하여 고훈(古訓)을 종주로 삼았다. 소진함(邵晉涵), 학의행(郝懿行)은 곽박(郭璞)의 주를 위주로 하고 '소(疏)는 주(注)를 깨뜨리지 않는다'는 상례를 고수하였다.

『이아』 이외에 『광아(廣雅)』에 소(疏)를 단 학자 왕염손(王念孫), 『방언(方言)』에 소를 단 대진(戴震)과 전동(錢侗), 『속방언(續方言)』을 지은 항세준(杭世駿) 등과 유희(劉熙)의 『석명(釋名)』에 소를 단 학자 강성(江聲)과 필원(畢沅), 허신(許愼)의 『설문해자(說文解字)』를 해석한 학자로 단옥재(段玉裁), 계복(桂馥), 왕균(王筠)이 있다. 이외에도 송상봉(宋翔鳳), 손성연(孫星衍) 같은 경학자들이 문자학에 관련된 서적을 남겼는데, 모두 『이아주소(爾雅注疏)』의 흠결을 보완할 만하다. 이것이 곧 문자학이 청대에 융성하였던 증거이다.

이상에서 요약한 유사배의 중국 경학사 서술은 다음과 같은 몇 가지 뚜렷한 특징이 있다.

첫째. 경을 해설할 때, 의론(議論)보다는 고훈(古訓)을 중시한다. 「사고전서총목제요」에서 중국경학의 역사를 한학(漢學)과 송학(宋學)으로 구분한 것에 비하여, 유사배는 의론 중심인 송학에 큰 의미를 부여하지 않고 있다. 즉 훈고가 위주인 한학 중심으로 중국경학사를 이해하고 있다.

둘째. 한대 경학을 금고문(今古文)으로 나누고, 위진남북조 경학을 남북학(南北學)으로 구분하여 그 특징을 적시하였다. 특히 위진남북조 시기, 북방 유학은 한유(漢儒)의 훈고를 지켰고, 남방 유학은 위진(魏晉)의 주석을 통해 경전의 신의(新義)를 추구하였다고 평가하였다. 그리고 당대(唐代)에 북학을 내몰고 남학을 숭상하였기 때문에 한대(漢代)의 훈고가 많이 사라졌다고 하여, 한학이 쇠미하게 된 근원을 북학의 쇠퇴와 남학의 흥기에서 찾고 있다.

셋째. 송학의 공리(空理)를 폄하하였으나, 그 자득처(自得處)에 대해서는 긍정하였다. 그리고 청대 발흥한 한학에 대해서는 상론하면서 그 의미를 심대하게 부여하였다.

넷째. 중국 경학사 서술에 있어 그 내용의 대부분을 경사자집(經史子集)을 비롯한 중국의 전적에서 인용하였다. 그리고 나서 그 원류를 살피고 득실을 판정하였다. 이 과정에서 고증을 중시하였다.

다섯째. 경학사 서술 전반에 걸쳐 한학을 가장 존숭하였으며, 경학자로는 왕부지(王夫之)를 매우 높이 평가하였다. 유사배의 조부인 유육숭(劉毓崧)이『선산유서(船山遺書)』편찬에 참여하면서 왕부지를 숭상한 것에 영향을 받은 측면이 있다. 그러나 본질적으로 왕부지의 학술과 기절(氣節)에 경도된 것으로 보인다.

유사배는 35세의 나이를 일기로 세상을 떠났다. 그러나 그는 이 짧은 생애를 통해 70여종이 넘는 저술을 남겼을 뿐만 아니라, 당대를 이끈 최고의 지식인이기도 했다. 그의 나이를 생각하면 천재의 일생이었다고 할 만하다. 그러나 유사배의 천재성은 그의 타고난 자질에 노력을 더하여 이루어진 것이었다. 대만대학의 대군인(戴君仁) 교수는 유사배의 천재성과 그가 들인 공력에 대하여 다음과 같이 언급하였다.

하루는 다이쥔런(戴君仁) 교수님께서 이런 말씀을 하셨다. "이전의 중국 학자들이 어떻게 공부를 하였는지 아는가? 선생님이 학생들에게 한 가지 경전에 대하여 가르치면서 그 경서를 읽는 법과 그 글 뜻을 일러주고 나면, 학생들은 각각 제자리로 돌아가 모두 그 배운 경서를 50번 읽고 50번 외었다. 그렇게 계속 공부하였기 때문에 머리가 좋은 학생들은 십삼경(十三經)의 경문(經文) 뿐만이 아니라 그 주소(注疏)까지도 전부 달달 외었다. 지금 자네들은 십삼경주소(十三經注疏)를 다 외우기는커녕 제대로 읽어 보지도 않아 학문 수준이 형편없어졌다. 모두들 정신 좀 차려라!" 그리고 십삼경의 주소까지도 다 외우고 있던 중국의 마지막 학자로 류스베이(劉師培) 선생님이 계셨는데, 그분은 현대적인 교육은 전혀 받아본 적도 없는 분이지만 북경대학 교수까지 역임하셨다는 것이다. 그리고 류스베이 선생님은 머릿속에 엄청나게 많은 책을 기억하고 계셨기 때문에 늘 문방사보(文房四寶)인 종이·붓·먹·벼루 만 들고 절간으로 들어가 책을 써서 어마어마하게 많은 저술을 남겼다는 얘기도 해주셨다. 선생님은 끝으로 "십삼경주소도 제대로 읽어보지 않고 중국학을 하겠다는 것은 말도 되지 않는다!"고 꾸짖기도 하셨다.(김학주,「나와 經學의 邂逅」,『경학』1, 한국경학학회, 2020, 343~345면에서 인용)

우리는 유사배의 이러한 천재성과 노력을 보면서, 조선후기 최고의 저술가였던 다산(茶山) 정약용(丁若鏞)을 떠올리게 된다. 정약용 또한 이러한 천재성과 성실함을 겸비한 학자였기 때문이다. 매천(梅泉) 황현(黃玹)은 그 정황을 이렇게 전하고 있다.

다산은 기억력이 매우 뛰어났는데 사람들은 계곡(谿谷) 장유(張維)에 견주었다. 정승 이강산(李薑山, 李書九)이 어느 날 영평(永平, 경기도 포천. 이서구의 거주지)에서 대궐로 오다가 한 소년이 한 짐의 책을 말에 싣고 북한산의 절로 가고 있는 것을 보았다. 십여 일 후, 고향으로 돌아가는데 다시 한 짐의 책을 싣고 나오는 먼젓번의 그 소년을 만났다.

강산이 이상히 여겨 물었다. "너는 웬 사람인데 책을 읽지 않고 다만 가거니 오거니 하고 있단 말이냐?" 소년이 대답하기를 "다 읽었습니다." 하였다. 강산이 놀라서 묻기를, "싣고 가는 게 무슨 책이냐?" "『강목(綱目, 資治通鑑綱目)』입니다." "『강목』을 어떻게 십여 일 동안 다 읽을 수 있단 말이냐?" "읽었을 뿐만 아니라 욀 수도 있습니다." 강산이 드디어 수레를 세우고 책을 임의로 뽑아서 시험을 해보았더니 거의 배송(背誦)하는 것이었다. 그 소년이 곧 다산이었다.(황현 저, 임형택 외 역, 『역주 매천야록』(상), 문학과지성사, 2005, 105~106면에서 인용)

정약용의 사후, 40년이 안 되어 유사배가 태어났다. 이 두 분은 살아간 시대도 다르고 나라도 달랐다. 그러나 천재성과 성실함, 그리고 이를 바탕으로 풍부한 저술을 남겼다는 점에서 공통점이 있다. 유사배가 정약용만큼 수를 누렸다면, 어쩌면 중국 최고의 저술가가 될 수도 있었을 것이다. 그의 단명이 더욱 애석한 것은 이 때문이기도 하다.

이 번역서의 저본은 1905년 상해국학보존회(上海國學保存會)판이며, 오자 교감과 주석의 일부 인용은 진거연(陳居淵) 주(注), 『경학교과서』(상해고적출판사, 2006)에 의거하였다.

역자를 대표하여 이영호 씀.

서례(序例)

경학을 연구하는 자는 마땅히 고훈(古訓)을 참고해야 하니, 진실로 고경(古經)은 고훈이 아니면 밝힐 수 없기 때문이다. 무릇 양한(兩漢) 시기에는 경학에 금문(今文)과 고문(古文)의 구분이 있었다. 금문은 대부분 제학(齊學)에 속하고 고문은 대부분 노학(魯學)에 속한다. 금문가들의 말은 대체로 경술(經術)을 가지고 관리의 치적을 꾸몄고 예제(禮制)에 상세하였으며 재이(災異)와 오행(五行)을 말하기 좋아한 반면, 고문가들의 말은 훈고(訓詁)에 상세하여 성음과 문자의 원류를 연구하였으니, 각기 특장이 있다.

육조(六朝) 이후로 경서를 해설한 책이 북학(北學)과 남학(南學) 두 파로 나뉘어졌다. 북방의 유학은 실제를 숭상하여 한유(漢儒)의 훈고를 가지고 경전을 해설하기를 좋아하였는데, 혹 정직하고 질박하여 꾸밈이 적었다. 남방의 유학은 과장을 숭상하여 대부분 위진(魏晉)의 주석을 가지고 경전을 해설하였기 때문에 새로운 해석이 날로 생겨났다. 당인(唐人)이 의소(義疏)를 지은 데에 이르러 북학을 배척하고 남학을 숭상하였기 때문에 한대(漢代)의 훈고가 많이 사라졌다.

송명(宋明)에서 경전을 해설한 책은 공리(空理)를 말하기 좋아하고 고훈(古訓)을 따르지 않아, 혹은 역사적 사실을 가지고 경전을 해설하거나 혹은 의리를 가지고 경전을 해설하였는데, 비록 무단으로 천착하였어도 자득(自得)한 말이 많았다.

청대(淸代) 유학자의 경전 해석은 한학(漢學)을 숭상하였으니, 오중학파(吳中學派)는 고적을 수집하여 훈고에 밝았고, 휘주학파(徽州學派)는 명물(名物)과 전장(典章)을 상세히 알았고 또 학문을 좋아하고 생각을 깊이 하여 마음으로 그 의미를 깨달았으며, 상주학파(常州學派)는 미언대의(微言大義)를 깊이 연구하거나 혹은 경서를 확장하여 실생활에 응용하였다. 그러므로 경전을 해설한 책은 오늘날에 이르러 크게 구비되었다고 할 만하다. 이는 모두 경학을 연구하는 자들이 마땅히 참고해야 할 바이다.【대략 고금의 경전을 해석한 책은 매 책마다 모두 취할 만한 부분이 있으니, 요는 자신의 뜻으로 절충하는 데 있다.】

무릇 육경(六經)은 크고 넓어서 비록 교과에 맞지 않으나, 훌륭한 말과 행동을 살필 수 있어 수신(修身)에 도움이 되며, 정치와 문물을 고찰할 수 있어 역사를 읽는 데에 보탬이 된다. 문학을 다루는 자들은 문체의 변천을 살필 수 있고, 지리를 다루는 자들은 지리의 연혁을 알 수 있으니, 경학이 갖춘 심오함과 광대함을 어찌 폐기할 수 있겠는가! 그러나 한유(漢儒)는 고대와의 거리가 멀지 않고 학설에 본원이 있으므로 한학에 밝으면 경서의 훈고에도 밝아지며, 한학을 환히 알고자 한다면 마땅히 청대 유학자들이 경서를 해설한 책을 다루어야 한다. 한학은 육경의 풀이이며, 청대 유학은 또한 한대 유학의 풀이이다. 무릇 육조(六朝), 수(隋), 당(唐)의 주소(注疏)와 양송(兩宋), 원(元), 명(明)의 경설(經說)은 자못 적지 않은 참고 자료를 제공하니, 선택해서 쓸 뿐이다.

– 매 책은 36과이며, 매 과의 글자 수는 대략 400~500자 사이이다.
– 경학의 원류가 밝혀지지 않으면 경서 연구의 경로를 알 수 없기 때
  문에, 전책(前冊)의 첫머리에서는 원류를 서술하였고 후책(後冊)에서
  는 대의를 설명하였다.
– 경학의 학파는 같지 않으니, 무릇 양한(兩漢)이 한 갈래이고, 삼국부
  터 수, 당이 한 갈래이며, 송, 원, 명이 한 갈래이며, 청대(淸代)가 따
  로 한 갈래이다. 지금 엮은 각 과는 또한 경학을 네 시기로 나누어
  구분하였고, 매 시기마다 경학의 갈래에 대하여 반드시 분석하고
  상세히 밝혀 참고에 대비하였다.
– 경학의 갈래를 네 시기로 나눈 뒤, 매 시기마다 첫머리에 『역경(易
  經)』, 그 다음으로는 『서경(書經)』, 『시경(詩經)』, 『춘추경(春秋經)』, 『예경
  (禮經)』, 『논어(論語)』에 『맹자(孟子)』, 『대학(大學)』, 『중용(中庸)』을 붙이
  고, 그 다음으로는 『효경(孝經)』에 『이아(爾雅)』를 붙였다. 반고(班固)의
  『한서(漢書)』 「예문지(藝文志)」는 육예(六藝)의 끝에 다시 『논어』, 『효경』
  을 붙여서 나열하였으니 지금 그 예를 따른다. 다만 『악경(樂經)』은
  실전되어 후대의 유학자들에게는 전서(專書)가 없기 때문에 『예경』과
  나란히 열거할 수 없다.
– 인용한 각 책은 출전에 대하여 상세히 주석을 달고, 한두 가지 사견
  을 자주(自注)의 형식으로 덧붙여 학자들이 채택하는 데에 도움을
  주고자 한다.

제1장

총론

제1과

경학(經學) 총론

삼대(三代) 시기에는 단지 육경(六經)만 있었다. 육경은 첫째 『역경 (易經)』, 둘째 『서경(書經)』, 셋째 『시경(詩經)』, 넷째 『예경(禮經)』,【곧 지금 의 『의례(儀禮)』】 다섯째 『악경(樂經)』, 여섯째 『춘추경(春秋經)』이다.【이 순 서는 『한서(漢書)』 「예문지(藝文志)」를 따른 것이다.】 그러므로 『예기(禮記)』 「경 해(經解)」편에서는 공자의 말을 인용하여 『시(詩)』, 『서(書)』, 『예(禮)』, 『악(樂)』, 『춘추(春秋)』, 『역(易)』을 육경으로 삼았다.

『춘추좌씨전(春秋左氏傳)』, 『춘추공양전(春秋公羊傳)』, 『춘추곡량전(春 秋穀梁傳)』의 세 전(傳) 같은 경우는 모두 『춘추』를 해설한 책이다. 『주 례(周禮)』의 원래 명칭은 『주관경(周官經)』이고 『예기』의 원래 명칭은 『소대례(小戴禮)』인데, 모두 『예경』과 서로 보완되는 책이다. 『논어(論 語)』, 『효경(孝經)』은 비록 공문(孔門)의 계통의 언설(言說)이지만 육경과 는 구별된다. 『이아(爾雅)』는 소학(小學, 문자학)의 범주에 들어가고, 『맹 자』는 유가(儒家) 서적 중의 하나가 되며, 『중용(中庸)』, 『대학(大學)』은 모두 『소대례(小戴禮)』에 들어가 있는 편일 뿐이기에 더더욱 이들을 가리켜 경(經)이라고 할 수 없었다.

서한(西漢) 시대에는 육경이라 칭하거나 육예(六藝)라 칭했다.【『사기

(史記)』의「공자세가찬(孔子世家贊)」과「골계열전서(滑稽列傳序)」에 보인다.】 그 뒤 『악경』이 실전(失傳)되어 비로소『효경』과『논어』를 오경(五經)에 합하여 칠경(七經)이라 칭했다.【『후한서(後漢書)』「조전전(趙典傳)」에 보인다.】

당대(唐代)에 이르러서는『춘추』와『예경』을 모두 나누어 각기 셋으로 만들어【『춘추』를 나누어『춘추공양전』,『춘추곡량전』,『춘추좌씨전』의 세 경(經)으로 만들었다. 그리고『예경』이외에『주례』,『예기』도 아울러 경으로 삼았는데, 또 잘못하여『예기』를 본경(本經)으로 삼았다.】 삼전(三傳), 삼례(三禮)라는 명칭을 확립하고『역』,『서』,『시』와 합하여 구경(九經)으로 삼았다.【당의 개성석경(開成石經)[1]에서는『논어』,『효경』,『이아』도 합해 아울러 경서로 삼았다. 그리고『경전석문(經典釋文)』에서는『춘추』를 하나의 경으로 삼고서『논어』,『효경』을 더해 구경(九經)으로 삼았다. 이상은 고정림(顧亭林)[2]의 학설을 인용하였다.】

북송(北宋) 초기에는『논어』,『효경』외에『이아』,『맹자』두 책도 함께 숭상하여, 십삼경(十三經)이라는 명칭이 정해지고는 다시 바꿀 수 없게 되었다. 정주(程朱)가『대학』,『중용』을 표장(表章)하기에 이르러 또 십삼경 이외에 다시 이 두 경을 더하였는데, 세상에서 이를 서로

---

1 개성석경(開成石經) : '당석경(唐石經)'이라고도 하는데, 당 문종(文宗) 개성(開成) 2년 (837)에 새겼기 때문에 이 같이 이름 붙였다. 석경이 포함하고 있는 것은『주역』, 『상서』,『모시』,『주례』,『의례』,『예기』,『춘추좌전』,『춘추공양전』,『춘추곡량전』, 『효경』,『논어』,『이아』의 열두 종이다. 별도로 첨부한『오경문자』,『구경자양(九經字 樣)』등은 모두 227석이다. 글자는 해서로 되어 있고, 표제는 예서로 되어 있다.

2 고정림(顧亭林, 1613~1682) : 이름은 염무(炎武), 자는 영인(寧人), 학자들은 정림선생(亭 林先生)이라 불렸다. 청대(淸代) 고증학의 창시자 중 한 사람으로 평가받고 있다. 저 서로는『일지록(日知錄)』,『음학오서(音學五書)』,『좌전두해보정(左傳杜解補正)』,『석경 고(石經考)』,『천하군국이병서(天下郡國利病書)』등이 있다.

인습하였다.

전(傳)을 경(經)으로 삼는 것을 살피지 못하고,【『춘추좌씨전』,『춘추공양전』,『춘추곡량전』이 이러한 경우이다.】 기(記)를 경(經)으로 삼는 것을 살피지 못하고,【『소대례』가 이러한 경우이다.】 군서(群書)를 경(經)으로 삼는 것을 살피지 못하고,【『주관경』,『효경』,『논어』가 이러한 경우이다.】 경을 해석한 책을 경으로 삼는 것을 살피지 못했으니,【『이아』가 이러한 경우이다.】 이것은 정명(正名)을 알지 못했기 때문이다.【공자진(龔自珍)[3]의 『육경정명설(六經正名說)』을 참고하여 인용하였다.】

---

3 공자진(龔自珍, 1792~1841) : 자는 슬인(瑟人), 호는 정암(定盦). 단옥재(段玉裁)의 외손. 『공양전(公羊傳)』의 미언대의(微言大義)의 학문을 중시하였고, 시는 화려하고 기이하여 '공파(龔派)'라 일컬어졌다. 그의 저술과 시문을 후대 사람이 편집하여 『공자진전집(龔自珍全集)』을 만들었다.

제2과

경(經)의 정의

육경(六經)이라는 명칭은 삼대(三代) 시대에 처음 생겼는데, 경(經)이라는 글자의 의미는 해석하는 학자들마다 각각 다르다. 반고(班固)[4]의 『백호통(白虎通)』에서는 경(經)의 훈(訓)을 '상(常)'이라 하고, 오상(五常)을 오경(五經)에 배속시켰다. 유희(劉熙)[5]의 『석명(釋名)』에서는 경(經)의 훈을 '경(徑)'이라 하고 경(經)을 '상전(常典)'이라 여겼으니, 경로(徑路)는 통하지 않는 곳이 없기 때문이다.

살펴보건대 『백호통』과 『석명』의 설은 모두 경(經)이라는 글자에서

---

4 반고(班固, 32~92) : 자는 맹견(孟堅). 중국 최초의 기전체(紀傳體) 단대사(斷代史)인 『한서(漢書)』의 편찬자이다. 『후한서(後漢書)』에 전이 있다. 동한 건초(建初) 4년(79년), 장제(章帝)가 서한의 석거각회의(石渠閣會議)를 모방하여 각지의 유생들을 내정(內廷)인 백호관(白虎觀)에 불러 모아 오경(五經)의 동이(同異)를 토론하게 하고, 반고에게 특명을 내려 관련된 관점의 많은 서적을 모아 『백호통덕론(白虎通德論)』을 짓게 하였으니, 또 다른 이름은 『백호통의(白虎通義)』이며 혹은 『백호통(白虎通)』이라고도 한다.

5 유희(劉熙, ?~?) : 자는 성국(成國), 동한(東漢)의 경학가로서 훈고학자이다. 저서에 『석명(釋名)』과 『맹자주(孟子注)』가 있다. 이 중 『석명』은 매우 중요한 훈고학적 저술로 후대에 큰 영향을 미쳤다. 『맹자주』는 전하지 않는다.

파생된 뜻이다. 오직 허신(許愼)[6]의 『설문해자(說文解字)』에서는 경(經)이라는 글자를 설명하기를 "베를 짜는 것[織]이니, 의미부는 사(糸), 소리부는 경(巠)이다."라고 하였다.

대개 경(經)의 의미는 실을 짜는 것에서 형상을 취하였으니, 날줄을 경(經)이라 하고 씨줄을 위(緯)라 하는데,【그러므로 지학가(地學家)들이 세로선을 경선(經線), 가로선을 위선(緯線)이라고 한다.】 이를 확장하면 옷감을 짜서 만든다는 의미가 된다.

상고시대에는 '자(字)'의 훈을 '식(飾)'이라 하였고, 또 학술은 대부분 눈과 귀로 전수되었다. 육경(六經)은 상고의 책이기 때문에 경서의 글이 서로 대구(對句)를 이루고 서로 음운이 맞아 암송하기 편리하며, 수식을 통해 문장이 이루어져서 글이 운율을 맞추어 짜여 있는 것을 볼 수 있다. 옛사람은 경문에 이런 문언(文言, 文飾하는 말)이 많은 것을 보고, 이에 실을 짠다는 의미를 빌려 육경이라는 명칭을 붙였다.【예를 들면 『역(易)』에는 문언(文言)이 있으며, 육효(六爻) 가운데에 압운한 어구가 많기 때문에 효(爻)라는 글자는 교호(交互)에서 의미를 취했다. 『상서(尙書)』 역시 대구와 운문이 많으며, 『시(詩)』는 음악에 쓰일 용도를 갖추었기 때문에 소리가 문(文)을 이룬 것을 음(音)이라고 하였다. 『맹자(孟子)』에서 역시 "문(文)을 가지고 글뜻을 해쳐서는 안 된다."라고 하였고, 또 『맹자』에서 공자의 말씀을 인용하여 "『춘추(春秋)』는 그 문(文)이 사(史)이다."라고 하였다. 『예기(禮記)』 「예기(禮器)」편에서도 "『예(禮)』에는 근

---

6 허신(許愼, 약 30~124) : 자는 숙중(叔重). 스승인 가규(賈逵)를 좇아 동관에서 마융(馬融)과 함께 교서직을 지냈는데, '오경무쌍(五經無雙) 허숙중'이라는 명성이 있었다. 『후한서(後漢書)』 「유림전(儒林傳)」에 전이 있다. 『설문해자(說文解字)』는 줄여서 『설문(說文)』이라고 칭하는데, 후대의 언어문자학 연구에 지대한 영향을 미쳤다. 별저로는 『오경이의(五經異義)』가 있는데 지금은 산일되었다.

본이 있고, 문(文)이 있다."라고 하였으니, 이는 육경 가운데 단 하나도 문(文)으로 이루어진 책 아닌 것이 없는 것이다.】

군서(群書) 중 문언을 사용한 것을 또한 경(經)이라고 칭했으니, 비속한 글과 다름을 나타낸 것이다.【예를 들면 『효경(孝經)』, 『도덕경(道德經)』, 『이소경(離騷經)』의 류가 이것이니, 모두 문채 나게 글을 꾸며 문(文)을 이루었다는 뜻을 취했다. 또 『오어(吳語)』에 "경(經)을 끼고 포(枹)를 잡는다."라고 했는데, 주(注)에 "병서(兵書)이다."라고 하였으니, 이는 병서에서 문언을 섞어 쓴 것 또한 경(經)이라고 칭할 수 있었던 것이다.】

후세에는 육경을 선왕의 구전(舊典)이라고 여겨 곧 경(經)의 훈을 '법(法)'이라고 했고,【『역경(易經)』 이괘(頤卦)에 "경(經)에 위배된다."라고 했는데, 주(注)에 "법(法)이다."라고 하였고, 『시(詩)』 「소민(小旻)」편에 "대유(大猷)를 경(經)으로 삼지 않았다."라고 했는데, 『모전(毛傳)』에 "법(法)이다."라고 하였고, 『좌전(左傳)』 소공(昭公) 15년조에 "왕의 대경(大經)이다."라고 했는데, 두예(杜預)의 주에 또한 "경(經)은 법(法)이다."라고 하였으니, 이는 경(經)자를 '법(法)'자로 읽을 수 있는 것이다.】 또 육경이 모든 사람들이 함께 익혀야 할 바라고 여겨 경(經)의 훈을 '상(常)'이라고 하였으니,【『광아(廣雅)』 「석고(釋詁)」에 "경(經)은 '상(常)'이다."라 하였고, 『맹자(孟子)』 「진심하(盡心下)」에 "군자는 경(經)으로 돌아갈 뿐이다."라 하고, 주에 또 "경(經)은 '상(常)'이니, '상도(常道)'와 같다."라 하였다.】 이는 모두 후세에 나타난 경(經)의 뜻이다.【『백호통』에서 오상을 오경에 배속한 것과 같은 경우는 『춘추』를 버려두고 언급하지 않은 것이다. 유희(劉熙)는 경(經)의 훈을 '경(徑)'이라고 하였는데, 경(徑)은 '간단명료[直捷]'라는 뜻이므로 '문식(文飾)한다'는 의미와 상반된다.】

경(經)이라는 글자의 본래 훈을 밝히지 못한다면 어찌 육경이 고대 문장의 시초가 됨을 알 수 있겠는가!

제3과

고대(古代)의 육경

육경(六經)의 기원은 매우 오래되었다. 복희씨가 하늘과 땅을 관찰하고는 팔괘(八卦)를 만들어 물정(物情)을 분류하였고, 후세에 성인들이 일어나 차례로 더한 바가 있으니, 합하여 64괘를 이루었다.【우번(虞翻)[7]은 복희(伏羲)가 만들었다고 하고, 정현(鄭玄)[8]은 신농(神農)이 만들었다고 하였는데, 지금 그 두 가지 설이 공존하고 있다.】 그리하여 정령(政令)을 시

---

7 우번(虞翻, 164~233) : 자는 중상(仲翔). 고조부인 우광(虞光)을 이어 맹씨역(孟氏易)을 전습하였다. 정현(鄭玄), 순상(荀爽)과 더불어 역학삼가(易學三家)로 일컬어진다. 그의 역설과 저술의 일부는 당나라 이정조(李鼎祚)의 『주역집해(周易集解)』와 청나라 황석(黃奭)의 한학당총서(漢學堂叢書) 및 손당(孫堂)의 한위이십일가역주(漢魏二十一家易注)에 집록되었다.

8 정현(鄭玄, 127~200) : 자는 강성(康成). 고문경학을 위주로 경전을 연구했지만 금문경학도 겸하여 채택하였으며, 여러 학설을 망라하여 집대성하였다. 백만 자에 해당하는 저술을 남긴 한대(漢代)의 가장 저명한 경학의 집대성자이다. 저서인 『육경론(六經論)』, 『박허신오경이의(駁許慎五經異義)』 등은 경학 전수의 원류를 서술하고 육경(六經)의 요지를 논한 것인데, 지금은 일실되었다. 청(淸)의 원균(袁鈞)의 『정씨일서(鄭氏佚書)』와 마국한(馬國翰)의 『옥함산방집일서(玉函山房輯佚書)』에 저술의 편린들이 편집되어 있다.

행하고 각종 기물을 이용하는 데에 모두 괘상(卦象)으로 절충하였다. 하(夏)나라 역(易)의 이름은 『연산(連山)』[9]이고, 상(商)나라 역의 이름은 『귀장(歸藏)』[10]인데,【『주례(周禮)』「태복(太卜)」의 주(注)】 지금은 모두 실전되었다. 이것이 『역경(易經)』의 시초이다.

상고시대의 임금은 좌사(左史)가 그의 말을 기록하고 우사(右史)가 그의 행동을 기록하였는데, 말을 기록한 것이 『상서(尚書)』이고, 행동을 기록한 것이 『춘추(春秋)』이다.【『예기(禮記)』의 정현(鄭玄) 주(注)】 그러므로 당(唐), 우(虞), 하(夏), 은(殷)에 모두 『상서』가 있었으며, 고대의 사서(史書)에는 또 삼분(三墳)과 오전(五典)이 있었다.【『춘추좌씨전』 소공(昭公) 12년조】 이것이 『서경(書經)』과 『춘추』의 시작이다.

가요가 만들어지는 것은 태곳적에 시작되었다.【양신(楊慎)[11]이 편집

---

9 『연산(連山)』 : 고대의 세 가지 『역(易)』 가운데 하나이다. 하나라의 『역』인데, 64괘가 있으며, '간(艮)'을 머리로 삼았다. 간은 산이니 위로도 산이요 아래로도 산이어서, 산이 계속 이어지는 모양을 상징하기 때문에 '연산'이라 이름한 것이다. 환담(桓譚)의 『신론(新論)』에서, "『연산』은 난대(蘭臺)에 간직되어 있다."라고 하였고, 또 "『연산』은 8만 자이다."라고 했는데, 한나라 때 이미 일실되었으며, 『한서(漢書)』 「예문지(藝文志)」에도 실려 있지 않다. 세상에 전하는 소위 『연산』은 모두 후인들의 위작이다.

10 『귀장(歸藏)』 : 고대의 세 가지 『역(易)』 가운데 하나이다. 상나라의 『역』인데, '곤(坤)'으로 머리를 삼았다. 곤은 위아래가 모두 땅이니, 만물이 모두 땅에 간직되어 있는 것을 상징하기 때문에 '귀장'이라 이름한 것이다. 환담(桓譚)의 『신론(新論)』에서는 말하기를, "『귀장』은 태복(太卜)에 간직되어 있다."고 하였고, 또 "『귀장』은 4천 3백 자이다."라고 하였다. 한나라 때 이미 일실되었으며, 『한서(漢書)』 「예문지(藝文志)」에도 실려 있지 않다. 세상에 전하는 소위 『귀장』은 모두 후인들의 위작이다.

11 양신(楊慎, 1488~1559) : 자는 용수(用修), 호는 승암(升庵). 시문에 솜씨가 있었으며,

한 데 보인다.』 마음에 두면 뜻이 되고 말로 표현하면 시가 되는 것이다.『시(詩)』「대서(大序)』 우(虞)나라와 하(夏)나라 이래로 모두 시를 채록하는 관리가 있어,【하(夏)에는 주인(遒人)이 있었으니 『상서』와 『춘추좌씨전』에 보이며, 상(商)에는 태사(太師)가 있었으니 『예기』「왕제(王制)』에 보인다.】 민간에서 그것을 채록하여 천자에게 아뢰면 그것으로써 민간의 풍속을 살폈다.【『왕제』】 이것이 『시경(詩經)』의 시작이다.

음악과 춤은 갈천(葛天)의 시대에 시작되었는데,【『여씨춘추(呂氏春秋)』「고악(古樂)』】 복희와 신농의 시대에는 모두 악곡의 명칭이 있었고, 황제(黃帝)의 시대에 이르러서는 육률(六律)과 오음(五音)을 발명하였으며,【『여씨춘추』「고악』】 제왕들이 역성혁명을 하면서 모두 음악을 만들어 자신의 공업을 드러내었으니,【『악위(樂緯)』 및 「악기(樂記)』의 설을 인용하였다.】 음악의 기예가 대대로 흥성하였다. 이것이 『악경(樂經)』의 시작이다.

상고시대에 사회가 미개할 때 성왕(聖王)이 일어나 습속에 근본을 두고 예문(禮文)을 정하였다. 그래서 당우(唐虞)의 시대에는 천(天), 지(地), 인(人)을 삼례(三禮)로 삼고,【『우서(虞書)』의 주(注)】 길(吉), 흉(凶), 군(軍), 빈(賓), 가(嘉)를 오례(五禮)로 삼았는데,【『우서』의 주】 이후에 하나라, 은나라에 이르러 모두 보태거나 뺀 것이 있었다. 이것이 『예경(禮經)』의 시작이다.

이로써 말하자면 상고시대의 학술이 어찌 육경의 범위를 넘어설

저술이 풍부하기로는 명대(明代) 제일이었다. 이학(理學)을 논함에 있어서는 주자학, 양명학을 배척하였으며, 경학적 방면에서 고증을 중시하였다. 『명사(明史)』에 전이 있다. 저술에 『승암집(升庵集)』, 『외집(外集)』, 『유집(遺集)』, 『단궁총훈(檀弓總訓)』 등이 있다.

수 있겠는가! 다만 상고의 육경은 마구 뒤섞여 차례가 없어서 수합해 책으로 만들 수 없었으니, 이것이 고대의 육경이 주대(周代)의 육경과 다른 까닭이다.

제4과

서주(西周)의 육경

서주(西周) 시대에는 육경(六經)을 존숭했다. 문왕(文王)이 『역(易)』을 정리하여 단사(彖辭)와 효사(爻辭)를 만든 것을 시작으로,【정현(鄭玄) 및 혜동(惠棟)¹²의 설을 인용하였다.】 주공(周公)은 예악(禮樂)을 제정하고,【『예기(禮記)』「명당위(明堂位)」】 다시 이전 제도에서 뺄 것을 빼고 더할 것을 더하여 관혼(冠婚), 상제(喪祭), 조빙(朝聘), 사향(射鄉)의 예【즉 지금의 『의례(儀禮)』】를 제정하였으며, 수레를 타고 다니면서 시를 채집하고 진헌함으로써【「아(雅)」, 「송(頌)」, 「주남(周南)」, 「소남(小南)」, 「빈풍(豳風)」이 모두 주공에게서 나왔다.】 민간의 풍속을 살폈다. 사관(史官)들은 임금의 말과 행동을 기록하였으니, 이는 고대 성왕들의 제도를 그대로 모방한 것이다.

그래서 『역경(易經)』은 태복(太卜)【『역경』으로 복서(卜筮)의 사용에 대비하였다.】에게, 『서경(書經)』과 『춘추(春秋)』는 태사(太史)와 외사(外史)에게,

---

12 혜동(惠棟, 1697~1758) : 자는 정우(定宇), 호는 송애(松崖), 학자들은 '소홍두선생(小紅豆先生)'이라고 불렀다. 혜씨 집안은 증조부인 혜유성(惠有聲)으로부터 혜주척(惠周惕), 혜사기(惠士奇)를 거쳐 혜동까지 4대를 이어 경(經)을 전수하여 한유(漢儒)의 경설(經說)을 표창한 것으로 유명하다. 저작으로 『구경고의(九經古義)』, 『역한학(易漢學)』, 『역례(易例)』, 『고문상서고(古文尙書考)』, 『좌전보주(左傳補注)』 등이 있다.

『시경(詩經)』은 태사(太師)에게, 『예경(禮經)』은 종백(宗伯)에게, 『악경(樂經)』은 대사악(大司樂)에게 맡겼다. 관(官)이 있으면 법(法)이 있기 때문에 법이 관에 갖추어져 있고, 법이 있으면 서적이 있기 때문에 관에서 그 서적을 지켰으며,【장학성(章學誠)[13]의『교수통의(校讎通義)』의 설을 인용하였다.】『예(禮)』, 『악(樂)』, 『시(詩)』, 『서(書)』는 또 학교에서 백성을 가르치는 데 쓸 만한 내용을 갖추었으므로,【『예기(禮記)』「왕제(王制)」편에 "봄과 가을에는『예』와『악』으로 가르치고, 겨울과 여름에는『시』와『서』로 가르친다."라고 하였다.】 제후들의 나라에서도 육경을 받들어 표준으로 삼았다. 관직이 갖추어지지 않은 경우에는 혹 사관(史官)이 그것을 겸하여 관장했으니, 참으로 성주(成周) 한 시대의 역사는 모두 육경 속에 개괄되어 있다고 하겠다.【공정암(龔定庵)[14]의「고사구침론(古史鉤沈論)」의 설과 왕수인(王守仁)[15]의 설을 아울러 인용하였다.】

---

13 장학성(章學誠, 1738~1801) : 자는 실재(實齋), 호는 소암(少巖). 젊었을 때 유종주(劉宗周)와 황종희(黃宗羲)의 학설을 배웠다. 그가 지은『문사통의(文史通義)』120편은 청대(淸代) 사학비평의 전문 저작이다. 이 책은 유지기(劉知幾)의『사통(史通)』과 더불어 중국고대 사학(史學) 이론의 쌍벽이다. 또 다른 저작으로『교수통의(校讎通義)』등이 있다.

14 공정암(龔定盦) : 공자진(龔自珍)을 가리킨다.

15 왕수인(王守仁, 1472~1529) : 자는 백안(伯安), 별호는 양명자(陽明子). 양명학의 개창자이다. 젊은 시절 환관인 유근(劉瑾)에게 반대한 것이 원인이 되어 귀주의 용장역승(龍場驛丞)으로 좌천되었다. 이때 대오(大悟)를 거쳐 주자학에 대응하는 '심즉리(心卽理)'와 '치양지설(致良知說)'을 중심으로 하는 학풍을 확립하였다. 그가 창도한 학설은 후인들에 의해 '왕학(王學)' 혹은 '심학(心學)'으로 불리며, 명대 가정(嘉靖) 이후 동아시아에 광범위하게 전파되었다. 저서에『전습록(傳習錄)』, 『대학문(大學問)』등이 있다. 『명사(明史)』에 전이 있다.

또 주공 때에 『주관경(周官經)』을 지어 육관(六官)의 직책을 밝혔고,
【한(漢)의 하휴(河休)[16]는 『주례(周禮)』가 육국(六國) 시대에 지어진 것이라고 의심하
였고, 송유(宋儒)들도 대부분 그렇게 의심하였다. 오직 한의 유흠(劉歆)[17]과 정현(鄭
玄)만은 주공이 태평을 이루기 위해 지은 책으로 믿었는데, 지금 유흠과 정현 두 분의
설을 따른다.】 또 『이아(爾雅)』「석고(釋詁)」 1편을 지어【장읍(張揖)의 「상광아
표(上廣雅表)」】 고금 언어의 이동(異同)을 밝혀,【학의행(郝懿行)[18]의 『이아정
의(爾雅正義)』의 설을 인용하였다.】 외사(外史)들이 책에 쓰인 명칭을 이해
하는 데 쓰이도록 마련하였으니,【『주례』의 「외사직(外史職)」에 보이며, 또 「대
행인직(大行人職)」에도 동일하게 보인다.】 주공은 주대(周代)의 학술을 집대
성한 분이다.【위원(魏源)[19]의 『학교응증사선성주공의(學校應增祀先聖周公議)』의

---

16 하휴(何休, 129~182) : 자는 소공(邵公). 동한(東漢)의 금문경학가(今文經學家)로서 공양
학(公羊學)에 뛰어났다. 그의 공양학은 한나라 경제(景帝) 때의 박사(博士) 호무생(胡
母生)에서 비롯되어 동중서(董仲舒)를 거쳐 그에게 이어진 것으로, 청나라 말에 이
르러 금문공양학(今文公羊學)으로 개화했다. 저서에 『공양경전해고(公羊經典解詁)』,
『공양묵수(公羊墨守)』, 『좌씨고맹(左氏膏肓)』, 『곡량폐질(穀梁廢疾)』 등이 있다.

17 유흠(劉歆, B.C.50~23) : 자는 자준(子駿), 영숙(穎叔). 고문경학(古文經學)의 개창자이다.
한(漢)나라 성제(成帝) 때 아버지 유향(劉向)과 함께 영교비서(領校秘書)가 되었으며,
그가 지은 『칠략(七略)』은 중국 전통 사지목록학(史志目錄學)의 기초를 확립했다.

18 학의행(郝懿行, 1757~1825) : 자는 순구(恂九), 호는 난고(蘭皋). 그가 지은 『이아의소(爾
雅義疏)』 20권은 곽박(郭璞)의 『이아주(爾雅注)』의 기초 위에서 청대(淸代) 이전의 『이
아(爾雅)』에 대한 연구 성과를 광범위하게 채집한 것으로, 청대 훈고학의 대표작
이다.

19 위원(魏源, 1794~1857) : 자는 묵심(默深). 만청(晚淸)에 공자진(龔自珍)과 이름을 나란히
한 저명한 금문경학가(今文經學家)이다. 저서에 『시고미(詩古微)』, 『서고미(書古微)』, 『동
자춘추발미(董子春秋發微)』, 『증자장구(曾子章句)』, 『춘추번로주(春秋繁露注)』, 『양한경
사금고문가법고(兩漢經師今古文家法考)』, 『해국도지(海國圖志)』 등 다수가 있다.

설을 인용하였다.】

육경은 모두 주공의 구전(舊典)이므로,【장학성의『교수통의』의 설을 인용하였다.】 공자 훨씬 이전에도 육경이 존재했다는 것을 증명하기에 충분하다. 그러니 주대 말기의 제자(諸子)들, 이를테면 관자(管子)나 묵자(墨子)는 모두 육경을 보았던 것이다.【묵자가 일컬은『시(詩)』,『서(書)』,『춘추(春秋)』는 대부분 태사(太史)에 비장된 책이었으며, 관자 역시 "그 네 경을 버린다.〔澤其四經.〕"라고 했는데, 주에 "(네 경은)『시』,『서』,『예』,『악』이다."라고 하였다. 이는 도가(道家)와 묵가(墨家)도 모두 주 왕실의 육경을 본 것이다.】 대개 주 왕실의 정리되지 않은 육경은 실로 공자가 정리해놓은 육경과는 다르다.【『춘추공양전(春秋公羊傳)』은 정리되지 않은『춘추』에 대하여 말한 것인데,『춘추』이외의 오경(五經)도 역시 모두 정리되지 못한 구본(舊本)이 있었다. 다만 후세에 실전되었을 뿐이다.】

제5과

공자가 확정한 육경

동주(東周) 시대에 육경(六經)을 정리한 것은 비단 공자 한 분만은 아니다.【1과 참조】 공자의 육경의 학문은 대체로 사관(史官)에게서 얻은 것이다. 『주역(周易)』과 『춘추(春秋)』는 노(魯)나라의 사관에게서 얻고,【『춘추좌씨전(春秋左氏傳)』 소공(昭公) 2년조를 보면, 『역』과 『춘추』를 모두 노나라 태사(太史)가 관장했음을 알 수 있다.】 『시(詩)』의 시편(詩篇)들은 먼 조상인 정고보(正考父)에게서 얻고,【「상송(商頌)」 소서(小序)에 보인다. 정고보는 공자의 조상이니, 그렇다면 공씨 가문은 필시 시학(詩學)을 대대로 전수했을 것이다.】 또 노담(老聃)에게 예(禮)를 묻고, 장홍(萇弘)에게 악(樂)을 묻고,【『예기(禮記)』 및 『사기(史記)』】 주사(周史)를 통해 102국의 보서(寶書)를 보았다.【두예(杜預)[20]의 『춘추좌전집해(春秋左傳集解)』 「자서(自序)」】 그렇게 하여 육경으로 72제자를 구하였다.【『장자(莊子)』 「천운(天運)」】

---

20 두예(杜預, 222~284) : 자는 원개(元凱). 위(魏)나라 사마의(司馬懿)의 사위. 서진(西晉)에서 벼슬이 대장군이었고, 당양후(當陽侯)에 봉해졌다. 자칭 '좌씨벽(左氏癖)'이라고 할 만큼 『좌전(左傳)』의 연구에 몰두하였으며, 저서인 『춘추좌씨경전집해(春秋左氏經傳集解)』는 당(唐) 이전에 『좌전(左傳)』을 연구한 것으로는 가장 유명한 저작이다.

천하에 유세(遊說)하는 길이 막히게 되자, 이에 노나라로 물러나 십익(十翼)을 지어【정현(鄭玄)은 십익을 「단(彖) 상·하」, 「상(象) 상·하」, 「계사(繫辭) 상·하」, 「문언(文言)」, 「설괘(說卦)」, 「서괘(序卦)」, 「잡괘(雜卦)」라고 하였다.】『주역』 의 뜻을 밝혔다. 또 『상서(尚書)』를 차례지어 나열하여 100편으로 정하였고, 은(殷)나라와 주(周)나라의 『시』를 산삭(刪削)하여 310편으로 정하였으며,【이상은 『사기』「공자세가(孔子世家)」의 설을 인용하였다.】 다시 노나라로 돌아가 음악을 바르게 하고 현악기와 노래로 전파하여【『사기』 「공자세가」의 설】 「아(雅)」와 「송(頌)」이 각각 제자리를 얻게 하였다.【『논어 (論語)』】 또 하(夏)나라, 은나라, 주나라에서 각기 이전 시대의 예를 가감했던 것을 살펴, 주나라의 예를 따르고 하나라와 은나라의 예를 물리쳤다.【『논어』와 『중용(中庸)』의 주(注) 및 『사기』「공자세가」에 근거하였다.】 서쪽으로 사냥가서 기린을 잡기에 이르자[西狩獲麟]²¹ 노나라 12공(公) 의 행사(行事)를 엮어 배열하여 『춘추』를 지었다.【『사기』「공자세가」】 이리하여 주 왕실의 정리되지 않은 육경이 공문(孔門)에서 편정(編訂)한 육경으로 바뀌게 되었다.

대개 육경 중에는 경전의 뜻을 강해(講解)한 책도 있고, 교과서 용

---

21 서쪽으로……이르자 : 공자가 기린의 죽음에 감발되어 『춘추(春秋)』 기술을 중단하게 되었다고 전해지기 때문에 '획린성편(獲麟成編)'이라고도 부른다. 『좌전(左傳)』 애공(哀公) 14년 조에, "봄에 서쪽으로 대야(大野)로 사냥을 나갔는데, 숙손씨 (叔孫氏)의 마부인 서상(鉏商)이 기린을 잡으니, 상서롭지 못하다고 여겨 우인(虞人) 에게 주었다. 공자가 그것을 보고 기린이라고 하였다."라고 기록했다. 공양학자 (公羊學者)들은 보편적으로 이 사건이 주(周)나라가 멸망한다는 조짐을 보여주고, 한(漢)나라가 일어날 것이라는 상서를 드러내며, 공자가 한(漢)을 위해 전장(典章) 을 남겨주었다는 세 가지 의미를 가지고 있는 것으로 인식한다.

도의 책도 있다. 『역경(易經)』은 철리(哲理)를 강해한 것이고, 『시경(詩經)』은 노래 교과서이며, 『서경(書經)』은 국가 예악제도 교과서이다.【정치학을 겸하였다.】『춘추』는 노나라 근세사 교과서이고, 『예경(禮經)』은 수신(修身)의 교과서이며, 『악경(樂經)』은 가창(歌唱)의 교과서이자 체육의 전범이다. 또 공자는 사람을 가르칠 때 아언(雅言)을 위주로 했으므로【『논어』】『이아(爾雅)』를 사용하여 말을 변별했으니,【『대대례(大戴禮)』「소변(小辨)」편에 보인다.】『이아』는 곧 공문(孔門)의 문전(文典)이기도 하다. 이것이 바로 공자가 '기술하기만 하고 창작하지 않는다(述而不作)'【『논어』】라고 말한 이유일 것이다.【공문(孔門)에서 전수한 육경은 『시』, 『서』, 『예』, 『악』을 일반 과목으로 삼고, 『역』, 『춘추』를 특별 과목으로 삼았다. 따라서 성(性)과 천도(天道)에 대한 것은 제자들 대부분이 들을 수 없었는데, 『한서(漢書)』에서 휴홍(眭弘)[22] 등의 「전찬(傳贊)」을 살펴보면 성(性)은 바로 『역경』이고 천도(天道)는 곧 『춘추』이다.】

---

22 휴홍(眭弘, ?~B.C.77) : 자는 맹(孟). 동중서(董仲舒)의 제자인 영공(嬴公)을 따라 『춘추공양전』를 배웠다. 그의 제자 안사락(顔安樂), 엄팽조(嚴彭祖)는 모두 휴홍을 따라 『춘추공양전』를 연구하여 비로소 '안엄공양(顔嚴公羊)'의 학문이 생겨났다. 한(漢) 선제(宣帝) 때 학관(學官)에 올랐다.

공자 제자의 경전 전수(상)

공자(孔子)의 제자는 3천 명인데, 그 중에 육예(六藝)에 통달한 자는 72인이다.【『사기(史記)』】 증자(曾子)는 『효경(孝經)』을 지어서 공자가 효(孝)에 관해 논한 말씀을 기술하였고,【『육예론(六藝論)』에서는 비록 『효경(孝經)』을 공자가 지은 것이라고 했지만, 『사기』 「공자세가(孔子世家)」에서는 『효경』을 증자가 기술한 것이라고 하였다.】 자하(子夏) 등이 다시 공자의 서언(緖言)을 수집하여 『논어(論語)』를 찬술(撰述)하였으며,【『육예론』】 육경(六經)의 학문에도 각각 전서(專書)가 있었다.

『역경(易經)』은 공자로부터 상구(商瞿)에게 전수되었는데,【당대(唐代)이래로 위(僞)『자하전(子夏傳)』이 있어 후유(後儒)들이 마침내 자하가 『역(易)』을 전수한 것이라고 여겼다. 실제로는 상구(商瞿)[23]인데 잘못 기록한 것임을 알지 못하고서, 자하의 이름이 복상(卜商)인 것으로 인해 상구(商瞿)의 상(商)을 자하로 여긴 것

---

23 상구(商瞿, B.C.522~?) : 자는 자목(子木). 춘추시대 노나라(지금의 산동성) 사람이다. 공자의 제자이며 공자 역학(易學)의 제1대 전수자이다. 또한 그는 초나라 사람인 간비자궁(馯臂子弓)에게 『역(易)』을 전수했다. 기사가 『사기(史記)』 「중니제자열전(仲尼弟子列傳)」에 실려 있다.

이다.】 재전(再傳)하여 자궁(子弓)에 이르고 다시 삼전(三傳)하여 전하(田何)[24]에 이르렀다.【『사기』】

『서경(書經)』의 학문은 공자로부터 칠조개(漆雕開)에게 전수되었지만 사설(師說)은 전해지는 것이 없고, 공씨(孔氏)만이 대대로 그 책을 전수하여 구전(九傳)하여 공부(孔鮒)에 이르렀다.【『공총자(孔叢子)』】

『시경(詩經)』의 학문은 공자로부터 자하에게 전수되었고, 육전(六傳)하여 순경(荀卿)[25]에 이르렀다. 순경이 『시(詩)』를 부구백(浮邱伯)에게 전수한 것이 『노시(魯詩)』의 시초이고, 다시 『시경(詩經)』을 모형(毛亨)[26]에게 전수한 것이 『모시(毛詩)』의 시초이다.【『경전석문(經典釋文)』「서록(敍錄)」】

『춘추(春秋)』의 학문은 좌구명(左邱明)이 『전(傳)』을 지음으로부터 육전(六傳)하여 순경에 이르렀고 다시 순경으로부터 장창(張蒼)에게 전

---

24 전하(田何, ?~?) : 자는 자장(子庄), 호는 두전생(杜田生). 공자(孔子) 역학(易學)의 제5대 전수자로 전해진다. 그의 제자 왕동(王同), 정관(丁寬), 복생(服生)은 모두 역학으로 당대에 이름을 날렸다. 서한(西漢) 초기 금문역학(今文易學)의 주요 전파자이다. 저서에 『전씨역전(田氏易傳)』이 있지만, 지금은 일실되었다.

25 순경(荀卿, 약 B.C.313~B.C.238) : 이름은 황(況)인데 당시 사람들이 높여서 '경(卿)'이라 칭했다. 전국시대 말의 저명한 사상가이다. 일찍이 제(齊)나라에 유학하여 세 번 직하학궁의 좨주(祭酒)를 맡았다. 저서로는 『순자(荀子)』(일명 『손경자(孫卿子)』) 20권이 있는데, 모두 32편으로 『논어(論語)』의 체례를 본떴다. 중국 선진사상사(先秦思想史)에서 중요한 위치를 차지하고 있다.

26 모형(毛亨, ?~?) : 고문경학(古文經學)인 모시학(毛詩學)의 개창자이다. 『모전(毛傳)』은 자하(子夏)에게서 나와 순황(荀況)을 거쳐 그에게 전해졌다고 한다. 순황에게 『시(詩)』를 배웠으며, 대모공(大毛公)으로 불린다. 그 학문은 소모공(小毛公)이라 불리는 모장(毛萇)에게 전해졌다. 저서에 『모시고훈전(毛詩古訓傳)』이 있는데, 정현(鄭玄)이 전(箋)을 달고 공영달(孔穎達)이 소(疏)를 지었다.

수되었으니, 이것이 좌씨학(左氏學)의 시초이다.【유향(劉向)[27]의『별록(別錄)』】『춘추공양전(春秋公羊傳)』,『춘추곡량전(春秋穀梁傳)』두 전(傳)은 모두 자하에 의해 전수되었다. 하나는 자하로부터 공양고(公羊高)에게 전수되었는데, 공양씨(公羊氏)가 대대로 그 학문을 전수해 오전(五傳)하여 호모생(胡母生)에 이르렀으니, 이것이 공양학(公羊學)의 시초이다.【대굉(戴宏)의「서(序)」】다른 하나는 자하로부터 곡량적(穀梁赤)에게 전수되었는데,【『풍속통(風俗通)』】일전(一傳)하여 순경에 이르고 다시 순경으로부터 신공(申公)[28]에게 전수되었으니,【양시(楊時)의「소(疏)」】이것이 곡량학(穀梁學)의 시초이다.

자하와 순경은 육경의 학술을 집대성한 자들이며,【왕중(汪中)[29]의『순경자통론(荀卿子通論)』과 진옥수(陳玉樹)[30]의『복자연보(卜子年譜)』「서(序)」의

---

27 유향(劉向, B.C.77~6) : 본명은 경생(更生), 자는 자정(子政). 한(漢)의 황족 초 원왕(楚元王, 劉交)의 4세손. 일찍이 여러 서적을 교열하고 궁정의 장서를 정리하면서 매 부의 책마다 서록(敍錄) 한 편을 지었다. 그 아들 유흠(劉歆)이 이를 한데 모아 책으로 만들고『별록(別錄)』이라 하였으니, 중국 목록학의 시초이다. 원본은 지금 일실되었다.

28 신공(申公, ?~?) : 이름은 배(培). 서한(西漢) 때 금문노시(今文魯詩)의 개창자이다. 한(漢) 문제(文帝) 때에 박사가 되었다.『시(詩)』의 고훈(故訓)을 교수하였는데, 그의 시학을 전수한 학자는 오직 강공(江公) 한 사람 뿐이다.

29 왕중(汪中, 1745~1794) : 자는 용보(容甫). 이른 나이에 책장수가 되어 책을 팔고 남은 시간에 경사(經史)와 백가(百家)의 책을 훑어보고, 널리 전적을 모으고 유묵(儒墨)을 암송하여 출중하게 일가를 이루었다. 저서인『순경자통론(荀卿子通論)』에서 순자(荀子)야말로 공자(孔子) 학설의 진정한 전수자라고 인정하였는데, 이로 인해 순자의 학문이 청대(淸代) 중기에 다시 드러날 수 있었다.

30 진옥수(陳玉樹, 1853~1906) : 자는 척암(惕庵). 훈고학과 사학에 정통했고 경세치용을 중시했다. 저서에는『모시이문전(毛詩異文箋)』,『복자연보(卜子年譜)』,『이아석례(爾

설이다.】양한(兩漢)의 제유(諸儒)들은 거의 다 자하와 순경의 학파를 지킨 자들이다.

雅釋例)』,『후락당집(後樂堂集)』등이 있다.

공자 제자의 경전 전수(하)

『예(禮)』, 『악(樂)』 두 경(經)은 공문(孔門)에서 그 학문을 전수한 자가 더욱 적지 않다. 예를 들면 자하(子夏)와 자공(子貢)은 모두 『악』에 통달했고,【『예기(禮記)』 「악기(樂記)」편】 증자(曾子), 자유(子游), 유비(孺悲)는 모두 『예』에 통달했다.【『예기』 「단궁(檀弓)」, 「잡기(雜記)」 등 여러 편에 보인다.】 육국(六國) 시대에 『예경(禮經)』을 전수한 자로는 또 공손니자(公孫尼子)와 청사씨(靑史氏), 왕사씨(王史氏) 등이 있다.【『한서(漢書)』 「예문지(藝文志)」에 근거하였다.】 공문(孔門)의 제자들은 또 『예경』을 위해 기(記)를 지었고,【자하가 지은 『상복기(喪服記)』와 같은 것이 이것이다.】 고대에 예를 기록한 글에서부터 공자가 예를 논한 말씀에 이르기까지 유사한 것들끼리 배열하고 모아서 책을 완성했으며,【곧 지금의 『대대례(大戴禮)』, 『소대례(小戴禮)』가 이것이다.】 자사(子思)가 지은 『중용(中庸)』과 70제자의 무리가 지은 『대학(大學)』을【왕중(汪中)의 설】 모두 그 가운데에 덧붙여 배열하였다. 다만 당시의 학자들이 묵자(墨子)의 비악론(非樂論)에 빠져, 전국시대에 『악경(樂經)』을 연구하는 자들이 끝내 드물어지게 되었다. 이것이 『예』, 『악』 두 경(經)의 흥폐(興廢)의 대략이다.

또 자하의 문도들이 『이아(爾雅)』를 계승하여【장집(張楫)의 「상광아표

(上廣雅表).】 육예(六藝)의 말을 풀이하였다.【정현(鄭玄)의 『박오경이의(駁五經異義)』】 추(鄒)나라 사람 맹가(孟軻)가 자사의 문인에게 수업을 받아【『사기』「순맹열전(荀孟列傳)」】 오경(五經)의 학문에 통달하였는데, 『시(詩)』와 『서(書)』에 특히 뛰어났다.【조기(趙岐)[31]의 『맹자장구(孟子章句)』 「제사(題詞)」】 그는 『맹자(孟子)』 7편을 지어 유가(儒家)의 반열에 섰는데,【『한서』「예문지」】 대저 모두 공문(孔門)의 서언(緖言)이다. 그러므로 추(鄒)와 노(魯)의 백성들은 모두 육경(六經)의 문(文)을 몸소 익혀 빈빈(彬彬)하게 배움에 나아갔으니, 이러한 것이 주(周)나라 말기에 이르러서도 쇠하지 않았다.【『사기』「유림열전서문(儒林列傳敍文)」의 설을 인용하였다.】

　노나라에 박사를 두면서부터【『사기』「공의휴전(公儀休傳)」】 비로소 육경을 관학(官學)으로 삼게 되었다. 위문후(魏文侯)는 자하에게 수업을 받고 다시 박사(博士)와 제자(弟子)를 두었으니,【『한서』「가산전(賈山傳)」】 이미 진(秦)나라 제도의 선례를 연 것이다.【진(秦)나라는 박사를 두었다.】 다만 진대(秦代)에는 민간에서 육경을 사사로이 익히는 것을 금했으므로, 분서갱유(焚書坑儒)를 하여 『역경(易經)』을 제외한 경서들은【오직 『역경』만은 훼손하지 않았다.】 모두 불타고 난 재와 집의 벽 속에서 나오게 되었다.【『사기』「유림전(儒林傳)」, 『한서』「예문지」의 설을 인용하였다.】 이것은 육경의 큰 재액(災厄)이니,【진시황이 비록 육경을 불태웠으나 다만 민간에서 사사로이 배우는 것을 금지한 것일 뿐이고, 육경을 관학으로 채택하지 않은 적은 없다. 백성들에게 명하여 리(吏)를 사(師)로 삼게 하였으니, 리(吏)는 곧 박사이고, 배우는

---

31 조기(趙岐, 108~201) : 자는 빈경(邠卿). 고문경학가 마융(馬融)의 사위. 저서인 『맹자장구(孟子章句)』는 상하로 나뉘어 있고 모두 14권이며, 지금까지 완전하게 보존된 한대(漢代)의 저작이다. 현행본 십삼경주소(十三經注疏) 중 『맹자(孟子)』는 그의 주(注)를 쓴다.

것은 곧 육경의 류(類)였다. 예를 들면 숙손통(叔孫通)³²은 박사이면서 『예』와 『악』에 밝았고, 장창(張蒼)은 진(秦)의 주하사(柱下史)이면서 『춘추좌씨전』에 밝았으니, 이는 진대(秦代)에 직책이 있었던 관원에게는 실로 육경을 익히는 것을 금한 적이 없는 것이다.】 탄식할 만하지 않은가!

---

32 숙손통(叔孫通, ?~?) : 일찍이 진(秦)나라의 박사가 되었다. 한(漢)나라 초기에 유생들과 함께 조정의 의례를 세워서 '한가(漢家)의 유종(儒宗)'이라고 일컬어졌다.

육경 존숭의 원인

　육경(六經)은 본래 선왕(先王)의 구전(舊典)인데, 다만 공자가 따로 편정한 판본이 있을 뿐이다. 주(周)나라 말기의 여러 학자들이 비록 육경(六經)을 연구했어도 모두 정본은 없었다. 후대의 유학자들이 단지 공자가 편정한 육경(六經)만을 보게 되자 주 왕실의 육경(六經)의 구본(舊本)은 모두 전해지지 않게 되었다. 반고(班固)가 지은 『한서(漢書)』 「예문지(藝文志)」에는 육경(六經)을 육예(六藝)라 하고 제자(諸子)의 앞에 배열하였다. 진실로 육경(六經)을 고서(古書)로 여기는 것은 유가(儒家)에서 사사로이 할 수 있는 것이 아니다. 그러나 또한 『논어(論語)』와 『효경(孝經)』을 육예(六藝)의 끝에 배열하였으니, 이 때문에 공문(孔門)에서 지은 책들이 비로소 육경(六經)과 나란히 존숭되었다. 공자를 존숭하였기 때문에 육경(六經)도 함께 존숭한 것이지,【공자가 편정했기 때문이다.】육경(六經)을 높였기 때문에 비로소 공자를 존숭한 것은 아니다.

　후세에 육경(六經)을 존숭하는 것은 또한 그럴만한 까닭이 있어서이다. 대체로 후세의 유학자들의 경학 연구는 모두 세속이 숭상하는 것을 따라서 바뀌었다. 서한(西漢) 시기에 재이(災異)를 많이 말하니 경(經)

을 해설하는 자들도 재이(災異)에 관한 책을 저술하였고, 동한(東漢) 시기에 참위(讖緯)를 숭상하니 경을 해설하는 자들도 참위의 설을 뒤섞었다.【재이(災異)의 글을 지은 것은 이를테면 동중서(董仲舒)[33]가『춘추번로(春秋繁露)』를 짓고 유향(劉向)이『홍범오행전(洪範五行傳)』을 지어 휴맹(眭孟), 경방(京房)[34], 이심(李尋)에 이른 것이 모두 이러한 것이다. 위서(緯書)의 설을 섞은 것은, 예를 들면 하휴(何休)가 '서수획린(西狩獲麟)'을 '한나라 왕실이 천명(天命)을 받은 증표'로 여긴 것과 정현(鄭玄), 송균(宋均) 등이 위서(緯書)에 주(注)를 단 것과 같은 것이다.】 위진(魏晉)시기에 청담(淸談)을 숭상하였을 때는 경(經)에 주(注)를 다는 자들이 현언(玄言)을 섞어서 인용하였다.【예를 들어 왕필(王弼)[35]과 한강백(韓康伯)[36]이

---

33 동중서(董仲舒, B.C.179~104) : 한 경제(漢景帝)때 박사의 직위를 받았고『춘추공양전(春秋公羊傳)』을 연구하여 이름이 알려졌다. '천인삼책(天人三策)'을 올려서 오직 유교만을 높일 것을 건의하였고, 한 무제(漢武帝)가 이것을 받아들여 이후 2000여년 간 유학을 정통으로 하는 길을 열었다. 저서인『춘추번로(春秋繁露)』17권은 한대(漢代) 공양학(公羊學)의 대표적인 저서이다.

34 경방(京房, B.C.77~37) : 자는 군명(君明). 한대(漢代) 경씨역학(京氏易學)의 창시자이다. 저서에『경씨역전(京氏易傳)』이 있다.

35 왕필(王弼, 226~249) : 자는 보사(輔嗣). 삼국시기 저명한 역학자(易學者)이며 위진현학(魏晉玄學)의 대표 인물 중 한 사람이다. 저서인『주역약례(周易略例)』는 총7편이며, 첫머리부터 상수역학(象數易學)을 배척하고 오로지 의리역학(義理易學)을 주장하였는데, 후대 역학(易學)의 생성과정에 중대한 영향을 끼쳤다. 남북조시기에는 그와 정현(鄭玄)의 역주(易注)가 병행되었지만 당인(唐人)이『오경정의(五經正義)』를 찬하면서부터『역(易)』에 왕필의 주를 채택, 정현의 주는 마침내 폐기되었다.

36 한강백(韓康伯, 322~380) : 이름은 백(伯), 자는 강백(康伯). 저서에『주역주해(周易注解)』가 있다. 당인(唐人)이 이미 왕필(王弼)의 주를 채택했지만「계사(繫辭)」의 주는 한강백의 주를 따른다. 위진(魏晉) 시기에「계사(繫辭)」를 주해한 자가 10여 명이 되지만 한강백의 주를 채택하면서부터 제가(諸家)의 주는 점차 폐기되었다.

『주역(周易)』에 주를 달고, 하안(何晏)[37]이 『논어(論語)』를 주해한 것 등이다.】송명(宋明)시기에 도학(道學)을 숭상하였을 때는 경(經)에 주를 다는 자들이 의리(義理)를 공언(空言)하였다.【정자(程子)[38]가 『역(易)』에 주(注)를 단 것, 주자(朱子)[39]가 『역(易)』에 주(注)를 달고 『대학(大學)』, 『중용(中庸)』, 『논어(論語)』, 『맹자(孟子)』에 주(注)를 단 것, 양시(楊時)[40]가 『중용(中庸)』에 주(注)를 단 것 등이다.】

대개 경(經)을 연구하는 유학자들은 각각 한 시대의 기호와 취향을 따른다. 그러므로 역대의 군주와 백성들이 모두 그것을 편히 여겨 육경(六經)의 글이 마침내 해나 별처럼 밝게 빛나 온 나라의 인민들에게 익혀지는 것이다. 무릇 삼대(三代) 이전은 전적에 결락된 부분이 많고 오직 육경의 책만이 확실한 삼대(三代)의 고서(古書)이니 전장(典章)과 풍속을 여기에서 엿볼 수 있다. 『논어(論語)』 『맹자(孟子)』 각각의

---

37 하안(何晏, ?~249) : 자는 평숙(平叔). 이른 나이에 어머니를 따라 조조(曹操)의 수양아들이 되었고 수재로 이름을 날렸다. 노장현학(老莊玄學)과 하후현(夏侯玄), 왕필(王弼) 등이 창도한 현학을 좋아하여 경학 연구의 새로운 풍조를 이룩하였다. 저서에는 『논어집해(論語集解)』가 있다.

38 정자(程子) : 정이(程頤, 1033~1107)를 가리킨다. 자는 정숙(正叔), 호는 이천(伊川). 그의 형 정호(程顥)와 함께 북송(北宋) 이학(理學)의 창시자로 세칭 '이정(二程)'이라 한다. 후세에 그와 정호의 저서를 합해 『이정전서(二程全書)』가 편찬되었다.

39 주자(朱子) : 주희(朱熹, 1130~1200)를 가리킨다. 자는 원회(元晦), 중회(仲晦), 호는 회암(晦庵)이며, 세상에서는 주문공(朱文公)이라 일컬어진다. 남송(南宋)의 저명한 철학가, 경학가이며 송대(宋代) 이학(理學)의 집대성자이다. 저서에는 『사서장구집주(四書章句集注)』, 『주자어류(朱子語類)』, 『주자가례(朱子家禮)』 등이 있다.

40 양시(楊時, 1053~1135) : 자는 중립(中立). 정이(程頤), 정호(程顥)를 스승으로 모셨고 유초(游酢), 여대림(呂大臨), 사양좌(謝良佐)와 함께 정문(程門)의 사제자(四弟子)이다. 저서에는 『이정수언(二程粹言)』, 『구산집(龜山集)』 등이 있다.

책에서도 유가학술의 대략을 엿볼 수 있으니 경학을 존숭하는 것이
또한 진실로 마땅하다. 후세의 유학자들이 육경을 공자의 사서(私書)
로 오인하는 것은 육경이 선왕(先王)의 고서임을 알지 못한 것이고,
또한 공문(孔門)에서 지은 책이 실로 육경과 다름이 있음을 알지 못한
것이니, 이는 고고(考古)에 소홀한 데서 나온 폐단이다.

제2장

한대 경학

한대 역학(易學)

　진시황이 분서갱유(焚書坑儒)를 했을 때, 『역(易)』은 복서(卜筮)에 대한 책으로 간주되었기에 이를 전수하는 자가 끊어지지 않았다. 한(漢)나라가 일어난 이래로 전하(田何)가 상구(商瞿)의 『역』을 왕동(王同), 정관(丁寬), 주왕손(周王孫)에게 전수하였는데, 양하(楊何) 등이 왕동에게 수업을 받았고, 이는 다시 양하를 통해 사마담(司馬談), 경방(京房)[1]에게 전수되었다.【제8과의 경방과는 다른 인물이다.】 정관은 『전씨역(田氏易)』을 연구하고 다시 주왕손에게 고의(古義)를 물어보고서 탕(碭) 사람 전왕손(田王孫)에게 전수하였으며, 이는 다시 전왕손을 통해 맹희

---

1 경방(京房, ?~?) : 『경씨역전(京氏易傳)』을 지은 경군방(京君房)과는 다른 사람이다. 후대에 별도의 설명이 없이 경방이라고 일컬을 경우 대개 경군방을 가리킨다. 양하(楊何)에게 『역(易)』을 배워 한대(漢代) 전씨역학파(田氏易學派)의 전수자가 되었다. 양구하(梁丘賀)는 그의 제자이다.

(孟喜),² 시수(施讎)³에게 전수되었으니, 이로 말미암아『역경』에 시수 학파와 맹희 학파가 형성되었다.

양구하(梁丘賀)⁴는 본래 경방에게서『역』을 전수받았는데, 나중에 다시 전왕손을 사사(師事)하여 정관과 왕동의 설을 참고하고 합하였으니, 이로 말미암아『역경』에 양구하 학파가 형성되었다. 경방【제8과의 경방】은 초연수(焦延壽)⁵에게『역』을 배웠는데, 초연수의 학문은 또한 맹희에서 나온 것으로『역』을 해설하는 것이 재이(災異)에 특장이 있었으니, 이로 말미암아『역경』에 경방 학파가 형성되었다.

서한(西漢) 시대에 시씨, 맹씨, 양구씨, 경씨 사가(四家)가 모두 학관(學官)에 섰으니, 이는 역학의 금문(今文)으로 모두 제학(齊學)⁶의 별

2 맹희(孟喜, B.C.90~40) : 자는 장경(長卿). 전하(田何) 역학(易學)의 전수자로, 음양재변(陰陽災變)으로『역(易)』을 설명하여 한대(漢代) 역금문학(易今文學) 맹씨(孟氏) 일파를 개창하였다.

3 시수(施讎, ?~?) : 자는 장경(長卿). 전왕손(田王孫)을 스승으로 모시면서『역(易)』을 익혀 후에 박사가 되었다. 한(漢) 선제(宣帝) 때 석거각(石渠閣) 회의에 참석하여 제유(諸儒)들과 오경(五經)의 이동(異同)을 토론하였다. 한대(漢代) 역금문학(易今文學) 시씨(施氏) 일파의 개창자이다.

4 양구하(梁丘賀, ?~?) : 자는 장옹(長翁). 경방(京房)에게『역(易)』을 배웠다. 한대(漢代) 역금문학(易今文學) 양구씨(梁丘氏) 일파의 개창자이다.

5 초연수(焦延壽, ?~?) : 자는 공(贛). 스스로 맹희(孟喜)에게『역(易)』을 배웠다고 하였다.『역』을 논함에 괘기(卦氣)를 위주로 하였으니, 위로는 맹희를 잇고 아래로는 경방(京房)의 한대(漢代) 상수역학(象數易學)을 인도한 중요 인물이다. 그의 저작 중『역림변점(易林變占)』은 이미 실전되었고,『역림(易林)』16권만 전한다.

6 제학(齊學) : 진한(秦漢) 시대 경학 유파의 하나이다.『제시(齊詩)』를 전한 원고생(轅固生)와『춘추공양전(春秋公羊傳)』을 지은 공양수(公羊壽)가 모두 제(齊) 지역 사람이기 때문에 '제학'이라 이름이 붙여졌다. 해당 학파의 주요 경적(經籍)으로『제시』,『제

파(別派)이다. 그리고 민간에서 사사로이 『역』을 전한 것으로 다시 비씨(費氏)[7]의 역(易)과 고씨(高氏)[8]의 역이 있었다. 비씨역은 비직(費直)에게서 나왔는데, 장구(章句) 4권을 만들어 「단(彖)」, 「상(象)」, 「계사(系辭)」, 「문언(文言)」으로 상하경(上下經)을 설명하였고, 글은 모두 고문(古文)으로 되어 있다. 유향(劉向)이 서적을 교감함에 이르러 제가(諸家)가 모두 전하(田何)를 비조(鼻祖)로 삼았지만, 오직 경씨만은 이당(異黨)이 되었고, 오직 비씨의 경(經)만은 고문과 같았다.

　동한(東漢) 시대에 진원(陳元),[9] 마융(馬融),[10] 순상(荀爽)[11]이 모두 비

────────────────

론(齊論)』 등이 있다.

7　비씨(費氏, ?~?) : 비직(費直)을 가리킨다. 자는 장옹(長翁). 『역(易)』 연구를 통해 낭(郎)이 되었다. 한대(漢代) 역학(易學) 비씨(費氏) 일파의 개창자이다. 저작에 『주역주(周易注)』가 있었으나, 지금은 전하지 않는다.

8　고씨(高氏, ?~?) : 고상(高相)을 가리킨다. 스스로 그 학문의 연원이 정관(丁寬)에게서 나왔다고 하였는데, 장구(章句)를 중시하지 않고 오로지 음양재이(陰陽災異)로 『역(易)』을 설명하였다. 한대(漢代) 역학(易學) 고씨(高氏) 일파의 개창자이다.

9　진원(陳元, ?~?) : 자는 장손(長孫). 그의 아버지 진흠(陳欽)이 『춘추좌씨』에 정통하였는데, 진원이 젊을 적에 아버지의 학업을 전수받아 훈고학을 연구하였다. 광무제(光武帝) 건무(建武) 연간 초에 환담(桓譚), 두림(杜林), 정흥(鄭興)과 더불어 당시의 저명한 경학가가 되었다. 광무제가 태상(太常)에게 명하여 『춘추좌씨전(春秋左氏傳)』 경학박사 4인을 뽑게 하였는데 진원이 으뜸으로 꼽혔다.

10　마융(馬融, 79~166) : 자는 계장(季長). 동한(東漢)의 명장 마원(馬援)의 종손으로, 고문경학가(古文經學家)이다. 가르친 제자가 수천 명에 이르며, 노식(盧植)과 정현(鄭玄) 등을 가르쳤다. 저작으로 『춘추삼전이동설(春秋三傳異同說)』이 있고, 『효경(孝經)』, 『논어(論語)』, 『시경(詩經)』, 삼례(三禮), 『상서(尚書)』 및 『열녀전(列女傳)』, 『노자(老子)』, 『회남자(淮南子)』, 『이소(離騷)』 등에 두루 주석을 가했다.

11　순상(荀爽, 128~190) : 자는 자명(慈明). 저작으로 『역전(易傳)』, 『시전(詩傳)』, 『예전(禮

씨역을 전수하였고, 정현(鄭玄) 또한 경방(8과의 경방)의 역을 말미암고 비직의 역을 익혀 모두『역』의 주석을 만들었으니, 이는 역학의 고문 (古文)이라 할 것이다.

고씨역은 고상(高相)에게서 나왔는데, 비직과 시기를 같이하며 정관에 연원을 두었으니, 이는 또한 제학(齊學)의 별파이다. 또 동한시대에 우광(虞光)[12]이 대대로 맹씨역을 전수하였는데, 다섯 번 전해져 우번(虞翻)에 이르렀다. 이를 통해『역경』에 우씨(虞氏)의 주가 있게 되었으니, 이는 또한 서한(西漢) 역학의 지류이다.【이상은『한서(漢書)』「유림전(儒林傳)」,『한서(漢書)』「예문지(藝文志)」,『후한서(後漢書)』「유림전(儒林傳)」과 각 열전(列傳) 및『경전석문(經傳釋文)』과 강번(江藩)의『한학사승기(漢學師承記)』[13]에서 인용하였다.】

이것이 한대(漢代)『역경』전수의 대략이다.【이 밖에 한씨(韓氏)의 역은 한영(韓嬰)[14]에서 비롯되었고 백씨(白氏)의 역은 백자지(白子支)에서 비롯되었으나,

---

傳)』,『상서정경(尙書正經)』등이 있었으나, 지금은 모두 전하지 않는다.

12 우광(虞光, ?~?) : 동한(東漢)의 역학가(易學家) 우번(虞翻)의 고조부이다. 일찍이 영릉태수(零陵太守)가 되어『맹씨역(孟氏易)』을 전문적으로 연구하여 아들 우성(虞成)에게 전수하였다. 후대에 그의 학업을 계승하여 5대가 지나 우번에 이르렀다. 동한 우씨역학(虞氏易學)의 시조이다.

13 강번(江藩, 1761~1830) : 자는 자병(子屛), 호는 정당(鄭堂). 어려서 오파(吳派) 학자인 여소객(余蕭客), 강성(江聲)을 스승으로 모셨고, 혜동(惠棟)의 재전제자(再傳弟子)로 당시 양주의 학자 초순(焦循)과 함께 '이당(二堂)'으로 일컬어졌다.『한학사승기(漢學師承記)』8권에『국조경사경의목록(國朝經師經義目錄)』1권을 더하여 청대(淸代) 한학(漢學) 발전의 맥락과 개인 학술 성취의 개요를 완정하게 묘사하였는데, 이는 모두 중요한 학술 가치를 지닌다.

14 한영(韓嬰, ?~?) : 한생(韓生)이라고도 한다. 한(漢) 문제(文帝) 때 박사가 되었다. 한대

모두 별도로 하나의 학파를 이루지는 못하였기 때문에 기록하지 않았다. 우번(虞翻)

의 주석은 한학(漢學)으로 간주되기 때문에 이번 과(課)에 넣었다.】

(漢代) 금문한시학(今文韓詩學)의 개창자이다. 『역전(易傳)』을 지어 사람들에게 전수
하였는데, 위군(魏郡) 사람 개관요(蓋寬饒)가 그의 역학(易學)을 전하였다. 저작으로
『한시내전(韓詩內傳)』, 『한시외전(韓詩外傳)』 등이 있다.

한대 서학(書學)

진시황이 분서갱유(焚書坑儒)를 행하였을 때, 오직 제남(濟南) 사람 복생(伏生)[15]만이 『상서(尙書)』를 전하였다. 복생은 이를 조조(晁錯), 장생(張生)에게 전수하였고, 장생은 천승(千乘) 사람 구양생(歐陽生)[16]에게 전수하였으며, 구양생은 예관(兒寬)[17]에게 전수하였다. 예관은 이를 구양

---

15 복생(伏生, ?~?) : 이름은 승(勝), 자는 자천(子賤). 진(秦)나라 때 박사를 지냈으며, 『상서(尙書)』를 연구하였다. 제자인 장생(張生)과 구양생(歐陽生) 모두 상서학(尙書學)으로 이름난 학자이다. 한대(漢代) 금문상서학(今文尙書學)의 개창자이다.

16 구양생(歐陽生) : 자는 화백(和伯). 복생의 제자로 『상서(尙書)』를 익혔다. 나중에 아관(兒寬)에게 전수하였고, 예관이 또 구양생의 아들에게 전수하였다. 증손인 구양고(歐陽高)에 이르러 대대로 『상서』를 전하였으니, 한대(漢代) 상서학 구양씨 일파의 개창자이다. 『한서(漢書)』「유림전(儒林傳)」에 전이 있다.

17 예관(兒寬, ?~B.C.103) : 구양생을 모시면서 『상서』를 익혔다. 군국(郡國)에서 선발되어 박사로서 공안국(孔安國)에게 수업을 받았다. 나중에 『상서』를 배운 것을 통해 한 무제(漢武帝)에게 중시를 받았다. 『한서』「유림전」에 전이 있다. 『한서』「예문지」 '제자략(諸子略)'의 '유가(儒家)'류에 그의 글 9편이 기록되어 있으나 지금은 전하지 않는다. 청(淸)나라 마국한(馬國翰)의 『옥함산방집일서(玉函山房輯佚書)』에 『아관서(兒寬書)』 1편이 있다.

생의 아들에게 전수하였는데, 학업이 대대로 전해져 증손인 구양고(歐陽高)에 이르렀으니, 이를 『상서』 구양씨(歐陽氏) 학파라고 한다.

또 하후도위(夏侯都尉)는 장생에게 수업을 받아 족자(族子)인 하후시창(夏侯始昌)[18]에게 이를 전수하였고, 하후시창은 족자인 하후승(夏侯勝)[19]에게 이를 전수하였으니, 이것이 『상서』 대하후(大夏侯)의 학파이다. 또 하후승이 조카인 하후건(夏侯建)[20]에게 『상서』를 전수하였는데, 이는 별도로 소하후(小夏侯)의 학파가 되었다.

서한(西漢) 시대에 3가(家)가 함께 학궁(學宮)에 섰으나 전해지는 책은 겨우 28편이다. 이는 『금문상서(今文尙書)』로, 곧 『상서』 가운데 제학(齊學)이다. 동한(東漢) 시대에는 구양씨가 대대로 황제의 스승이 되었기 때문에 구양씨의 학파가 동경(東京)에서 가장 성대하였다.

---

18 하후시창(夏侯始昌, ?~?) : 오경(五經)에 통달하였으며, 『제시(齊詩)』와 『상서(尙書)』를 가르쳤다. 동중서(董仲舒), 한영(韓嬰)이 죽은 뒤로 한 무제(漢武帝)가 특히 하후시창을 중시하였다. 『한서(漢書)』에 전이 있다.

19 하후승(夏侯勝, B.C.152~61) : 자는 장공(長公). 족부(族父)인 하후시창을 스승으로 모시면서 『상서(尙書)』와 『홍범오행전(洪範五行傳)』을 익혔다. 서한(西漢) 『상서』 대하후(大夏侯) 학파의 개창자이다. 『한서(漢書)』에 전이 있다. 『한서』 「예문지(藝文志)」 '육예략(六藝略)'의 '서(書)'류에 『대하후장구(大夏侯章句)』와 『해고(解詁)』 각 29편이 기록되어 있으나, 지금은 전하지 않는다.

20 하후건(夏侯建, ?~?) : 자는 장경(長卿). 하후승(夏侯勝)의 조카. 하후승과 구양고(歐陽高)를 스승으로 모셨으며, 또 오경을 익힌 여러 학자들에게서 배워 따로 일가를 이루었다. 서한 『상서』 소하후(小夏侯) 학파의 개창자이다. 『한서(漢書)』 「유림전(儒林傳)」에 전이 있다. 『한서』 「예문지(藝文志)」 '육예략(六藝略)'의 '서(書)'류에 『소하후장구(小夏侯章句)』와 『해고(解詁)』 각 29편이 기록되어 있으나, 지금은 전하지 않는다.

공안국(孔安國)²¹은 본래 복생에게 『서(書)』를 전수받았는데, 다시 공씨(孔氏)의 벽에 소장된 고문(古文) 16편을 얻어서 교동(膠東) 사람인 용생(庸生)에게 전수하였다. 이것이 다섯 번 전해져 상흠(桑欽)에 이르렀는데, 유흠(劉歆)이 또한 그 글을 신봉하였다. 동한 시대에 이르러 가규(賈逵),²² 공희(孔僖)가 고문(古文)의 학문을 대대로 전하였는데, 윤함(尹咸), 주방(周防), 주반(周磐), 양륜(楊倫), 장해(張楷), 손기(孫期)가 또한 고문을 익혔으니, 이는 『고문상서(古文尚書)』로, 곧 『상서』 가운데 노학(魯學)이다. 다만 고문 16편은 사설(師說)이 없었다.【마융(馬融)의 설이다.】 그러므로 그 학문을 전한 자들도 모두 주석이 없었으니, 진(晉)나라의 매색(梅賾)이 말한 공씨(孔氏)의 고문과는 다른 것이다.

또 부풍(扶風) 사람 두림(杜林)이 서주(西州)의 『칠서(漆書)』 고문을 얻었는데 또한 위서(僞書)가 아니었으므로 위굉(衛宏)과 서순(徐巡)에게 전수하였으며, 마융이 또한 그 학문을 전하였다. 정현(鄭玄)은 장공조(張恭祖)에게 『서』를 전수받아 『고문상서(古文尚書)』를 전하였는데, 또 마융의 문하에서 배우고 나서는 두림의 『칠서』까지 아울러 통달하였다. 마융의 전(傳)과 정현의 주(注)는 모두 『칠서』를 가지고 금문(今

---

21 공안국(孔安國, ?~?) : 자는 자국(子國). 공자(孔子)의 12세손. 공자의 집 벽 안에 보관되어 있던 고문(古文)으로 된 『상서(尚書)』를 얻고, 이를 도위조(都尉朝), 사마천(司馬遷), 예관(兒寬) 등에게 전수하여 서한(西漢) 고문상서학파를 개창하였다. 당(唐)의 『오경정의(五經正義)』가 채록한 『공안국전(孔安國傳)』은 후대 사람들이 공안국에 가탁한 위서(僞書)이다.

22 가규(賈逵, 30~101) : 자는 경백(景伯). 서한(西漢)의 명유(名儒) 가의(賈誼)의 후손이자, 서한의 경학가 가휘(賈徽)의 아들. 대하후상서(大夏候尚書)를 가르쳤으며, 『춘추곡량전』 등 금문경학에도 통달하였다. 『후한서』에 전(傳)이 있다.

文) 28편을 풀이하였다.【고문 16편에 주석을 단 것이 아니다.】

　　이것이 한대(漢代) 『서경(書經)』 전수의 대략이다.【이상은 『한서(漢書)』 「유림전(儒林傳)」과 「예문지(藝文志)」, 『후한서(後漢書)』 「유림전(儒林傳)」과 각 열전 (列傳), 『경전석문(經傳釋文)』, 염약거(閻若璩)[23]의 『고문상서소증(古文尙書疏證)』, 왕명성(王鳴盛)[24]의 『상서후안(尙書後案)』, 강성(江聲)[25]의 『상서고금문집주음소(尙書古今文集注音疏)』와 『한학사승기(漢學師承記)』에서 인용하였다. 또 살펴보건대, 근세에 위원(魏源) 등 여러 사람들이 두림의 『칠서』를 위작이라 간주하고 아울러 마융의 전과 정현의 주를 의심하였으나, 따를 만하지 않으므로 그들의 설을 인용하지 않았다.】

23　염약거(閻若璩, 1636~1704) : 자는 백시(百詩), 호는 잠구(潛邱). 고염무(顧炎武)의 학풍을 계승해 『상서』의 진위를 연구하여 동진(東晉) 때 매색(梅賾)이 바친 『고문상서(古文尙書)』와 『공안국상서전(孔安國尙書傳)』이 위작이라고 주장했다. 30여 년을 연구해 『고문상서소증(古文尙書疏證)』을 완성했다. 평생 경사(經史) 연구와 고증 및 교감에 잠심하여 청나라 초에 고증학을 꽃피게 했다.

24　왕명성(王鳴盛, 1722~1778) : 자는 봉개(鳳喈), 호는 예당(禮堂), 서장(西莊), 만호는 서지(西沚). 그의 저작 『상서후안(尙書後案)』은 정현과 마융의 경에 대한 설을 위주로 비록 폭넓게 고증을 하긴 했지만 새로운 설은 거의 없다. 그밖에 『십칠사상각(十七史商榷)』, 『아술편(蛾術編)』 등의 저작이 있다. 『청사고(淸史稿)』 「유림전(儒林傳)」과 강번(江藩)의 『한학사승기(漢學師承記)』에 전이 있다.

25　강성(江聲, 1721~1778) : 자는 악도(鱷濤), 숙운(叔澐), 만년의 자호(自號)는 간정(艮庭). 혜동(惠棟)을 스승으로 모시고 『상서(尙書)』를 연구하여 이름이 났다. 저작 『상서집주음소(尙書集注音疏)』는 고훈(故訓)을 정밀히 연구하여 경문을 교정하고 고주(古注)를 밝힌 것으로, 강성 스스로 이 책이 혜동의 『주역술(周易述)』과 필적할 만하다고 하였다. 그의 저작은 고대의 전서(篆書)로 쓰여졌기 때문에 일반인들은 알아보기가 어렵다. 그 밖에 『상서일문(尙書逸文)』, 『논어질(論語質)』, 『육서설(六書說)』 등의 저작이 있다.

제11과

한대 시학(詩學)

　　서한(西漢) 초기에는 시학(詩學)에 제(齊), 노(魯), 한(韓), 모(毛) 4가(家)가 있었다. 부구백(浮丘伯)이 순경(荀卿)에게 수업을 받고, 신배(申培), 백생(白生), 목생(穆生), 초원왕(楚元王)[26]이 모두 부구백에게 수업 받았는데, 이를 『노시(魯詩)』라고 하였다. 다시 신배가 강공(江公),[27] 허생(許生), 공안국(孔安國)에게 이를 전수하였는데, 위현(韋賢)은 강공에게 수업을 받아서 아들 원성(元成)에게 전하였고, 왕식(王式)은 허생에게 수업을 받아 장장안(張長安), 설광덕(薛廣德)에게 전하였다. 장장안의 학문은 두 번 전해져 허안(許晏), 왕부(王扶)에게 이어졌으며, 설

26　초원왕(楚元王) : 유교(劉交, ?~약 B.C.179)를 가리킨다. 자는 유(游). 한(漢) 고조(高祖) 유방(劉邦)의 이복동생. 젊었을 때 백생(白生), 목생(穆生), 신공(申公)과 함께 부구백(浮丘伯)에게 『시(詩)』를 전수받았다. 나중에 오왕(吳王)의 모반에 참여했다가 일이 실패하여 자살하였다.

27　강공(江公, ?~?) : 하구(瑕丘) 강공(江公) 또는 대강공(大江公)이라고 한다. 신배(申培)에게 『노시(魯詩)』와 『춘추곡량전』를 전수받았다. 한(漢) 무제(武帝) 때 동중서(董仲舒)와 명성을 나란히 하였다. 선제(宣帝) 때 강공의 손자가 박사가 되자, 춘추곡량학(春秋穀梁學)이 마침내 전해졌다.

광덕의 학문은 한 번 전해져 공사(龔舍)에게 이어졌다. 또 유향(劉向),
【『열녀전(列女傳)』에도 『노시』의 설이 많이 있다.】 탁무(卓茂), 포함(包咸),[28] 이
준(李峻)이 모두 『노시』를 연구하였으니, 이것이 노시학(魯詩學)이다.

제(齊) 사람 원고(轅固)[29]가 『시』를 가르치며 『시전(詩傳)』을 지었는
데, 이를 『제시(齊詩)』라고 하였다. 원고가 하후시창(夏侯始昌)에게 이
를 전수하였고, 하후시창이 후창(后蒼)[30]에게 전하였으며, 후창이 익
봉(翼奉), 소망지(蕭望之), 광형(匡衡)에게 전하였다. 사단(師丹), 만창(滿
昌), 광백(匡伯)은 모두 광형의 학문을 전하였으며, 장한(張邯), 피용(皮
容), 마원(馬援)은 다시 만창의 학문을 전하였으니, 문도가 매우 많았
다. 그리고 경란(景鸞), 복담(伏湛), 복공(伏恭), 진기(陳紀) 등 여러 사람
들이 모두 『제시』를 연구하였으니, 이것이 제시학(齊詩學)이다.

---

28 포함(包咸, B.C.6~65) : 자는 자양(子良). 젊어서 제생(諸生)이 되어 장안에서 수업을 받
　으며 『노시』, 『논어』를 익혔다. 서한 말 동해에 학관을 세워 교수활동을 하였다.
　동한 초에 효렴으로 천거되어 낭중이 되었고 조정에 들어가 태자에게 『논어』를
　전수하였으며, 또 장구(章句)를 지었다. 『후한서』「유림열전」에 전이 있다.

29 원고(轅固, ?~?) : 한(漢) 경제(景帝) 때 『제시(齊詩)』를 전하여 박사가 되었다. 무제(武
　帝) 때 현량(賢良)으로 부름을 받았는데, 당시에 나이가 이미 90여 세였다. 제자 공
　손홍(公孫弘)과 하후시창(夏侯始昌)이 모두 『제시』로 당세에 이름을 날렸다. 서한(西
　漢) 금문시학(今文詩學) 중 제시학(齊詩學)의 개창자이다.

30 후창(后蒼) : 자는 근군(近君). 서한의 경학가. 하후시창의 제자로 『시』, 『예』에 통달
　하여 박사가 되었으며 소부(少府)를 지냈다. 서한의 명신(名臣), 명상(名相), 명장(名
　將)인 익봉(翼奉), 소망지(蕭望之), 광형(匡衡), 사단(師丹) 등이 모두 그의 학문을 전하
　였다. 서한 제시학(齊詩學)의 전파자이다. 『한서』「유림전」에 전이 있다. 『한서(漢
　書)』「예문지(藝文志)」육예략(六藝略) '시(詩)'류에 『제후씨고(齊后氏故)』29권과 『후씨
　전(后氏傳)』39권이 기록되어 있으나 지금은 전하지 않는다.

연(燕) 사람 한영(韓嬰)이 『시(詩)』의 내외전(內外傳) 수만 언(言)을 지었는데, 이를 『한시(韓詩)』라고 하였다. 비생(貴生)과 조자(趙子)가 이를 전수받았고, 조자가 채의(蔡誼)에게 전하였으며, 채의가 식자공(食子公), 왕길(王吉)에게 전수하였다. 식자공은 율풍(栗豊)에게 전하였고 율풍은 장취(張就)에게 전하였으며, 왕길은 장손순(長孫順)에게 전하였고 장손순은 발복(發福)에게 전하였다. 그리고 설한(薛漢),[31] 두무(杜撫), 장공조(張恭祖), 후포(侯包)가 모두 『한시』를 연구하였는데, 설한은 겸하여 『한시장구(韓詩章句)』를 지었으니, 이를 일러 한시학(韓詩學)이라고 한다. 서한 시대에 3가는 모두 학궁에 들어갔다.

하간(河間) 사람 모형(毛亨)이 순경에게 『시』를 전수받고서 모장(毛萇)에게 전하였는데, 이를 『모시(毛詩)』라고 하였다. 모장이 관장경(貫長卿)에게 이를 전수하였고, 이것이 네 번 전해져 사만경(謝曼卿)에게 이어졌으며, 사만경이 위굉(衛宏), 가휘(賈徽)에게 전수하였다. 그리고 정중(鄭衆), 가규(賈逵), 마융(馬融), 정현(鄭玄)이 모두 『모시』를 연구하였는데, 마융은 전(傳)을 지었으며 정현은 모형의 『시전(詩傳)』에 전(箋)을 짓고 혹 3가의 설을 잡다하게 채집하였으니,[32] 이것이 모시학(毛詩學)이다.【이상은 『한서(漢書)』 「유림전(儒林傳)」과 「예문지(藝文志)」, 『후한서

---

31 설한(薛漢, ?~?) : 자는 공자(公子). 대대로 『한시(韓詩)』를 익혔으며, 특히 재이(災異)와 참위(讖緯)로 경을 풀이하여, 가르치는 사람이 항상 수백 명이었다. 건무(建武) 연간 초에 박사가 되었으며 일찍이 명을 받아 도참(圖讖)을 교정하였다.

32 정현(鄭玄)은……채집하였으니 : 정현이 『모시(毛詩)』에 대해 지은 전(箋)은 남북조(南北朝) 당시에 독보적으로 존중을 받았으며, 당(唐)에서 『오경정의(五經正義)』를 편찬할 때 『시(詩)』에 있어서는 『모전(毛傳)』과 『정전(鄭箋)』을 취하였으니, 이것이 마침내 지금에까지 전해졌다.

(後漢書)」「유림전(儒林傳)」과 각 열전(列傳),『경전석문(經傳釋文)』,『한학사승기(漢學師承記)』, 진환(陳奐)[33]의 「시소서(詩疏序)」에서 인용하였다.】 이것이 한대(漢代) 『시경(詩經)』 전수의 대략이다.

---

33 진환(陳奐, 1786~1863) : 자는 탁운(倬雲) 또는 석보(碩甫), 호는 사죽(師竹). 만년에 소주(蘇州) 남원(南園)에서 지낸 까닭에 남원노인(南園老人)이라 자호하였다. 단옥재(段玉裁)에게 학업을 전수받았다. 동치(同治) 2년(1863) 증국번(曾國藩)의 초빙에 응해 막사로 들어갔으나 오래지 않아 병으로 죽었다. 『청사고(淸史稿)』「유림전(儒林傳)」에 전이 있다. 저작 『시모씨전소(詩毛氏傳疏)』는 고증이 상세하고 분명하며 인증이 해박하여 이름이 났다.

한대 춘추학(春秋學)

    서한(西漢) 초기에 『춘추(春秋)』를 전한 것으로는 좌씨(左氏), 공양(公羊), 곡량(穀梁), 추씨(鄒氏), 협씨(夾氏) 다섯 가(家)가 있다. 추씨는 스승이 없었고, 협씨는 기록은 있으나 남아 있는 책이 없다. 오직 가의(賈誼)는 좌씨학을 장창(張蒼)에게 전수받아, 대대로 그 학문을 전하여 가가(賈嘉)에 이르렀다.【가의의 손자이다.】 가가는 좌씨학을 관공(貫公)에게 전하였는데, 관공의 아들 관장경(貫長卿)은 그 학문을 연구하여 장창(張敞), 장우(張禹)[34]에게 전하였다. 장우는 이를 윤경시(尹更始)에게 전하고, 윤경시는 호상(胡常), 적방진(翟方進) 및 아들 윤함(尹咸)에게 전하였다. 호상은 이를 가호(賈護)에게 전하고 적방진은 유흠(劉歆)에게 전하였으며, 유흠은 다시 윤함에게서 가르침을 받아 그 학문을 가휘(賈徽)에게 전수하였다. 가휘의 아들 가규(賈逵)는 그 학문을 연구하

---

34 장우(張禹, ?~B.C.5) : 자는 자문(子文). 경학에 통달하여 박사가 되었다. 전문적으로 『논어(論語)』를 연구하고, 시수(施讎)에게 『역(易)』을 전수받았다. 일찍이 금본(今本) 『논어』를 개편하여 『제론(齊論)』, 『노론(魯論)』과 합하여 『논어장구(論語章句)』를 만들었는데, 『장후론(張侯論)』이라고 부른다.

여 『좌씨해고(左氏解詁)』를 지었다. 또 진흠(陳欽)[35]은 윤함에게 가르침을 받아 자원(子元)에게 전하였는데, 자원은 『좌씨동이(左氏同異)』를 지어 연독(延篤)에게 전수하였다. 또 정흥(鄭興)도 유흠에게 가르침을 받고 이를 전수하여 자중(子衆)에 이르렀는데, 자중은 『좌씨조례장구(左氏條例章句)』를 지었다. 그리고 마융(馬融)과 영용(潁容)도 모두 좌씨학을 공부하였다. 정현(鄭玄)은 처음에는 『춘추공양전』을 연구했는데, 후에는 『춘추좌씨전』를 연구하여 주를 달아 복건(服虔)[36]에게 전수하였고, 복건은 『좌씨장구(左氏章句)』를 지었다. 이에 『춘추좌씨전』의 설이 크게 유행하였다. 이것이 좌씨학(左氏學)이다.

호모생(胡母生)이 『춘추공양전』을 연구하면서 동중서(董仲舒)와 같은 스승을 섬겼다. 이후로 동중서는 이를 저대(褚大), 영공(嬴公), 여보서(呂步舒)에게 전수하였고, 영공은 맹경(孟卿)과 휴홍(眭弘)에게 전수하였으며, 휴홍은 엄팽조(嚴彭祖), 안안락(顔安樂)에게 전수하였다. 이로 말미암아 『엄씨춘추(嚴氏春秋)』와 『안씨춘추(顔氏春秋)』가 있게 되었고, 두 가(家)는 모두 학궁에 세워졌다. 후한(後漢) 시대의 하휴(何休)는 『춘추공양전』의 뜻을 고수하고, 또 호모생의 체례(體例)에 따라 『공

---

35 진흠(陳欽, ?~?) : 자는 자일(子佚). 『춘추좌씨전』를 왕망(王莽)에게 전수하고 스스로 『진씨춘추(陳氏春秋)』라고 명명하였다.

36 복건(服虔, ?~?) : 초명(初名)은 중(重), 자는 자신(子慎). 고문경학(古文經學)을 숭상하여 금문경학자인 하휴(何休)의 설을 비판했다. 저서에 『춘추좌씨전해(春秋左氏傳解)』가 있는데, 동진(東晉) 때 그의 춘추좌씨학(春秋左氏學)이 학관에 세워졌으며, 남북조 시대에는 그의 주석(注釋)이 북방에 성행했다. 그러나 공영달(孔穎達)이 『춘추정의(春秋正義)』를 저술할 때 『춘추좌씨전』은 두예(杜預)의 주(注)만 채용함으로써 그의 주석은 없어지게 되었다.

양해고(公羊解詁)』를 지었다. 이것이 공양학(公羊學)이다.

강공(江公)이 신공(申公)에게 『춘추곡량전』을 전수받아 영광(榮廣)[37]
과 호성공(浩星公)에게 전수하였다. 채흥공(蔡興公)은 영광에게 가르침
을 받고, 다시 호성공을 스승으로 섬겨 윤경시(尹更始)에게 전수하였
다. 윤경시는 『장구(章句)』 15권을 지어 적방진(翟方進)과 방봉(房鳳)에
게 전수하였다. 선제(宣帝) 때에 이르러서는 강공의 손자가 박사가 되
어 그 학문을 호상(胡常)에게 전수하였는데, 위현(韋賢), 하후승(夏侯
勝), 소망지(蕭望之), 유향(劉向)이 모두 『춘추곡량전』을 우수하게 여기
니, 그 학문이 점점 성행하였다. 이것이 곡량학(穀梁學)이다.【이상은 『한
서(漢書)』 「유림전(儒林傳)」과 「예문지(藝文志)」, 『후한서(後漢書)』 「유림전(儒林傳)」
과 각 전(傳), 그리고 『경전석문(經典釋文)』에서 인용하였다.】

대개 『춘추공양전』은 금문학(今文學)에 속하고, 『춘추좌씨전』과 『춘
추곡량전』은 고문학(古文學)에 속하며, 『춘추공양전』은 제학(齊學), 『춘
추곡량전』은 노학(魯學)이다. 이것이 한대(漢代) 『춘추경(春秋經)』 전수
의 대략이다.

---

37 영광(榮廣, ?~?) : 자는 왕손(王孫). 『시(詩)』와 『춘추곡량전』에 통달하였다. 공양학의
   대가 휴맹(眭孟)과 여러 차례 논변을 펼쳐 자주 곤란하게 만들었다. 전한 때 곡량
   학(穀梁學)이 발전하는 데 큰 공을 세웠다. 제자 채천추(蔡千秋)와 주경(周慶), 정성
   (丁姓)은 박사가 되었다.

제13과

한대 예학(禮學)

　진시황의 분서(焚書)로 『예경(禮經)』이 무너졌다. 서한(西漢) 초기에는 고당생(高堂生)이 『사례(士禮)』 17편을 전하였고,【지금의 『의례(儀禮)』이다.】 노(魯)의 서생(徐生)은 예모를 잘 갖추었다. 경제(景帝) 때에 하간헌왕(河間獻王)[38]이 『고례(古禮)』를 얻었는데, 헤아려보니 『고문례(古文禮)』 56편, 『기(記)』 131편으로, 그 중 17편은 고당생의 『사례』와 같으나 문자는 대부분 달랐다. 『사례』는 소분(蕭奮)이 맹경(孟卿)에게 전수하고, 맹경은 후창(后蒼)에게 전수하였으나, 전해진 것이 겨우 17편뿐이었으니, 나머지 30여 편은 『일례(佚禮)』라고 한다.

　후창은 『예(禮)』를 해설하여 『곡대기(曲臺記)』를 지어 문인통한(聞人

---

38 하간헌왕(河間獻王) : 유덕(劉德, ?~B.C.130)을 가리킨다. 서한(西漢) 경제(景帝)의 셋째 아들이다. 하간왕(河間王)으로 봉해졌고 시호는 헌왕(獻王)이다. 유학을 좋아하여 산동(山東)의 유생들을 많이 초치하였다. 일찍이 『주관(周官)』, 『상서(尙書)』, 『예(禮)』, 『예기(禮記)』, 『맹자(孟子)』, 『노자(老子)』 등 선진고문(先秦古文)을 얻었고, 아울러 『모시(毛詩)』, 『춘추좌씨전』에 박사를 두었다고 전해진다.

通漢)에게 전수하고, 아울러 대덕(戴德)³⁹, 대성(戴聖)⁴⁰, 경보(慶普)에게 전수하였다. 이로 말미암아『예(禮)』에는 대대(大戴), 소대(小戴), 경씨(慶氏)의 학문이 있게 되었다. 경보는 이를 하후경(夏侯敬)에게 전수했는데, 이후 여러 차례 전하여 조충(曹充)⁴¹에 이르렀으며, 조충은 자포(子褒)에게 전하여 경보의 학문이 행해지게 되었다. 대덕(戴德)은 서량(徐良)에게 전수하고, 대성(戴聖)은 교인(橋仁)과 양영(楊榮)에게 전수하였다. 다시 대덕은『고례기(古禮記)』204편을 산삭하여【공문(孔門) 제자가 편찬한 것인데, 또한 한(漢)나라 초기에 증익(增益)한 책이 있다.】85편으로 만들었으니, 이를『대대례(大戴禮)』라고 한다. 대성은 그것을 다시 산삭하여 46편으로 만들었으니, 이를『소대례(小戴禮)』라고 한다.

마융(馬融)은 다시『소대례』에 3편을 더하여 49편으로 만들었다. 정현(鄭玄)은『소대례』를 연구하여 49편에 주를 달고,『사례』17편에 주를 달았으며,【곧『예경(禮經)』이다.】아울러『주관경(周官經)』에도 주를

---

39 대덕(戴德, ?~?) : 자는 연군(延君). 고당생(高堂生)의 오전제자(五傳弟子)이다. 호는 대대(大戴)이다. 일찍이『고례(古禮)』204편을 산삭하여 85편으로 만들었는데, 그것을『대대례(大戴禮)』라고 한다.

40 대성(戴聖, ?~?) : 자는 차군(次君). 대덕(戴德)의 조카. 고당생(高堂生)의 오전제자(五傳弟子)로, 호는 소대(小戴)이다. 박사의 자격으로 석거각회의(石渠閣會議)에 참가하여 오경(五經)의 이동(異同)을 논의했다. 대덕의『대대례(大戴禮)』를 산삭하여 49편으로 만들었는데, 그것을『소대례(小戴禮)』라고 한다.

41 조충(曹充, ?~?) : 건무(建武) 연간에 박사가 되어 경보(慶普)의 학문을 전하고 일찍이『장구변난(章句辨難)』을 지었다. 그의 아들 조포(曹褒)는 자가 숙통(叔通)으로, 숙손통(叔孫通)의 예학을 정밀히 연구하여『통의(通義)』12편과 연경잡론(演經雜論) 120편을 지었다. 또『예기(禮記)』49편을 전하여 동한(東漢) 시대에 예학(禮學)의 종사(宗師)가 되었으며, 경보(慶普) 학문의 전파자가 되었다.

달았다. 『주관경』은 하간헌왕 때 이씨(李氏)가 『주관(周官)』 5편을 올렸는데 「동관(冬官)」 한 권이 빠져 있어 「고공기(考工記)」로 보충한 책이다. 유흠은 왕망(王莽)의 국사(國師)가 되어 처음으로 『주관경』을 학관에 세우고 『주례(周禮)』라고 명명하여 두자춘(杜子春)에게 전수하였다. 정흥(鄭興)은 두자춘에게 가르침을 받고 이를 전수하여 자중(子衆)에 이르렀는데, 가휘(賈徽)와 가규(賈逵)는 함께 『주례해고(周禮解詁)』를 지었다. 위홍(衛弘), 마융(馬融), 노식(盧植)[42], 장공조(張恭祖)가 모두 그것을 연구하였는데, 오직 정현의 주석만이 그것을 집대성하였다.

이것이 한대 『예경』 전수의 대략이다.【이상은 『한서(漢書)』「유림전(儒林傳)」과 「예문지(藝文志)」, 『후한서(後漢書)』「유림전(儒林傳)」과 각 전(傳), 『경전석문(經典釋文)』, 『한학사승기(漢學師承記)』, 호배휘(胡培翬)[43]의 『의례정의(儀禮正義)』 등 여러 책에서 인용하였다. 생각건대, 동한(東漢) 이전에는 본래 '삼례(三禮)'라는 명칭이 없었고, 『주관경』과 『소대례』는 본래 경(經)이라고 칭해질 수 없는, 『예경(禮經)』을 보충하는 책에 불과하였다. 정현이 『삼례주(三禮注)』를 만든 이후부터 '삼례(三

---

42 노식(盧植, ?~192) : 자는 자한(子幹). 젊어서 정현(鄭玄)과 함께 마융(馬融)을 스승으로 섬겼는데, 장구학(章句學)을 고수하지 않고 금문경학과 고문경학에 모두 통달하였다. 일찍이 마일제(馬日磾), 채옹(蔡邕), 양표(楊彪), 한열(韓說)과 함께 동관(東觀)에서 서적을 교정하고, 『한기(漢紀)』를 보충하였다. 저서로는 『상서장구(尙書章句)』, 『삼례해고(三禮解詁)』 등이 있다.

43 호배휘(胡培翬, 1782~1849) : 자는 재병(載屛), 죽촌(竹村). 조부인 호광충(胡匡衷)의 학문을 전하여 당숙인 호병건(胡秉虔)과 함께 '속계삼호(續溪三胡)'라는 명성이 있었다. 당(唐)나라 가공언(賈公彦)이 소해(疏解)한 『의례(儀禮)』에 오류가 많다고 여기고 이에 40여 년간 『의례정의(儀禮正義)』를 지었으나 완성하지 못하였다. 그의 제자 양대육(楊大堉)이 이를 이어 완성하였으니, 청(淸)나라 사람이 만든 12가지 신소(新疏) 중의 하나이다.

禮)'라는 명칭이 마침내 정해져서 바꿀 수 없게 되었다. 후대에 이르러『소대례』를 본경(本經)으로 삼았으니, 갈라진 데에서 또 갈라진 것이다. 이는 명칭을 바로잡지 못해서 그런 것이 아니겠는가!】

제14과

한대 논어학(論語學)
— 『맹자』, 『대학』, 『중용』을 덧붙여 논함 —

　서한(西漢) 초기에 『논어』를 전한 자들로는 3가(家)가 있다. 노(魯)나라 사람이 전한 것을 『노론(魯論)』이라고 하니, 오늘날 유행하는 편목(篇目)이 이것이다. 공분(龔奮), 하후건(夏侯建), 하후승(夏侯勝), 위현(韋賢), 소망지(蕭望之)가 모두 이것을 전하였다. 제(齊)나라 사람이 전한 것을 『제론(齊論)』이라고 하는데, 별도로 「문왕(問王)」, 「지도(知道)」 2편의 장구(章句)가 있어 『노론』에 비해 많다. 왕길(王吉), 송기(宋畸), 공우(貢禹), 오록충종(五鹿充宗), 용담(庸譚)이 모두 이를 전하였는데, 오직 왕양(王陽)만이 명가(名家)를 이루었다. 『고론(古論)』은 공자의 집벽 속에서 나왔는데, 두 개의 「자장(子張)」편이 있고 편차가 『제론』, 『노론』과 같지 않다. 공안국(孔安國)이 전(傳)을 지었고 마융(馬融)이 주(注)를 달았다.

　장우(張禹)는 『노론』을 하후건에게 전수받고, 또 왕길 등에게 『제론』을 전수받아 「문왕」, 「지도」 두 편을 산삭하여 장구를 만들었는데, 크게 성행하였다. 후한 시대에 이르러 포함(包咸)과 주씨(周氏)가 함께 장구를 만들어 학관에 들었다. 정현도 『노론』을 전수하였는데, 다시 『제론』과 『고론(古論)』을 참고하여 주를 달았다.【『한서(漢書)』「유림전

(儒林傳)」,「예문지(藝文志)」,『후한서(後漢書)』「유림전」,『경전석문서록(經典釋文序錄)』및『한학사승기(漢學師承記)』에 근거하였다.】 그리고 하휴(何休)도『논어』에 주를 달았는데,『제론』의 설을 많이 이용하였다.【대망(戴望)[44]의「논어주서(論語注序)」】 이것이 한대(漢代)『논어』전수의 대략이다.

　『맹자』는 문제(文帝) 때 박사(博士)의 관직이 세워졌다.【후에 폐지되었다.】『맹자』에 주를 다는 것은 양웅(揚雄)[45]으로부터 시작되었다. 후한(後漢) 시대에 정증(程曾), 고유(高誘), 유희(劉熙)가 모두『맹자』에 주를 달았는데, 오직 조기(趙岐)가 지은『맹자장구(孟子章句)』와『제사(題詞)』만이 지금도 남아 있다.【경전석문(經典釋文)』「서록(序錄)」과 초순(焦循)[46]의

---

44 대망(戴望, 1837~1873) : 자는 자고(子高), 중기(仲頎), 호는 수창(水蒼). 청초(淸初) 학자 안원(顔元)의 저작을 읽어 적극적으로 '안이지학(顔李之學)'을 제창하였다. 후에 소주(蘇州)에 이르러 진환(陳奐)을 뵙고·성음(聲音), 훈고(訓詁), 경사가법(經師家法)을 알렸다. 또 금문경학가(今文經學家) 송상봉(宋翔鳳)을 스승으로 섬겨『춘추공양전』를 배워서 사법(師法)을 지켰다고 일컬어진다.『청사고(淸史稿)』「유림전(儒林傳)」에 전이 있다. 저서로는『안씨학기(顔氏學記)』,『논어주(論語注)』,『관자교정(管子校正)』,『적린당유집(謫麐堂遺集)』등이 있다.

45 양웅(揚雄, B.C.53~18) : 자는 자운(子雲). 부(賦) 짓기에 뛰어나서 세상에 이름을 떨쳤다. 일찍이『주역(周易)』을 모방해서『태현경(太玄經)』을 지었고, 또『논어(論語)』의 체제를 모방하여『법언(法言)』을 지었다.

46 초순(焦循, 1763~1820) : 자는 이당(理堂), 이당(里堂), 만호(晩號)는 이당노인(里堂老人). 저서로『맹자정의(孟子正義)』30권이 있는데,『맹자(孟子)』를 연구한 청대(淸代) 60여 가(家)의 성과를 채록하였고, 조기(趙岐)의 주를 미루어 밝혔다. 이것은『맹자』에 대한 청대의 전석(詮釋)으로 가장 자세한 것 중 하나이며, 청대의 12가지 신소(新疏) 중의 하나이다. 별저(別著)로는『역장구(易章句)』,『역통석(易通釋)』,『역도략(易圖略)』,『논어통석(論語通釋)』,『서의총초(書義叢抄)』,『모시정전보소(毛詩鄭箋補疏)』등 여러 종이 있다. 후에 모두『초씨총서(焦氏叢書)』에 수록되었다.

『맹자정의(孟子正義)』「조기서(趙岐序)」소(疏)에서 인용하였다.】그러나 일찍이 『맹자』를 존숭하여 한 경(經)으로 삼은 적은 없다.【조기 등이『맹자』에 주를 달았고, 엄군평(嚴君平)[47]은 홀로『노자(老子)』에 주를 달았으며, 고유(高誘)가『회남자(淮南子)』에 주를 달았을 뿐이다.】

　『중용』과『대학』은 대성(戴聖)이『고례기(古禮記)』를 산삭하여 46편으로 만든『소대례기(小戴禮記)』중의 하나이다. 정현 등 여러 유학자들이 모두 주를 달았는데,【정현은『중용』이 성인을 기렸다고 하여 자사(子思)가 지은 것이라고 논정하였다.】일찍이 홀로 통행되어 별도로 한 책이 된 적은 없다. 서한(西漢) 시대에『중용설(中庸說)』2편이 있었는데 누가 지었는지는 밝혀지지 않았고『한서(漢書)』「예문지(藝文志)」에 보이니, 이 또한『중용』을 해석한 책이다.【동중서(董仲舒)의『춘추번로(春秋繁露)』도 『중용』을 많이 인용하였다. 다만 한나라 유학자들이『대학』을 해석하거나 인용한 것은 매우 적다.】

---

47 엄군평(嚴君平, ?~?) : 이름은 존(尊)이고, 준(遵)이라고도 한다. 서한(西漢) 시대의 은사(隱士)이다. 성제(成帝) 때에 성도시(成都市)에서 점을 쳤는데, 매일 100전(錢)을 벌면 문을 닫고『노자(老子)』를 강설하고 10만여 자의 책을 지었다. 평생 벼슬하지 않았으며 양웅(揚雄)에게 추중되었다. 저서로는『도덕진경지귀(道德眞經指歸)』(일명 『노자지귀(老子指歸)』)가 있다.

한대 효경학(孝經學)

－『이아』를 덧붙여 논함 －

　『효경(孝經)』은 전국(戰國) 시대에 자하(子夏)가 위문후(魏文侯)에게 전수하였는데, 위문후는 여기에 전(傳)을 지었고, 순경(荀卿) 등 여러 유학자들이 모두 그것을 전하였다.【왕종기(汪宗沂)[48]의 「효경십팔장집전서(孝經十八章輯傳序)」에 근거하였다.】 서한(西漢) 초기에 『효경』은 금문(今文)과 고문(古文)의 구별이 있었다. 금문 『효경』을 전하는 것은 안지(顔芝)에게서 시작하였는데, 안지의 아들 안정(顔貞)이 그 학문을 전하고 장손씨(長孫氏), 강옹(江翁), 후창(后蒼), 익봉(翼奉), 장우(張禹)가 이를 전하여 각자 명가(名家)를 이루었다.【이상은 제학(齊學)이다.】

　고문 『효경』의 경우는 공자의 묘벽(廟壁)에서 나온 것으로 금문과 다르며,【환담(桓譚)의 『신론(新論)』에 보인다.】 공안국(孔安國)이 이를 얻었다. 명제(明帝) 때에 노(魯)의 삼로(三老)가 그것을 조정에 바쳤다. 유향(劉向)이

---

48 왕종기(汪宗沂, 1837~1906) : 자는 중이(仲伊), 호는 도려처사(韜廬處士). 일찍이 이연수(李聯琇)를 스승으로 섬겨 한학(漢學)을 공부하고, 또 방종성(方宗誠)을 스승으로 섬겨 백가(百家)의 학문을 전수받았다. 저서로는 『주역학통(周易學統)』, 『상서고정(尚書考訂)』, 『맹자석의(孟子釋疑)』, 『용경교주(龍經校注)』 등이 있다.

편장(篇章)을 교정하고부터 허충(許沖)이 그 설(說)을 짓고 마융(馬融)이 그 책에 주를 달았는데, 안타깝게도 모두 실전되었다.【이상은 『한서(漢書)』 「유림전(儒林傳)」과 「예문지(藝文志)」, 『후한서(後漢書)』 「유림전」, 허충의 「상설문표(上說文表)」, 『경전석문(經典釋文)』 「서록(序錄)」 및 완복(阮福)의 「소(疏)」에서 채록한 것이다.】 정현(鄭玄)도 고문 『효경』에 주를 달았는데【『육예론(六藝論)』】 완성하지 못하여 그의 손자 정소동(鄭小同)이 주를 달았으니,【육징(陸澄)과 왕백후(王伯厚)[49]의 설이다.】 지금 전하는 정주(鄭注)가 이것이다.【이상은 노학(魯學)이다.】 이것이 한대 효경학 전수의 대략이다.

『이아(爾雅)』는 서한 시대에 숙손통(叔孫通)과 양문(梁文)이 모두 계속 이어 전하였으니,【장읍(張揖)의 「상광아표(上廣雅表)」】 모공(毛公) 등이 경(經)에 주를 달 때 대부분 그것에 근거하였다. 문제(文帝) 때에 『맹자』와 함께 박사를 두었다.【조기(趙岐)의 『맹자제사(孟子題詞)』】 무제(武帝) 때에는 건위(犍爲) 사람 사인(舍人)이【'사인'은 관명(官名)이 아니라 인명(人名)이다.】 『이아주(爾雅注)』를 지었다. 나중에 양웅(揚雄)도 『이아』를 숭상하였고, 유흠(劉歆)은 양웅에게 배워 『이아』에 주를 달았다. 동한 시

---

49 왕백후(王伯厚, 1223~1296) : 왕응린(王應麟)으로, 자는 백후(伯厚), 호는 심녕거사(深寧居士). 젊어서 육경(六經)에 통달했으며, 여조겸(呂祖謙)의 제자이다. 그의 저서인 『시고(詩考)』에서는 제(齊), 노(魯), 한(韓) 3가(家)의 시 중 일문(佚文)을 수집하였는데, 수집한 것 중 『노시(魯詩)』에는 빠진 것이 비교적 많다. 그가 지은 『곤학기문(困學紀聞)』은 경(經)을 설명하고 사(史)를 고증한 것으로, 여러 책을 두루 기록하여 고거학(考據學)의 기원을 열었다. 다른 저서로는 『시지리고(詩地理考)』, 『통감지리고(通鑑地理考)』, 『한제고(漢制考)』, 『육경천문편(六經天文編)』이 있으며, 대형 유서(類書)인 『옥해(玉海)』 등을 편찬하였다.

대에 『이아』에 주를 단 사람으로 번광(樊光), 이순(李巡),[50] 손염(孫炎)[51]은 모두 음의(音義)를 지었고,【이상은 『수서(隋書)』 「경적지(經籍志)」 및 호원옥(胡元玉)의 『아학고(雅學考)』에서 인용하였다.】 정현도 『이아』에 주를 달았는데,【『주례(周禮)』의 소(疏)에서 인용한 것에 보인다.】 안타깝게도 모두 실전되었다. 이것이 한대 이아학 전수의 대략이다.

『이아』와 서로 보완하는 책으로는 '삼창(三倉)' 이외에도【이사(李斯)의 『창힐(蒼頡)』, 양웅(揚雄)의 『훈찬(訓纂)』, 가방(賈魴)의 『방희(滂喜)』를 합쳐서 '삼창(三倉)'이라고 한다.】 공부(孔鮒)의 『소이아(小爾雅)』, 양웅의 『방언(方言)』, 허신(許愼)의 『설문(說文)』, 유희(劉熙)의 『석명(釋名)』, 여침(呂忱)[52]의 『자림(字林)』이 있는데 모두 문자학의 입문서이다.【반고의 『한서』 「예문지」에서는 『이아』를 『효경』 뒤에 나열했는데, 대개 『이아』와 『효경』은 모두 어린 학생들이 반드시 읽어야 할 책으로, 하나는 윤리의 기본서이고 하나는 국문(國文)의 기본서이기 때문이다.】

---

50 이순(李巡, ?~?) : 한(漢) 영제(靈帝) 때에 황문시랑(黃門侍郞)이 되었다. 당시 박사들이 서로 우열을 다툰 나머지 뇌물을 주어 난대(蘭臺)의 칠서(漆書) 경문의 글자를 바꾸기까지 하자, 이순이 여러 유학자들이 함께 오경(五經)을 돌에 새길 것을 건의하였다. 후에 채옹(蔡邕) 등이 그 문자를 바로잡아, 오경에 비로소 관방(官方)의 정본(定本)이 있게 되었다.

51 손염(孫炎, ?~?) : 자는 숙연(叔然). 정현(鄭玄)의 재전(再傳) 제자에게서 수학하였으며, 동주대유(東州大儒)라고 불렸다. 그는 중국 고대에 반절법(反切法)을 발명한 선구자라고 전한다. 저서로는 『주역춘추례(周易春秋例)』, 『모시주(毛詩注)』, 『예기주(禮記注)』, 『춘추삼전주(春秋三傳注)』, 『국어주(國語注)』, 『이아주(爾雅注)』, 『박성증론(駁聖證論)』 등이 있다.

52 여침(呂忱, ?~?) : 자는 백옹(伯雍). 그는 『자림(字林)』에서 부목(部目)을 『설문해자(說文解字)』를 따라 54부로 나누었으며, 12,824자를 수록하였다. 당(唐) 이전에는 『설문해자』와 함께 중시되었는데, 후에 망실되었다.

제3장

삼국, 남북조, 수, 당 경학

제16과

삼국, 남북조, 수, 당 역학(易學)

　　동한(東漢) 말엽, 『역(易)』을 해설하는 자들은 모두 정현(鄭玄)의 주(注)를 숭상하였다. 이후 위(魏)나라 왕필(王弼)이 『역주(易注)』를 지어 상수(象數)를 버리고 의리(義理)를 말하면서, 다시 『역약례(易略例)』와 『주역계사(周易繫辭)』를 저술하였다. 이후 한강백(韓康伯)이 여기에 모자란 부분을 보완하면서 간간이 노장(老莊)의 뜻을 섞어 정현의 『역』과 달라졌으며, 왕랑(王朗)이 편찬한 『역전(易傳)』도 학궁에 세워졌다. 촉(蜀)나라 사람 이선(李譔)[1] 또한 『고문역(古文易)』을 지어 정현의 주를 공격하였다. 진(晉)나라 영가(永嘉)의 난 시기에 이르러 시수(施讎), 맹희(孟喜), 양구하(梁丘賀)의 『역』이 없어졌다.【경방(京房)의 『역』은 아직 존재하였기 때문에 진(晉)나라 동경도(董景道)가 『경씨역(京氏易)』을 연구하였다.】

　　남북조 시기가 되어서는 정현의 『역』이 하북(河北)에서 성행하였

1　이선(李譔, ?~?) : 자는 흠중(欽仲). 사마휘(司馬徽), 송충(宋忠)을 스승으로 모시고 학문을 전수받았다. 저술한 『고문역(古文易)』, 『상서(尙書)』, 『좌씨전(左氏傳)』, 『모시(毛詩)』, 삼례(三禮), 『태현지귀(太玄指歸)』 등은 모두 가규(賈逵), 마융(馬融)의 설에 의한 것이라 정현(鄭玄)과는 지향점이 다르다. 그의 역학(易學)은 『비씨역(費氏易)』에 가깝다.

다. 서준명(徐遵明)²이『주역(周易)』을 교수(敎授)하여 노경유(盧景裕)³, 최근(崔瑾)⁴에게 전하였고, 노경유는 권회(權會)에게, 권회는 곽무(郭茂)에게 전하였으니, 이때부터『역』을 말하는 자들이 모두 곽무의 문하에서 나왔다. 또 이현(李鉉)⁵도『주역의례(周易義例)』를 지었다. 하남(河南) 청주(青州), 서주(徐州) 등지에서만 왕필의 주가 간간이 유행하였다.【이상은 북학(北學)이다.】

강동 지방의 경우는 왕필의 주가 중심이 되어 학관에 세워졌다. 남제(南齊) 시기에 이르러서는 육징(陸澄)의 말을 따라 처음에는 정현과 왕필을 나란한 위치에 두었다가, 이후에 다시 정현을 버리고 왕필을 숭상하였다.【양(梁), 진(陳) 두 왕조에서는 또 때로 왕필과 정현을 나란히

---

2 서준명(徐遵明, 475~529) : 자는 자판(子判). 남북조 시기 북학(北學)의 대표 인물이다. 둔류(屯留)의 왕총(王聰)에게『시(詩)』,『서(書)』,『예(禮)』를 배웠고, 장오귀(張吾貴), 손가덕(孫買德), 당천(唐遷) 등의 경사(經師)를 스승으로 모셨다. 저서에『춘추의장(春秋義章)』이 있으나, 지금은 일실되었다.

3 노경유(盧景裕) : 자는 중유(仲孺). 서준명(徐遵明)의 제자이다. 젊어서부터 영민하였고 경학에 전념하였다. 주를 단『주역(周易)』은 이정조(李鼎祚)의『주역집해(周易集解)』에 수록되어 있다.『위서(魏書)』「유림전(儒林傳)」에 전이 있다.

4 최근(崔瑾, ?~?) : 서준명의 제자이다. 저서에『주역주(周易注)』,『주역통례(周易統例)』가 있는데, 이정조의『주역집해(周易集解)』에 수록되어 있다. 관련 사실이『북사(北史)』「유림전(儒林傳)」에 실려 있다.

5 이현(李鉉, ?~?) : 자는 보정(寶鼎). 이른 나이에 이주인(李周仁)에게『모시(毛詩)』,『상서(尚書)』를 전수받고 유자맹(劉子猛)에게『예기(禮記)』를, 방규(房虯)에게『주관(周官)』,『의례(儀禮)』를, 선우영복(鮮于靈馥)에게『춘추좌씨전』를 전수받았다. 또 서준명(徐遵明)을 5년 동안 사사하여 고제(高弟)라 불렸다. 저서에『주역의리(周易義理)』가 있으나, 지금은 일실되었다.

숭상하였다.】이 시기 『역』을 해설한 학자로 복만용(伏曼容),【『주역의(周易義)』】양(梁) 무제(武帝),【『주역강소(周易講疏)』】주이(朱異),【『주역집주(周易集注)』】공자거(孔子袪),【『속주역집주(續周易集注)』】하윤(何允), 장기(張譏)【둘 다 『주역의(周易義)』】가 있었으며, 저중도(褚仲都), 주홍정(周弘正)의 『의소(義疏)』가 이를 집대성하였는데, 대체로 왕필의 주를 위주로 하였고, 엄식지(嚴植之)만이 『주역』을 연구하면서 정현의 주를 힘써 숭상하였다.【이상은 남학(南學)이다.】

수대(隋代)에 이르러서는 왕필의 주가 성행하였다. 당나라 공영달(孔穎達)[6]은 왕필의 『역』을 힘써 숭상하였으므로, 그가 지은 의소(義疏)에서 왕필의 주를 쓰고 정현의 주를 버려서 한대(漢代)의 『역』이 마침내 없어지게 되었다. 이정조(李鼎祚)[7]의 『주역집해(周易集解)』만이 한대 학자들이 『역』을 주석한 설을 채록하여 35가(家)를 얻었으니, 정현을 숭상하고 왕필을 버려 한대의 학문을 드러내어 밝혔다. 사징(史徵)의 『주역구결의(周易口訣義)』 또한 이정조의 책과 같다. 또 승려 일행(一

---

6 공영달(孔穎達, 574~648) : 자는 충원(沖遠), 중달(仲達). 당시 이름난 학자 유작(劉焯)을 스승으로 모셨다. 당(唐)나라 정관(貞觀) 연간에 안사고(顏師古), 가공언(賈公彥) 등의 인물들과 한위(漢魏) 이래 남북 경학의 특징을 융합하여 『오경정의(五經正義)』를 찬정(撰定)하였는데, 곧 현재 십삼경주소(十三經注疏) 본의 오경소(五經疏)이다. 또 저서에 『효경의소(孝經義疏)』가 있다.

7 이정조(李鼎祚, ?~?) : 저술한 『주역집해(周易集解)』는 또 『이씨주역집해(李氏周易集解)』, 『이씨역전(李氏易傳)』이라고도 하는데, 『모시(毛詩)』에서 『소서(小序)』를 나누어 각 시의 앞에 배치한 예를 모방하여, 『서괘(序卦)』를 분리하여 각 64괘의 첫머리에 배치하였다. 한위(漢魏) 이래 35가(家)의 『역(易)』 해설을 채록하였다. 이는 『주역정의(周易正義)』의 뒤를 이어 양한(兩漢)에서 당대(唐代)까지의 역학(易學) 연구 성과를 정리한 역학 명저이다.

行)이 맹희(孟喜)의 괘기지설(卦氣之說)을 중심으로 하였으니, 이는 한대『역』의 다른 갈래이다. 형수(邢璹)[8]의『주역약례주(周易略例注)』, 곽경(郭京)의『주역거정(周易擧正)』 같은 경우는 모두 왕필의 말을 부연하였다. 이 시기에는 현학(玄學)이 번성하였기 때문에,『역』을 해설할 때 도가(道家)의 뜻을 많이 채록하였다.【이상은『삼국지(三國志)』의 주,『진서(晉書)』,『남사(南史)』,『북사(北史)』의 각 열전,『북제서(北齊書)』및『수서(隋書)』「경적지(經籍志)」,『경전석문(經典釋文)』, 왕명성(王鳴盛)의『아술편(蛾術編)』[9], 그리고『사고전서제요(四庫全書提要)』등의 책을 인용하였다.】 이것이 삼국, 육조, 수, 당 시기의 역학이다.

---

8 형수(邢璹, ?~?) : 당대(唐代)의 경학가. 저서에『주역정의보궐(周易正義補闕)』7권이 있으나 지금은 일실되었다. 현재는『보궐주역정의약례소(補闕周易正義略例疏)』3권과 왕필의『주역약례(周易略例)』에 주를 단『주역약례주(周易略例注)』1권이 남아있다.

9 『아술편(蛾術編)』: 청대(淸代) 왕명성(王鳴盛) 만년의 고증학 명저로, 전서(全書)는 82권이다. 내용이 풍부하며, 경의(經義), 사지(史地), 문자학을 중심으로, 제도(制度), 명물(名物), 인물(人物), 문학(文學), 시문(詩文), 비각(碑刻) 등까지 모두 고증하였다. 의론이 광범위하며 분석이 정확하여, 송대(宋代) 홍매(洪邁)의『용재수필(容齋隨筆)』, 왕응린(王應麟)의『곤학기문(困學紀聞)』과 이름을 나란히 한다.

삼국, 남북조, 수, 당 서학(書學)

동한(東漢) 말엽, 『서(書)』를 해설한 자들은 모두 정현(鄭玄)의 주(注)를 정통으로 여겼다. 위(魏)나라 왕숙(王肅)[10]이 『상서해(尙書解)』를 짓고 『성증론(聖證論)』을 위작하여 정현의 주를 공격한 뒤로, 촉(蜀)나라의 유학자 이선(李譔)이 『상서전(尙書傳)』을 지었고,【역시 정현의 주를 공격하였다.】 우번(虞翻)이 오(吳)에서 또 정현 주의 잘못을 공격하였다. 이때 공안국(孔安國)의 고문(古文)『상서(尙書)』는 이미 없어졌는데, 왕숙, 황보밀(皇甫謐)의 무리가 고문『상서』 25편을 위조하고 다시 『공안국서전(孔安國書傳)』을 위조하여 지었으나, 당시에 숭상되지는 않았다.

---

10 왕숙(王肅, 195~256) : 자는 자옹(子雍). 가규(賈逵), 마융(馬融)의 학문을 좋아하였다. 조위(曹魏) 명제(明帝) 때 오경박사를 이끌었다. 왕숙은 경을 연구하면서 금문(今文)과 고문(古文)을 나누지 않고 다른 부분을 함께 채택하여, 위진(魏晉) 시기에 '왕학(王學)'을 만들었다고 일컬어졌다. 일찍이 공안국(孔安國)의 『상서전(尙書傳)』, 『논어(論語)』, 『효경주(孝經注)』, 『공자가어(孔子家語)』, 『공총자(孔叢子)』 등의 책을 위조하여 문헌 근거로 들어 『성증론(聖證論)』 30권을 지어서 정현(鄭玄)의 경설을 전적으로 반박하였다. 이 밖의 저서에 『마왕역의(馬王易義)』, 『주역주(周易注)』, 『상서왕씨주(尙書王氏注)』, 『모시왕씨주(毛詩王氏注)』, 『예기왕씨주(禮記王氏注)』 등이 있다.

진(晉)나라 영가(永嘉)의 난 시기에 이르러 구양씨(歐陽氏), 대소하후씨 (大小夏侯氏)의 해석이 없어졌다.

남북조 시기가 되어서는 정현의 『서』 주(注)가 하북(河北)에서 유행 하였다. 서준명(徐遵明)이 정현의 상서학(尚書學)을 이주인(李周仁)에게 전수하니, 이때부터 『상서』를 말하는 자들이 모두 정현의 학문을 숭 상하였는데, 유방(劉芳)[11]이 지은 『상서음(尚書音)』만은 왕숙의 주를 인 용하였다.【이상은 북학(北學)이다.】

강좌(江左)에서는 진(晉) 원제(元帝) 때 매색(梅賾)이 위작된 『고문상 서』를 진상하며 스스로 정충(鄭沖), 소유(蘇愉)의 전(傳)을 얻었다 하였 는데,【스스로 정충은 소유에게 전수하고, 소유는 양류(梁柳)에게, 양류는 장조(臧 曹)에게, 장조는 매색 자신에게 전수하였다고 하였다.】 진대의 군신들이 가짜 를 진짜라고 믿었으니, 이로 말미암아 『상서』를 연구하는 자들이 모 두 가짜 공안국 전(傳)을 위주로 하여 학관에 섰다. 양(梁), 진(陳) 두 왕조만이 정현과 공안국을 나란히 세웠다. 『서』를 해설한 유학자로 공자거(孔子袪),【『상서의(尚書義)』, 『상서집주(尚書集注)』】 양(梁) 무제(武帝), 【『상서답문(尚書答問)』】 장기(張譏)【『상서의(尚書義)』】가 있는데, 범녕(范寧)[12]

---

11 유방(劉芳, 453~513): 자는 백문(伯文), 호는 석경(石經), 사람들이 '유석경(劉石經)'이라 불렀다. 『위서(魏書)』에 전이 있다. 저서에 『모시전음의증(毛詩箋音義證)』 10권, 『예 기의증(禮記義證)』 10권 등이 있는데, 청대(淸代) 마국한(馬國翰)의 『옥함산방집일서 (玉函山房輯佚書)』에 집일본이 있다.

12 범녕(范寧, 339~401) : 자는 무자(武子). 경을 연구하면서 하안(何晏), 왕필(王弼) 등의 현학화(玄學化)를 반대하였다. 『춘추곡량전집해(春秋穀梁傳集解)』를 지었는데, 그 해 석이 정확하고 세밀하여 당시에 중히 여겨졌다.

만은 금문(今文)을 독실하게 믿었다. 한편 비감(費甝)[13]은 다시『고문상서』에 소(疏)를 지었고, 요방흥(姚方興)[14]은「순전공전(舜典孔傳)」1편을 위조하여【스스로 대항두(大航頭)에서 얻었다고 하였다.】경문을 함부로 증익하였다.【이상은 남학(南學)이다.】

　수(隋)나라 유현(劉炫)[15]이 남조(南朝) 비감(費甝)의 소(疏)를 얻고 이를 요방흥의 책과 나란히 숭상하여「순전(舜典)」에 다시 16자를 더해 넣자, 북방의 선비들이 비로소 고문을 연구하고 금문을 버렸다. 당(唐)나라 공영달(孔穎達)은 본래 정현의 주를 숭상하였으나,『상서』에 의소(義疏)를 지을 때에 이르러서는 한결같이『공안국전(孔安國傳)』을 정통으로 하고 정현의 주를 배척하여 정현의 해석이 마침내 없어졌는데, 유자현(劉子玄)[16]만이『공안국전』에 조금 의문을 표했다. 현종(玄宗) 때에는 다

13　비감(費甝, ?~?) : 저서에『상서의소(尙書義疏)』가 있는데, 공영달(孔穎達)이『상서정의(尙書正義)』를 지으면서 비감의 소를 많이 채록하였다.

14　요방흥(姚方興, ?~?) : 생애 미상. 육덕명(陸德明)의『경전석문(經傳釋文)』「서록(序錄)」에 "남제(南齊) 명제(明帝) 건무(建武) 연간(494~498)에 오흥(吳興)의 요방흥이 마융(馬融), 왕필(王弼)의 주를 모아「공전순전(孔傳舜典)」1편을 만들고 대항두(大航頭)에서 샀다고 하며 올렸다." 하였다. 청대(淸代) 염약거(閻若璩)의『상서고문소증(尙書古文疏證)』과 혜동(惠棟)의『고문상서고(古文尙書考)』, 조선 정약용(丁若鏞)의『매씨서평(梅氏書平)』에 이에 대한 고증이 있다.

15　유현(劉炫, 546~613) : 자는 광백(光伯).『연산역(連山易)』,『노사기(魯史記)』등 100여 권을 위조하였다. 후에 칙령을 받들어 유작(劉焯) 등과 함께 낙양(洛陽) 석경(石經)을 고정(考定)하였다. 저서에『논어술의(論語述義)』,『효경술의(孝經述義)』,『춘추술의(春秋述義)』,『상서술의(尙書述義)』,『모시술의(毛詩述義)』등이 있으나, 지금은 모두 전하지 않는다.

16　유자현(劉子玄) : 유지기(劉知幾, 661~721)로, 자는 자현(子玄)이다. 당대(唐代)의 사학가

시 위포(衛包)¹⁷의 해석을 인용하여 『상서』 고본의 문장을 고쳤는데, 고본의 글자를 모두 금자(今字)를 따라 바꾸어 『상서』 고본이 다시 없어지게 되었다. 이것이 삼국, 육조, 수, 당 시기의 상서학이다.【이상은 『삼국지(三國志)』, 『남사(南史)』, 『북사(北史)』의 각 열전, 『경전석문(經典釋文)』, 염약거(閻若璩)의 『고문상서소증(古文尙書疏證)』, 혜동(惠棟)의 『고문상서고(古文尙書考)』, 왕명성(王鳴盛)의 『상서후안(尙書後案)』 및 『아술편(蛾術編)』에서 인용하였다.】

(史學家)이다. 평생 사학(史學)을 연구하였는데, 그가 저술한 『사통(史通)』은 역대 역사서 및 그 체례에 대하여 상세히 풀이하였으니, 이는 중국의 첫 번째 사학 평론 전문 저서이다.

17 위포(衛包, ?~?) : 당 현종(唐玄宗) 때 집현학사(集賢學士)가 되었다. 일찍이 조서를 받고 『고문상서(古文尙書)』를 금문(今文)으로 바꾸었다. 당대(唐代)의 고문(古文)은 한대의 예서(隸書) 경문, 즉 한대(漢代)의 금문(今文)을 가리킨다. 이 때문에 위포가 고문을 금문으로 바꾸었다는 말은 실제로는 한대 예서체를 당대에 통용된 해서체로 바꾸었다는 말이다.

제18과

삼국, 남북조, 수, 당 시학(詩學)

동한(東漢) 말엽, 『시(詩)』를 해설하는 자는 모두 모씨(毛氏), 정현(鄭玄)을 정통으로 여겼다. 위(魏)나라 왕숙(王肅)이 『시해(詩解)』를 짓고 『모전(毛傳)』을 기술하여 『정전(鄭箋)』을 공격한 뒤로, 촉(蜀)나라의 유학자 이선(李譔)이 『모시전(毛詩傳)』을 지었는데, 이 또한 『정전』과 다른 의견을 세운 것이었다. 오(吳)나라 사람 육기(陸璣)[18]는 『모시초목조수충어소(毛詩草木鳥獸蟲魚疏)』를 지어 명물(名物)을 상세하게 설명하여 옛것을 고증한 공로가 있었다. 진(晉)나라 영가(永嘉)의 난 시기에 이르러 『제시(齊詩)』가 몰락해 없어지고, 한(韓), 노(魯)의 시설만이 겨우 남았다. 【진나라 동경도(董景道)가 『한시(韓詩)』를 겸하여 연구하였다.】

남북조 시기가 되어서는 『모전(毛傳)』, 『정전(鄭箋)』의 학(學)이 하북(河北)에 유행하였다. 『모시(毛詩)』에 능통한 것은 유헌지(劉獻之)로부터 시작되었다. 유헌지가 『모시서의(毛詩序義)』를 지어 이주인(李周仁),

---

18 육기(陸璣, ?~?) : 자는 원로(元輅). 저서에 『모시초목조수충어소(毛詩草木鳥獸蟲魚疏)』 2권이 있다. 『시경(詩經)』의 동식물 명칭만을 해석하였고, 뒤에 모(毛), 노(魯), 제(齊), 한(韓) 4가시(四家詩) 원류 4편을 첨부하였는데, 『모시(毛詩)』가 특히 상세하다.

정귀칙(程歸則)에게 전수하였고, 정귀칙은 유궤사(劉軌思)에게, 이주인은 이현(李鉉)에게 전수하였으며, 이현은 『모시의소(毛詩義疏)』를 지었다. 또 유작(劉焯)[19]과 유현(劉炫)은 모두 유궤사에게 『시』를 전수받았으며, 유현은 『모시술의(毛詩述義)』를 지었다. 하북에서 『모시』를 연구한 자는 다시 유방(劉芳), 심중(沈重,【『모시의(毛詩義)』, 『모시음(毛詩音)』】악손(樂遜,【『모시서론(毛詩序論)』】노세달(魯世達)【『모시장구의소(毛詩章句義疏)』】이 있는데, 대체로 모씨와 정현을 모두 숭상하였다.【이상은 북학(北學)이다.】

강좌(江左)에서도 『모시』를 숭상하였다. 진나라 왕기(王基)는 왕숙의 해석을 반박하고 정현의 해석을 폈으며, 손육(孫毓)은 『시평(詩評)』을 지어 모씨, 정현, 왕숙 3가의 장단점을 평론하였는데, 대부분 정현을 낮추고 왕숙을 정통으로 여겼다. 진통(陳統)은 다시 손육의 의견을 비난하고 정현의 해석을 폈다. 왕숙, 정현 양가는 서로를 배격하였으나, 모두 『모전』을 정통으로 여겼다. 복만용,【『모시의(毛詩義)』】최영은(崔靈恩),【『모시집주(毛詩集注)』】하윤(何胤),【『모시총집(毛詩總集)』, 『모시은의(毛詩隱義)』】장기(張譏),【『모시의(毛詩義)』】고월(顧越)【『모시방통의(毛詩傍通義)』】같은 이들도 『모시』를 연구하였는데, 정현, 왕숙 양가에 대해서 간간이 견해 차이가 있다. 주속지(周續之)[20]가 지은 『시서의(詩序義)』만

---

19 유작(劉焯, 544~610) : 자는 사원(士元). 유헌지(劉獻之)의 삼전제자(三傳弟子)로, 『모시(毛詩)』를 전수받았다. 또 웅안생(熊安生)에게 『예(禮)』를, 곽무(郭懋)에게 『좌전(左傳)』을 배웠다. 유현(劉炫)과 잘 교유하여 당시에 '2유(二劉)'라 불렸다. 저서에 『오경술의(五經述義)』, 『역서(曆書)』, 『계극(稽極)』등이 있으나, 지금은 일실되었다.

20 주속지(周續之, ?~?) : 자는 도조(道祖). 12세에 범녕(范寧)에게 수업하여 오경(五經)과 오위(五緯)에 능통하여 '10경(經)'이라 불렸다. 후에 여산(廬山)에 들어가 승려 혜원

이 모씨, 정현의 해석을 가장 잘 이해하고 있다.【이상은 남학(南學)이다.】

　당(唐)나라 공영달(孔穎達)이 『시의소(詩義疏)』을 지을 때에 미쳐서는 모씨, 정현을 모두 숭상하여 양가의 설을 부연하였고, 다시 자신의 뜻으로 주(注)의 해석에서 더 나아가거나 물러나지 않아, 소(疏)가 주(注)를 깨뜨리지 않는 전례를 지켰다. 그리하여 『모시』의 옛 뜻은 여기에 힘입어 겨우 보존되었으나, 노(魯), 한(韓)의 사라진 설들은 다시 상고되지 못하였다. 또 당나라 사람이 『시』를 연구한 것으로 성백여(成伯瑰)[21]의 『모시지설(毛詩指說)』이 있는데, 간간이 자신의 의견으로 경문을 해석하고, 「시서(詩序)」를 모공(毛公)이 지은 것이라 하여【북조(北朝) 때 심중(沈重)이 이미 이 설을 내었다.】 마침내 송대(宋代) 학자들이 「시서」를 의심하게 되는 선례를 열었다. 이것이 삼국, 육조, 수, 당 시기의 시경학(詩經學)이다.【이상은 『삼국지(三國志)』, 『진서(晉書)』, 『남사(南史)』, 『북사(北史)』의 각 열전, 『경전석문(經典釋文)』, 『사고전서제요(四庫全書提要)』, 『경의고(經義考)』 및 『아술편(蛾術編)』에서 인용하였다.】

(慧遠)을 사사하였고, 유유인(劉遺人), 도연명(陶淵明)과 함께 조정의 부름에 응하지 않아, 당시에 '심양삼은(尋陽三隱)'이라 불렸다. 저서에 『모시주씨주(毛詩周氏注)』, 『모시서의(毛詩序義)』, 『주씨상복주(周氏喪服注)』 등이 있으나, 지금은 일실되었다.

21 성백여(成伯瑰, ?~?) : 당대(唐代)의 학자. 저서에 『상서단장(尙書斷章)』, 『모시단장(毛詩斷章)』이 있으나 지금은 일실되었다. 현존하는 『모시지설(毛詩指說)』 1권 4장에, 「대서(大序)」는 자하(子夏)가 지은 것이 아니라고 지적하였다. 청대(淸代) 범가상(范家相)은 『시심(詩瀋)』에서 이렇게 말하였다. "「서(序)」를 의심하는 일이 한유(韓愈)에게서 비롯되어 성백여에게서 발전하니, 송대 학자들이 이를 따라 「서」를 힘써 배척하였다."

제19과

삼국, 남북조, 수, 당 춘추학(春秋學)

삼국 시대에 『춘추(春秋)』를 연구한 것은 위(魏)나라 왕숙(王肅)의 『좌씨해(左氏解)』와 촉(蜀)나라 이선(李譔)의 『좌씨전(左氏傳)』이 있고, 윤묵(尹默),[22] 내민(來敏)[23]도 모두 『좌씨(左氏)』를 연구하여, 『춘추공양전』, 『춘추곡량전』의 학문은 점차 쇠퇴하였다. 진(晉)나라 두예(杜預)가 『좌전주(左傳注)』를 짓고, 가규(賈逵)와 복건(服虔)의 설을 취하여 다시 『춘추석례(春秋釋例)』를 지었으나 오류가 많았다.【또 경상번(京相璠)이 『춘추토지명(春秋土地名)』을 지었다.】

남북조 시대에는 복건(服虔)의 『좌씨주(左氏注)』가 하북(河北)에 유행하였다. 서준명(徐遵明)이 복건의 주를 전수받아 『춘추장의(春秋章義)』를 지었는데, 이를 전수받은 자로 장매노(張買奴) 등 여러 사람들

---

22 윤묵(尹默, ?~?) : 자는 사잠(思潛). 어려서 형주(荊州)에 유학하였고, 사마덕조(司馬德操)와 송중자(宋仲子) 등에게서 고학(古學)을 전수받았다. 여러 경사(經史)에 통달하였으며, 후주(後主) 유선(劉禪)에게 『춘추좌씨전』을 전수하였다.

23 내민(來敏, 약 164~약 260) : 자는 경달(敬達). 동한(東漢) 말년에 전란을 피하여 형주(荊州)에서 살았다. 『춘추좌씨전』를 좋아하였고, 특히 삼창(三倉)과 『이아(爾雅)』의 훈고학에 정밀하였다.

이 있었다. 두주(杜注)는 두예(杜預)의 현손(玄孫)인 두원(杜垣)에게 전해져 제(齊)나라 땅에서 유행하였다. 그리하여 복건과 두예 2가(家)가 서로 배격하게 되었다. 이현(李鉉)과 유작(劉焯)은 모두 복건의 주를 정통으로 삼았고, 위익륭(衛翼隆) 또한 복건의 주를 펴고 두예의 주를 비판하였다. 요문안(姚文安)은 복건의 주를 배척하였고, 이헌지(李獻之)는 다시 복건의 주를 펴고 두예의 주를 비판하였다. 주낙손(周樂遜)은『좌씨서의(左氏序義)』를 지었는데, 가규와 복건의 주를 펴고 두예의 주를 배척하였다. 유현(劉炫)은『춘추술이(春秋述異)』,『춘추공매(春秋攻昧)』,『춘추규과(春秋規過)』를 지었고, 장충(張沖) 또한『춘추의례략(春秋義例略)』을 지었는데, 모두 두예의 주와 다른 주장을 세웠다.【이상은 북학(北學)이다.】

강좌(江左)에서는 두예의 주를 숭상하였고, 간간이 복건의 주를 썼다. 오직 양(梁)나라 최영은(崔靈恩)만은『좌씨경전의(左氏經傳義)』를 지어 복건의 주를 펴고 두예의 주를 배척하였는데, 우승탄(虞僧誕)이 다시『신두난복(申杜難服)』을 저술하여 이에 맞섰다.【이상은 남학(南學)이다.】

당나라 공영달(孔穎達)이 의소(義疏)를 지으면서 오로지 두예의 주석만을 채택하여, 한학(漢學)은 모두 없어지게 되었다. 삼국 시대 이후『공양(公羊)』의 학문이 하북에서 성행하였는데, 서준명이 그것을 겸하여 통달하였다. 강좌에서는『춘추공양전』,『춘추곡량전』이 학관에 서지 못했는데, 오직 하순(賀循)만이 삼전(三傳)을 학관에 세우기를 청하였고, 심문아(沈文阿)는『삼전의소(三傳義疏)』를 지어『춘추공양전』까지 다루었다.『춘추곡량전』을 해설한 것은 당고(唐固), 미신(糜信), 공연(孔衍), 강희(江熙), 정천(程闡), 서선민(徐先民), 서건(徐乾), 유요(劉

瑤), 호눌(胡訥) 등 10여 가(家)가 있는데, 범녕(范寧)이 제가의 설을 모아『곡량집해(穀梁集解)』를 이루었다.

당(唐)나라의 서언(徐彦)이『공양소(公羊疏)』를 지을 때에 미쳐 하휴(何休)의『해고(解詁)』를 위주로 하였고, 양사훈(楊士勳)[24]은『곡량소(穀梁疏)』를 지으면서 범녕(范寧)의『집해(集解)』를 위주로 하였다. 조광(趙匡), 담조(啖助), 육순(陸淳)[25]은【『춘추집전찬례(春秋集傳纂例)』,『춘추미지(春秋微旨)』를 지었다.】삼전(三傳)을 배격하고 자신들의 뜻으로 경을 해설하여 별도로 하나의 유파를 이루었다. 이것이 삼국(三國), 육조(六朝), 수(隋), 당(唐)의 춘추학(春秋學)이다.【이상은『삼국지(三國志)』,『진서(晉書)』,『남사(南史)』,『북사(北史)』의 각 전과『경전석문(經典釋文)』,『경의고(經義考)』,『아술편(蛾術編)』에서 인용하였다.】

---

24 양사훈(楊士勳, ?~?) : 당대(唐代)의 경학가. 공영달(孔穎達)이 그를 사문박사(四門博士)라고 칭하였다. 그가 지은『춘추곡량전소(春秋穀梁傳疏)』는 금본(今本)『십삼경주소(十三經注疏)』에 실려 있다.

25 육순(陸淳, ?~806) : 육질(陸質)이라고도 한다. 자는 백충(伯沖), 호는 문통(文通). 유종원(柳宗元), 여온(呂溫) 등과 교우하였다. 담조(啖助)와 조광(趙匡)을 스승으로 섬겨『춘추(春秋)』를 배웠고, 아울러 삼전(三傳)의 동이(同異)를 분석하여 송대(宋代) 의경(疑經)의 풍조를 열었다. 저서로는『춘추집주찬례(春秋集注纂例)』,『춘추집전변의(春秋集傳辯疑)』,『춘추미지(春秋微旨)』가 있다.

삼국, 남북조 수, 당 예학(禮學)

동한(東漢) 말 『예(禮)』를 해설하는 자들은 모두 정현(鄭玄)의 주를 숭상하였다. 그런데 위(魏)나라 왕숙(王肅)은 『삼례해(三禮解)』를 짓고 다시 『의례(儀禮)』 「상복전(喪服傳)」을 지어 완전히 정현(鄭玄)과 다른 의견을 세웠고, 촉(蜀)나라 이선(李譔)의 『삼례전(三禮傳)』 또한 그러했다. 그 후 진(晉)나라에서 『예(禮)』를 해설하는 자들은 대부분 왕숙(王肅)을 숭상하였다.

남북조 시대에는 정현의 『삼례주(三禮注)』가 하북(河北)에서 성행하였는데, 서준명(徐遵明)이 정현의 학문을 교수하였다. 같은 시대에 『예(禮)』를 연구한 자로는 유헌지(劉獻之), 『삼례대의(三禮大義)』 심중(沈重), 『삼례의(三禮義)』 『삼례음(三禮音)』 유방(劉芳) 『주관의례음(周官儀禮音)』이 있었고, 서준명에게 배운 자는 이현(李鉉), 조준(祖儁), 웅안생(熊安生)[26]이 있었다. 이현(李鉉)은 또 유자맹(劉子猛)에게 『예기(禮記)』를, 방

---

26 웅안생(熊安生, ?~578) : 자는 식지(植之). 일찍이 진달(陳達), 서준명(徐遵明), 방규(房虯), 이보정(李寶鼎)에게 『춘추(春秋)』, 『주례(周禮)』, 『의례(儀禮)』를 배웠고, 북제(北齊) 시대에 국자박사(國子博士)를 지냈다. 북주(北周)에 들어서 삼례(三禮)를 전수하였는

규(房軌)에게 『주관(周官)』과 『의례(儀禮)』를 전수받았으며,【방규는 『예의소
(禮義疏)』를 지었다.】 저서로는 『삼례의소(三禮義疏)』가 있다. 웅안생(熊安
生)은 『주례(周禮)』와 『예기(禮記)』의 의소(義疏)를 지어 더욱 북조(北朝)
에서 숭상되었다. 양왕(楊汪)은 심중에게 『예(禮)』에 대해 물었고, 유
현(劉炫)과 유작(劉焯)은 웅안생(熊安生)에게 『예』를 전수받았으니, 모두
정학(鄭學)을 연구한 것이다.【이상은 북학(北學)이다.】

강좌(江左)에서 삼례(三禮)를 연구한 자로는 하동지(何佟之),【『예의
(禮議)』】 왕검(王儉),【『예론초(禮論抄)』】 하승천(何承天),【『집예론(集禮論)』】 하
윤(何胤),【『예답문(禮答問)』,『예기은의(禮記隱義)』】 심불해(沈不害)【오례의(五禮
儀)】가 있는데, 최영은(崔靈恩)의 『삼례의종(三禮義宗)』이 가장 정밀하
다. 그러나 여기서는 정현(鄭玄), 왕숙(王肅)의 설을 섞어서 채택하여,
북조(北朝)에서 정학(鄭學)을 신봉한 것과는 조금 달랐다. 오직 엄식지
(嚴植之)는 삼례(三禮)를 연구하면서 정학(鄭學)을 독실하게 좋아하였
고, 심문아(沈文阿) 또한 『삼례의소(三禮義疏)』를 연구하였으며, 척곤(戚
袞)은 삼례를 유문소(劉文紹)에게 전수받고, 다시 북인(北人) 종회방(宗
懷芳)에게 『의례(儀禮)』와 『예기소(禮記疏)』를 전수받아 『삼례의기(三禮義
記)』를 지었으니, 모두 정현의 주를 숭상한 것이다. 또 남조(南朝)에서
『주례(周禮)』를 연구한 자로는 간보(干寶),[27]【주례주(周禮注)】 심준(沈峻),

데, 제자가 천여 명에 이르렀다. 이름이 알려진 학자로 유현(劉炫), 유작(劉焯)이 모
두 그의 문하에서 나왔다. 저서로 『주례(周禮)』,『예기(禮記)』,『효경(孝敬)』 등에 대한
의소(義疏)가 있으나, 모두 일실되었다.

27 간보(干寶, ?~336) : 자는 영승(永升). 음양(陰陽)과 술수(術數)의 학문을 좋아했다. 진
(晉) 원제(元帝) 때에 좌저작랑(佐著作郎)으로서 국사(國史)를 편찬하였다. 『진기(晉
紀)』를 지었는데, 당시에 '양사(良史)'라고 일컬어졌으나, 지금은 일실되었다. 또

【『주례(周禮)』에 정밀하였다.】최영은(崔靈恩)【『주례집주(周禮集注)』】이 있다. 『의례(儀禮)』를 연구한 자들은 대부분 「상복(喪服)」의 연구에 치우쳤으니, 뇌차종(雷次宗),[28]『예복(禮服)』유울지(庚蔚之),【『상복요기(喪服要記)』】엄식지(嚴植之),【『흉례의주(凶禮儀注)』】고월(顧越)『상복의소(喪服義疏)』』이 그 사람들이다.【이상은 남학(南學)이다.】

당대(唐代)에 공영달(孔穎達)이 『예기정의(禮記正義)』를 짓고, 가공언(賈公彦)[29]이 『주례』와 『의례』의 의소(義疏)를 지음에 이르러서 모두 정현의 주를 숭상했기 때문에 한학(漢學)이 없어지지 않았다. 당 현종(唐玄宗)이 『예기』의 구본(舊本)을 고쳐 「월령(月令)」을 수편(首篇)으로 삼도록 한 것과 같은 경우는 무지하여 망령되이 한 일에 가깝다. 이것이 삼국, 육조, 수, 당의 삼례학(三禮學)이다.【이상은 『삼국지(三國志)』, 『진서(晉書)』, 『남사(南史)』, 『북사(北史)』의 각 열전과 『경전석문(經典釋文)』, 『사고전서

신기하고 괴이한 일들을 모아 『수신기(搜神記)』를 편찬했다. 저서로 『주역간씨주(周易干氏注)』, 『간씨역전(干氏易傳)』, 『주관례간씨주(周官禮干氏注)』 등이 있으나, 지금은 일실되었다.

28 뇌차종(雷次宗, 386~448) : 자는 중륜(仲倫). 어려서 여산(廬山)에 들어가 승려 혜원(慧遠)에게서 「상복(喪服)」을 배웠다. 남조(南朝) 송(宋)나라 때에 하상지(何尚之)의 현학(玄學), 하승천(何承天)의 사학(史學), 사원(謝元)의 문학(文學)과 더불어 '4학(四學)'이라고 일컬어졌으며, 「상복」을 잘 강론하는 것으로 유명하였다.

29 가공언(賈公彦, ?~?) : 삼례(三禮)의 학문에 정통하여, 일찍이 공영달(孔穎達)이 주관하는 『오경정의(五經正義)』 편찬에 참여하였다. 그가 저술한 『주례의소(周禮義疏)』는 정현주본(鄭玄注本)을 채택하고는 각 가(家)의 경설을 모아 확충하였는데, 의소(義疏)의 체제는 『오경정의(五經正義)』를 모방하였다. 금본(今本) 십삼경주소(十三經注疏)에 수록되었다.

제요(四庫全書提要)』, 『예서통고(禮書通故)』³⁰에서 인용하였다.】

---

30 『예서통고(禮書通故)』: 청(淸)나라 황이주(黃以周, 1828~1899)의 저서이다. 전체 100권
   이다. 삼례(三禮)를 융통하여 예제(禮制), 학제(學制), 봉국(封國), 직관(職官), 전부(田
   賦), 명물(名物), 악률(樂律), 형법(刑法), 점복(占卜) 등 49가지로 나누어, 한(漢), 당(唐)
   으로부터 청(淸)에 이르기까지 각 가(家)의 설들을 널리 채집하고 자세한 해석을
   더하여 정밀하게 살폈다. 청대(淸代) 삼례(三禮) 연구의 중요한 경학 저작이다.

삼국, 남북조, 수, 당 논어학(論語學)

— 『맹자』, 『대학』, 『중용』을 덧붙여 논함 —

　동한(東漢) 말기에 『논어(論語)』를 해설하는 자들은 대부분 정현(鄭玄)의 주를 숭상하였다. 위(魏)나라 왕숙(王肅)이 『논어해(論語解)』를 지음에 이르러 비로소 정현의 주와 다른 의견을 세웠고, 진군(陳群), 주생열(周生烈),[31] 왕필(王弼)도 모두 『논어(論語)』에 주석을 달았다. 하안(何晏) 등 여러 사람들이 한(漢), 위(魏) 경사(經師)의 설을 모아【공안국(孔安國), 포함(包咸), 주씨(周氏), 마융(馬融), 정강성(鄭康成), 진군(陳群), 왕숙(王肅), 주생열(周生烈) 등 8가(家)의 설을 집록하였다.】 『논어집해(論語集解)』를 완성하였다. 그 편목(篇目)은 한결같이 『노론(魯論)』에 의거하였는데, 비록 버리고 취한 바가 많이 어그러지기는 했으나, 한(漢)나라 유학자들이 남긴 설이 이 책에 힘입어 겨우 보존될 수 있었다.

　진대(晉代)에 『논어(論語)』에 주석을 단 자로는 난조(欒肇), 채모(蔡謨), 위관(衛瓘), 범화(范寧)가 있었고, 강희(江熙)가 다시 『논어집해(論語

---

31 주생열(周生烈, ?~?) : 자는 문일(文逸). 위(魏)나라 명제(明帝) 때 경전을 주석하였는데, 당시에 매우 권위가 있었다. 저서로 『논어주생씨의설(論語周生氏義說)』, 『주생열자(周生烈子)』, 『주생자요론(周生子要論)』 등이 있으나, 지금은 일실되었다.

集解)』【열거한 주석가는 13가(家)이다.】를 지었는데, 대체적인 뜻은 하안(何晏)과 비슷했다. 남북조 시대에는 정현(鄭玄)의 『논어주(論語注)』가 하북(河北)에서 유행하였다. 『논어(論語)』를 연구한 사람으로는 이현(李鉉),【『논어의소(論語義疏)』】 낙손(樂遜),【『논어서론(論語序論)』】 장충(張沖)【『논어의(論語義)』】 등이 있는데, 모두 정현의 주를 숭상하였다.【이상은 북학(北學)이다.】

강좌(江左)에서 『논어(論語)』를 연구한 것으로는 복만용(伏曼容)의 『논어의(論語義)』와 황간(皇侃)32의 『논어의소(論語義疏)』가 있는데, 황간(皇侃)의 책이 가장 정밀하지만【황간의 『논어소(論語疏)』는 오래전에 없어져 일본에만 소장본이 있었다. 근래에 다시 일본으로부터 중국에 전해졌으나 진위에 대한 찬반이 있다.】 여전히 하안의 집주(集注)를 종주로 삼는 데 머물렀으니, 북방(北方)에서 정현의 주를 고수한 것과는 달랐다.【이상은 남학(南學)이다.】

수(隋), 당(唐) 이래로 논어학이 쇠퇴하였다. 오직 당(唐)나라 한유(韓愈)33와 이고(李翱)34가 『논어필해(論語筆解)』를 지었는데, 부회(附會)

---

32 황간(皇侃, 488~545) : 일찍이 양(梁)나라에서 국자조교(國子助教)와 원외산기랑(員外散騎郎)을 지냈다. 노장(老莊) 현학(玄學)으로 여러 경서들을 연구하는 데 뛰어났다. 저서로는 『논어의소(論語義疏)』가 있는데, 명물(名物)과 제도(制度)에 대해 서술하였다. 이 책은 남송 때 이미 없어졌는데, 청나라 건륭 연간에 일본에서 들어와 사고전서(四庫全書)에 편입되었다. 그 밖의 저서로 『예기강소(禮記講疏)』, 『예기의소(禮記義疏)』, 『효경의소(孝經義疏)』가 있으나, 모두 일실되었다.

33 한유(韓愈, 768~824) : 자는 퇴지(退之). 중국에서 가장 먼저 '도통론(道統論)'을 제창한 학자이다. 중국문학사에 있어서 그는 고문운동(古文運動)을 창도하고 과거(科擧)에 쓰이는 시문(時文)을 배척한 인물로, 당송팔대가(唐宋八大家)의 한 사람이다.

34 이고(李翱, 772~841) : 자는 습지(習之). 유종원(柳宗元), 한유(韓愈)와 더불어 당대(唐代)의 고문운동(古文運動)을 적극적으로 추진하였다. 한유와 우의가 매우 깊고 학술

하고 천착(穿鑿)하여 글귀를 가지고 새로운 해석을 만들어 마침내 북송 설경(說經)의 기원을 열었다. 이상은 삼국, 육조, 수, 당의 논어학이다.【이상은 『삼국지(三國志)』, 『진서(晉書)』, 『남사(南史)』, 『북사(北史)』의 각 열전과 『경의고(經義考)』, 유보남(劉寶楠)[35]의 『논어정의(論語正義)』에서 인용하였다.】

삼국시대 이후 『맹자(孟子)』를 연구한 것으로는 진인(晉人) 기무수(綦毋邃)의 『맹자주(孟子注)』가 있고, 당대(唐代)에 이르러 육선경(陸善經)의 『맹자주(孟子注)』가 조기(趙岐)의 장구(章句)를 산삭하여 조기의 주를 취사(取捨)하였으나, 지금은 모두 존재하지 않는다. 『맹자』의 음의(音義)에 대한 저서로는 장일(張鎰)의 『맹자음의(孟子音義)』와 정공저(丁公著)의 『맹자수음(孟子手音)』이 있으나, 장구(章句)를 분석해 보면 빠지고 생략된 곳이 실로 많다. 한유(韓愈), 피습미(皮襲美)[36]로부터 시작하여

상의 견해가 서로 비슷하여 사람들에게 '한이(韓李)'로 병칭되었다. 저서로 『역전(易詮)』, 『맹자주(孟子注)』, 『논어필해(論語筆解)』 등이 있다.

35 유보남(劉寶楠, 1791~1833) : 자는 초정(楚楨), 호는 염루(念樓). 어렸을 때 숙부인 유태공(劉台拱)에게 수학하였고, 의징(儀徵)의 유문기(劉文淇)와 이름을 나란히 했다. 처음에는 『모시(毛詩)』와 정현(鄭玄)의 『예(禮)』를 연구하였다. 후에는 유문기, 유흥은(柳興恩), 진립(陳立) 등과 각각 경서 하나씩을 연구하기로 약속하여, 이에 초순(焦循)의 『맹자정의(孟子正義)』의 체제를 모방하여 『논어정의(論語正義)』24권을 편찬하였으나, 책을 완성하지 못하고 죽어 그의 아들 유공면(劉恭冕)이 이어서 완성하였다. 청대(淸代) 12가지 신소(新疏) 중 하나이다. 그 밖의 저서로는 『석곡(釋穀)』, 『한석례(漢石例)』, 『보응도경(寶應圖經)』, 『염루집(念樓集)』 등이 있다.

36 피습미(皮襲美, 약838~약883) : 피일휴(皮日休)를 가리킨다. 자는 습미(襲美), 일소(逸少). 당대(唐代)의 문학가(文學家)이다. 성격이 괴탄(怪誕)하고 문장을 잘하였다. 육구몽(陸龜蒙)과 벗이 되어 당시에 '피육(皮陸)'이라고 일컬어졌다. 일찍이 조정에 『맹자(孟子)』를 하나의 독립된 경(經)으로 승격시켜줄 것을 건의하였다.

여러 유학자들이 『맹자』를 존숭하여 마침내 송나라 유학자들의 『맹자』 존숭의 기원을 열었다.【이상의 기술은 초순(焦循)의 『맹자정의(孟子正義)』와 『경의고(經義考)』를 토대로 하였다.】

삼국시대 이후 『대학(大學)』과 『중용(中庸)』을 해설하는 자는 모두 『예기(禮記)』에 붙여서 해석하였다. 당(唐)나라 공영달(孔穎達)도 『예기정의(禮記正義)』를 지으면서 아울러 『대학』, 『중용』 두 편에 소(疏)를 달았는데, 오직 양 무제(梁武帝)만이 『중용강소(中庸講疏)』를 책으로 만들어 별도로 내놓았으니, 송유(宋儒)의 기원을 연 것이다.【이상은 『경의고』와 방동수(方東樹)[37]의 『한학상태(漢學商兌)』, 왕중(汪中)의 『문학평의(文學評議)』에서 인용하였다.】

---

37 방동수(方東樹, 1772~1851) : 자는 식지(植之), 만년의 호는 의위주인(儀衛主人). 요내(姚鼐)에게 수학하였다. 동성파(桐城派)의 대표적 인물이다. 완원(阮元)과 교유했다. 초반에는 육왕(陸王)의 학문을 좋아하였고, 뒤에는 주희(朱熹)를 존숭하였으며, 만년에는 선학(禪學)에 심취하였다. 고염무(顧炎武), 만사대(萬斯大), 강번(江藩) 등의 청나라 고증학을 배척하고 정주(程朱)의 이학(理學)을 추종했다. 그의 저서인 『한학상태(漢學商兌)』 3권은 한학(漢學)을 비판한 저작이다.

삼국, 남북조, 수, 당 효경학(孝經學)

− 『이아』를 덧붙여 논함 −

동한(東漢) 이후 『효경(孝經)』을 해설한 자들 역시 대부분 정현(鄭玄)의 주를 숭상하였다. 남북조(南北朝) 시대에 정현의 『효경주(孝經注)』가 하북(河北)에서 유행하여, 『효경』을 연구한 이현(李鉉)의 『효경의(孝經義)』, 낙손(樂遜)의 『효경서론(孝經叙論)』, 번심(樊深)의 『효경상복문답(孝經喪服問答)』이 모두 정현의 학문을 숭상하였다. 그리하여 북제(北齊) 이후로 모두 『효경』을 학관에 세웠다. 【이상은 북학(北學)이다.】

남방의 유학자들 가운데 『효경』을 연구한 사람으로는 왕원규(王元規), 『효경의기(孝經義記)』 장기(張譏), 『효경의(孝經義)』 고월(顧越)『효경의소(孝經義疏)』이 있다. 순창(荀昶)이 『효경집해(孝經集解)』를 지어서 정현의 학문이 우수하다고 한 뒤로 범울종(范蔚宗),[38] 왕검(王儉) 또한 그렇게 믿었는데, 오직 육징(陸澄)만이 그것이 그릇되었다고 힘써 분변하였으며, 양재언(梁載言)은 그것이 정소동(鄭小同)의 저작이라고 규정하였다. 【이 설이 가장 정확하다.】 남방에서도 송제(宋齊) 이후로 『효경』이 학

---

38 범울종(范蔚宗, 396~445) : 범엽(范曄)으로, 울종(蔚宗)은 그의 자이다. 저서로 『후한서(後漢書)』 120권이 있다.

관에 섰다.【이상은 남학(南學)이다.】

공안국(孔安國)이 고문(古文)『효경』에 주석을 단『공안국전(孔安國傳)』은 한(漢)나라 이후로 진본(眞本)이 없어진 지 오래였다. 수(隋)나라의 왕일(王逸)이 장안에서『공안국전』을 구했다고 하였고, 다시 왕소(王邵)가 유현(劉炫)에게 그것을 보여주었는데, 유현이 그것을 진본(眞本)이라고 믿고는 다시 자기 뜻에 따라 산삭(刪削)하고 고쳐『효경술의(孝經述義)』를 지어 22장으로 나누었다. 당(唐)나라 때 유자현(劉子玄)은 정현의 주가 그릇되었음을 힘써 분변하여 정현의 주를 폐하고 공안국의 주를 통행시키고자 한 반면, 사마정(司馬貞)은 유자현의 주장이 망령되다고 배척하였다. 그래서 현종(玄宗)의『어주효경(禦注孝經)』이 18장으로서 그대로 정본(定本)이 되었다. 이것이 삼국, 육조, 수, 당의 효경학이다.【이상은『남사(南史)』,『북사(北史)』의 각 전과『경의고(經義考)』,『아술편(蛾術編)』, 완복(阮福)의『효경소(孝經疏)』에서 인용하였다.】

삼국시대 이후『이아(爾雅)』에 주를 단 사람은 왕숙(王肅), 사씨(謝氏), 고씨(顧氏)가 있는데, 오직 진(晉)나라 곽박(郭璞)[39]은『이아주(爾雅注)』를 지어 여러 설을 집대성하였고, 아울러『이아음의(爾雅音義)』,『이아도보(爾雅圖譜)』를 지었다. 남북조 시대에는 이아학이 강좌(江左)에서 성행하

---

39 곽박(郭璞, 276~324) : 자는 경순(景純). 박학하고 재주가 뛰어났으며, 경술(經術)과 음양복서학(陰陽卜筮學)을 좋아하였다.『이아주(爾雅注)』,『이아음(爾雅音)』,『이아도(爾雅圖)』,『이아도찬(爾雅圖贊)』를 지어 이아학(爾雅學)을 집대성하였다.『이아주(爾雅注)』는 금본 십삼경주소(十三經注疏)에 들어 있다. 그 밖의 저서로『주역수(周易髓)』,『주역림(周易林)』,『주역동림(周易洞林)』,『역신림(易新林)』,『모시습유(毛詩拾遺)』는 모두 일실되었다. 그 외에『산해경주(山海經注)』,『목천자주(穆天子注)』,『자허부주(子虛賦注)』등 여러 책이 세상에 전한다.

였다.【북방에는 『이아』를 연구한 사람이 드물다.】『이아』에 주를 단 사람은 심선(沈旋), 도홍경(陶弘景)[40]이 있으며, 음주(音注)을 단 사람으로는 심선(沈旋), 시건(施乾), 사교(謝嶠), 고야왕(顧野王),[41] 강최(江灌)가 있으며,【강최는 『이아도찬(爾雅圖讚)』도 지었다.】『이아』에 소(疏)를 단 사람은 손염(孫炎),【이는 다른 손염과 구별되는데, 한말(漢末)의 손염이 아니다.】고련(高璉)이 있다.

수(隋), 당(唐) 이후에 『이아』를 해설한 것으로는 조헌(曹憲)의 『이아음의(爾雅音義)』, 배유(裴瑜)의 『이아주(爾雅注)』【유소(劉邵)[42]의 『이아주』도 있다.】가 있는데, 모두 곽박의 주가 빠뜨린 부분을 채우고 보완하였다. 위(魏)나라 장읍(張揖)의 『광아(廣雅)』, 양(梁)나라 고야왕의 『옥편(玉篇)』, 수나라 조헌의 『박아(博雅)』, 당(唐)나라 육덕명(陸德明)의 『경전석문(經典釋文)』은 모두 성음훈고학(聲音訓詁學)에 정밀하니, 또한 소학(小

---

40 도홍경(陶弘景, 456~536) : 자는 통명(通明), 자호(自號)는 화양은사(華陽隱士). 일찍이 도경(道經)을 수집, 정리하였고, '모산파(茅山派)'를 창립하였다. 또 고대의 『신농본초경(神農本草經)』을 정리하고, 위진(魏晉)시기 명의가 사용한 신약을 더욱 수집하여 『본초경집주(本草經集注)』를 완성하였다. 이 외에도 『이아(爾雅)』에 주를 단 것 등이 있으나, 지금은 일실되었다.

41 고야왕(顧野王, 519~581) : 자는 희풍(希馮). 일찍이 고금문자의 형체와 훈고를 수집, 고증하여 『설문해자(說文解字)』를 본떠 『옥편(玉篇)』 30권을 만들었는데, 수집한 글자가 16,917자였고, 전서(篆書)와 예서(隸書)의 변천 역사와 고주(古籀)의 원류를 고찰하는 것을 중시하였다. 세상에 전해지는 것은 잔본(殘本)으로, 청(淸) 여서창(黎庶昌)이 이를 영인하였다.

42 유소(劉邵, ?~?) : 자는 공재(孔才). 삼국시대 위(魏)나라 황초(黃初) 연간(220~223)에 조서를 받고 오경(五經)의 여러 책을 수집하고 분류하여 『황람(皇覽)』을 만들었다. 또한 예악(禮樂)을 제작하여 풍속을 쇄신하였다. 저작으로 『예론(樂論)』 14편이 있으며, 이 외에도 『인물지(人物志)』, 『법론(法論)』 등이 있다.

學, 문자학)의 참고서이다.【이상은 『경의고(經義考)』 및 호원옥(胡元玉)의 『아학고(雅學考)』에서 인용하였다.】

제4장

송, 원, 명 경학

제23과

송, 원, 명 역학(易學)

송유(宋儒)의 『역경(易經)』 연구는 유목(劉牧)¹으로부터 시작되었다. 유목의 학문은 진단(陳摶)²에게서 나왔는데, 진단은 선천도(先天圖)와 후천도(後天圖)를 만들었고, 유목은 『역수구은도(易數鉤隱圖)』를 지었다. 소옹(邵雍)³도 진단의 역학(易學)을 전하였는데, 그의 아들 소백온

---

1 유목(劉牧, 1011~1064) : 자는 선지(先之), 호는 장민(長民). 범중엄(范仲淹)을 스승으로 삼았으며, 진단(陳摶), 종방(種放), 소옹(邵雍) 등의 선천학(先天學)을 전수하였다. 저서로 『신주주역(新注周易)』, 『괘덕통론(卦德通論)』, 『역수구은도(易數鉤隱圖)』, 『역해(易解)』 등이 있다.

2 진단(陳摶, 871~989) : 자는 도남(圖南), 호는 부요자(扶搖子), 희이선생(希夷先生). 『주역(周易)』 읽기를 좋아하여 일찍이 도식(圖式)으로 『역(易)』을 풀이하였는데, 이는 북송(北宋) 도서역학(圖書易學)의 시초이다. 저서로는 『역용도(易龍圖)』가 있었으나 지금은 일실되었고, 이 외에 『삼봉우언(三峯寓言)』, 『고양집(高陽集)』, 『지현편(指玄篇)』 등이 있다.

3 소옹(邵雍, 1011~1077) : 자는 요부(堯夫), 호는 안락선생(安樂先生), 시호는 강절(康節). 주돈이(周敦頤), 정호(程顥), 정이(程頤), 장재(張載)와 아울러 북송오자(北宋五子)라 일컬어진다. 『역(易)』을 좋아하여 일찍이 이지재(李之才)로부터 하도(河圖), 낙서(洛書) 및 상수학(象數學)을 전수받아 북송(北宋) 상수선천학(象數先天學)을 창시하였다. 저서에 『고주역(古周易)』, 『황극경세(皇極經世)』, 『이천격양집(伊川擊壤集)』, 『어초문답(漁樵問

(邵伯温)【『역학변혹(易學辨惑)』을 지었다.】과 제자 진관(陳瓘)[4]【『요옹역설(了翁易
說)』을 지었다.】은 모두 상수(象數)를 통해 의리(義理)를 추구하였다. 예천
은(倪天隱)[5]은 호원(胡瑗)[6]에게 가르침을 받아 『역』을 연구함에 있어서
의리를 밝히는 것을 위주로 했다.【『주역구설(周易口說)』을 지었다.】 사마광
(司馬光)[7]과 장재(張載)[8]의 역설(易說) 또한 공언(空言)으로 『역』을 해설하
였다. 소식(蘇軾)[9]의 역전(易傳),【인사(人事)를 많이 말하였다.】 정이(程頤)의

答)』등이 있는데, 후대 사람들이 이를 엮어 『소자전서(邵子全書)』를 편찬하였다.

4 진관(陳瓘, 1057~1124) : 자는 영중(瑩中), 호는 요옹(了翁). 사마광(司馬光), 소옹(邵雍), 이
    정(二程)의 학문을 사숙했다. 저서로는 『요옹역설(了翁易說)』, 『사명존요집(四明尊堯
    集)』등이 있다.

5 예천은(倪天隱, ?~?) : 자는 모강(茅岡), 호는 천승(千乘). 호원(胡瑗)을 사사하여 『역(易)』
    을 배웠다. 저서로 『주역구의(周易口義)』가 있다.

6 호원(胡瑗, 993~1059) : 자는 익지(翼之). 저서인 『주역구의(周易口義)』 12권은 상수(象數)
    와 호체(互體)를 논하지 않았으니, 송대(宋代)에 의리(義理)로 『역(易)』을 해설한 것의
    시초이다. 이 외에도 『홍범구의(洪範口義)』, 『황우신악도기(皇祐新樂圖記)』등이 있다.

7 사마광(司馬光, 1019~1086) : 자는 군실(君實), 호는 우수(迂叟). 사학(史學)에 특출났다.
    주희(朱熹)가 일찍이 주돈이(周敦頤), 소옹(邵雍), 정호(程顥), 정이(程頤), 장재(張載)와
    함께 북송(北宋)의 도학육선생(道學六先生)이라고 불렀다. 저서로는 『역설(易說)』, 『주
    계사(注繫辭)』, 『주고문효경(注古文孝經)』, 『주노자도덕경(注老子道德經)』, 『집주태현경
    (集注太玄經)』, 『서의(書儀)』, 『가범(家範)』등의 30여 종이 있다.

8 장재(張載, 1020~1077) : 자는 자후(子厚), 호는 횡거(橫渠). 일찍이 정호(程顥), 정이(程頤)
    형제와 경학의 요지를 탐구하였다. 저서로는 『횡거역설(橫渠易說)』 3권, 『경학이굴
    (經學理窟)』등이 있으며, 후대 사람들이 그의 저작을 모아서 『장자전서(張子全書)』를
    편찬하였다.

9 소식(蘇軾, 1037~1101) : 자는 자첨(子瞻), 호는 동파거사(東坡居士). 시사(詩詞)와 서법(書
    法)에 능하여 채양(蔡襄), 황정견(黃庭堅), 미불(米芾)과 함께 송사가(宋四家)로 불린다.

『역전』도 상수를 배제하고 의리를 말하였다.

이후로 『역』의 해설서를 지은 사람 가운데 장근(張根),[10]『오원역해 (吳園易解)』 경남중(耿南仲),[11]『역신강의(易新講義)』 이광(李光),[12]『독역상설 (讀易詳說)』 곽옹(郭雍),[13]『전가역설(傳家易說)』 장식(張栻)[14]『남헌역설(南軒 易說)』의 경우 모두 의리를 설명하는 것을 숭상하거나, 인사(人事)를 끌어다가 경의(經義)를 증명하였다. 장준(張浚),[15]『자암역전(紫巖易傳)』

저서에 『동파역전(東坡易傳)』, 『동파서전(東坡書傳)』 등이 있다.

10 장근(張根, 1061~1120) : 자는 지상(知常), 호는 오원(吳園). 저서로 『오원역해(吳園易解)』, 『춘추지남(春秋指南)』 등이 있다.

11 경남중(耿南仲, ?~1129) : 자는 희도(希道). 저서로 『주역신강의(周易新講義)』가 있다.

12 이광(李光, 1078~1159) : 자는 태발(泰發), 태정(泰定), 호는 전물거사(轉物居士). 저서에 『독역상설(讀易詳說)』이 있다.

13 곽옹(郭雍, 1091~1187) : 자는 자화(子和), 호는 백운(白雲), 충회선생(冲晦先生). 곽충효 (郭忠孝)의 아들로, 가학을 계승했다. 저서에 『곽씨전가역설(郭氏傳家易說)』이 있는 데, 정호(程顥)와 정이(程頤)의 학설을 계승했다. 순희(淳熙) 초에 학자들이 곽충효, 곽옹, 이정(二程), 장재(張載), 유초(游酢), 양시(楊時) 등 7가의 설을 모아 『대역수언 (大易粹言)』을 편집했다. 그 외의 저서에 『괘사요지(卦辭要旨)』, 『시괘변의(蓍卦辨疑)』 등이 있다.

14 장식(張栻, 1133~1180) : 자는 경부(敬夫), 흠부(欽夫), 낙재(樂齋), 호는 남헌(南軒). 젊어 서 호굉(胡宏)을 사사하여 이정(二程)의 이학(理學)을 배웠다. 주희의 학우로서 상 호 영향을 미쳤다. 저서에 『남헌역설(南軒易說)』, 『논어해(論語解)』, 『맹자설(孟子說)』, 『남헌문집(南軒文集)』 등이 있다.

15 장준(張浚, 1097~1164) : 자는 덕원(德遠), 호는 자암(紫巖). 장식(張栻)의 부친이다. 초정 (譙定)의 문인이며, 정이(程頤)와 소식(蘇軾)의 재전제자(再傳弟子)이다. 저서로 『자암 역전(紫巖易傳)』, 『중용해(中庸解)』, 『논어해(論語解)』, 『춘추해(春秋解)』, 『시서예해(詩書 禮解)』 등이 있다.

주진(朱震), [16]『한상역집전(漢上易集傳)』 정대창(程大昌), [17]『역원(易原)』 정형(程迥)[18]『주역고점법(周易古占法)』의 경우 모두 상수의 추구를 숭상하였다. 그러나 그 사이에 의리와 상수 모두를 숭상하는 사람도 있었다.【정강중(鄭剛中)[19]의 『주역규여(周易窺餘)』 및 오침(吳沈)[20]의 『역선기(易璇璣)』가 이것이다.】

---

16 주진(朱震, 1072~1138) : 자는 자발(子發). 남송(南宋)에서 『역(易)』, 『춘추(春秋)』로 저명하였다. 사양좌(謝良佐)에게 수학하여 이정(二程)의 재전제자(再傳弟子)가 되었다. 송대(宋代) 역학상수파(易學象數派)의 중요한 대표인물이다. 저서로 『한상역집전(漢上易集傳)』, 『괘도(卦圖)』, 『총설(叢說)』 등이 있다.

17 정대창(程大昌, 1123~1195) : 자는 태지(泰之). 명물전고(名物典故)에 뛰어났다. 저작인 『시론(詩論)』에서 자기의 의견으로 『모시서(毛詩序)』의 글자를 고쳐서 바꾸었다. 저서로 『역원(易原)』, 『우공론(禹貢論)』, 『연번로(演繁露)』, 『역노통언(易老通言)』 등 다종이 있다.

18 정형(程迥, ?~?) : 자는 가구(可久). 일찍이 가흥(嘉興)의 학자인 무덕(茂德), 엄릉(嚴陵), 유저(喩樗)에게서 경(經)을 배워 구산학파(龜山學派)를 이었다. 저서로 『고역고(古易考)』, 『역장구(易章句)』, 『맹자장구(孟子章句)』, 『주역고점법(周易古占法)』, 『경사설(經史說)』 등이 있다.

19 정강중(鄭剛中, 1089~1154) : 자는 형중(亨仲), 한장(漢章), 호는 북산(北山). 『주역』에 조예가 깊었고, 상수학(象數學)과 의리학(義理學)에 정통했다. 저서에 『주역규여(周易窺餘)』 15권이 있는데 자못 새로운 뜻을 갖추어 후세에 중시되었다. 이 외에 『경사전음(經史傳音)』, 『북산집(北山集)』 등이 있다.

20 오침(吳沈, ?~?) : 자는 준중(濬仲). 『존심록(存心錄)』, 『정성록(精誠錄)』, 『역선기(易璇璣)』 등을 편찬하였다.

여대방(呂大防),²¹ 조열지(晁說之),²² 여조겸(呂祖謙)²³이 다시 고본을 위주로 한 뒤로, 주자(朱子)가 이를 근본으로 하여『주역본의(周易本義)』를 지었는데,【경(經) 2권, 십익(十翼) 10권이었으나 후에 대부분 뒤섞였다.】 또한 의리와 상수를 모두 숭상하였고, 다시『역학계몽(易學啓蒙)』을 지었는데,【주감(朱鑑)²⁴이 다시『문공역설(文公易說)』을 집록하였다.】 오직 임율(林栗)²⁵이『역』을 설한 것은【주역경전집해(周易經傳集解)』】주자와 달랐다.

송(宋), 원(元) 이래로『역』을 말한 사람들은 정자(程子)를 존숭하거나,【항안세(項安世)²⁶의『주역완사(周易玩辭)』, 양만리(楊萬里)²⁷의『성재역전(誠齋

---

21 여대방(呂大防, 1027~1097) : 자는 미중(微仲). 여대림(呂大臨)의 형이다. 저서에『주역고경(周易古經)』12편이 있다.

22 조열지(晁說之, 1059~1129) : 자는 이도(以道), 백이(伯以), 호는 경우(景迂). 사마광(司馬光)에게『태현경(太玄經)』을 전수받았고, 소옹(邵雍)의 제자 양현보(楊賢寶)에게 역학(易學)을 배웠다. 저서에『고주역(古周易)』8권,『역규(易規)』1권,『경씨역식(京氏易式)』,『중용전(中庸傳)』,『경우생집(景迂生集)』등이 있다.

23 여조겸(呂祖謙, 1137~1181) : 자는 백공(伯恭), 세칭 동래선생(東萊先生). 주희(朱熹), 장식(張栻)과 더불어 '동남삼현(東南三賢)'이라 일컬어졌다. 저작으로『동래춘추좌씨전설(東萊春秋左氏傳說)』,『춘추좌씨속설(春秋左氏續說)』,『상주동래좌씨박의(詳注東萊左氏博議)』,『동래역설(東萊易說)』,『서설(書說)』등의 다종이 있다.

24 주감(朱鑑, 1190~1258) : 자는 자명(子明). 주희(朱熹)의 손자.『주문공역설(朱文公易說)』,『시전유설(詩傳遺說)』을 편찬하였다.

25 임율(林栗, ?~?) : 자는 황중(黃中), 관부(寬夫). 학문을 논하는 데 있어 주희(朱熹)와 뜻을 달리했다. 저서에『주역경전집해(周易經傳集解)』36권이 있는데, 널리 전하지 않는다.

26 항안세(項安世, 1129~1208) : 자는 평보(平甫), 호는 평암(平庵). 저서로『주역완사(周易玩辭)』,『항씨가설(項氏家說)』,『평암회고(平庵悔稿)』등이 있다.

27 양만리(楊萬里, 1127~1206) : 자는 정수(廷秀), 호는 성재(誠齋). 우무(尤袤), 범성대(範成

易傳)』, 방문일(方聞一)의 『대역수언(大易粹言)』, 정여해(鄭汝諧)[28]의 『역익전(易翼傳)』, 허형(許衡)[29]의 『독역사언(讀易私言)』, 조방(趙汸)[30]의 『주역문전(周易文詮)』이다.】 주자(朱子)를 존숭하거나,【채연(蔡淵)[31]의 『경전훈해(經傳訓解)』, 세여권(稅與權)[32]의 『계몽소전(啓蒙小傳)』, 호방평(胡方平)[33]의 『계몽통석(啓蒙通釋)』, 유염(俞

大), 육유(陸遊)와 함께 남송사대가(南宋四大家)로 일컬어진다. 저서로 『성재역전(誠齋易傳)』, 『성재집(誠齋集)』이 있다.

28 정여해(鄭汝諧, 1126~1205) : 자는 순거(舜擧), 호는 동곡거사(東谷居士). 저서로 『동곡역익전(東谷易翼傳)』, 『논어의원(論語意原)』 등이 있다.

29 허형(許衡, 1209~1281) : 자는 중평(仲平), 호는 노재(魯齋). 일찍이 원대(元代) 관제(官制), 조정 의례 및 수시력(授時曆)의 수정 등에 참여하여 오징(吳澄)과 이름을 나란히 하였다. 아울러 정주이학(程朱理學)을 적극적으로 전파하고 넓혔다. 저서로 『독역사언(讀易私言)』, 『맹자표제(孟子標題)』, 『사잠설(四箴說)』, 『중용설(中庸說)』 등이 있다. 후인이 『노재유서(魯齋遺書)』를 편찬하였다.

30 조방(趙汸, 1319~1369) : 자는 자상(子常), 호는 동산(東山). 젊어서 황택(黃澤)을 사사하였으며, 나중에 우집(虞集)의 문하에 들어가 오징(吳澄)의 학문을 공부했다. 저서로 『주역문전(周易文詮)』, 『춘추집전(春秋集傳)』, 『춘추좌씨전보주(春秋左氏傳補註)』, 『춘추사설(春秋師說)』, 『동산존고(東山存稿)』 등이 있다.

31 채연(蔡淵, 1156~1236) : 자는 백정(伯靜), 호는 절재(節齋). 채원정(蔡元定)의 아들. 주희(朱熹)에게 수학하였다. 저서에 『주역경전훈석(周易經傳訓釋)』, 『역상의언(易象意言)』이 있다.

32 세여권(稅與權, ?~?) : 자는 손보(巽甫). 위료옹(魏了翁)의 역학(易學)을 전수받았다. 경학에 힘써서 유종(儒宗)으로 불렸다. 저서에 소옹(邵雍)의 학설을 천명한 『역학계몽소전(易學啓蒙小傳)』과 『고경전(古經傳)』, 『주역절충(周禮折衷)』 등이 있다.

33 호방평(胡方平, ?~?) : 자는 사로(師魯), 호는 옥재(玉齋). 초기에 동몽정(董夢程)에게 『역(易)』을 수학하였고, 후에는 심귀보(沈貴寶)를 사사하였다. 저서에 『역학계몽통석(易學啓蒙通釋)』, 『외역(外易)』, 『역여한기(易餘閑記)』 등이 있다.

琰)[34]의『독역거요(讀易擧要)』, 호일계(胡一桂)[35]의『본의부록찬주(本義附錄纂注)』, 채청(蔡淸)[36]의『역몽인(易蒙引)』이다.】 혹은 정자와 주자의 설을 참고하여 합하였다.【동해(董楷)[37]의『전의부록(傳義附錄)』, 조채(趙采)[38]의『정주전의절충(程朱傳義折衷)』이다.】

이 밖에는 심학(心學)으로『역』을 해석한 사람이 있고,【양간(楊簡),[39]

---

34 유염(俞琰, 1253~1316) : 자는 옥오(玉吾), 호는 전양자(全陽子), 임옥산인(林屋山人), 석간선생(石澗先生). 원(元)나라에 들어와 은거하여『역(易)』을 30여 년 동안 연구하였다. 저서에『주역집설(周易集說)』,『독역거요(讀易擧要)』,『역도찬요(易圖纂要)』,『대역회요(大易會要)』,『주역합벽연주(周易合璧連珠)』,『경사고증(經史考證)』,『음부경주(陰符經注)』등 다종이 있다.

35 호일계(胡一桂, 1247~?) : 자는 정방(庭芳), 호는 쌍호(雙湖). 주희(朱熹)의 역학(易學)을 전수했다. 저서로는『주역본의부록찬소(周易本義附錄纂疏)』,『역학계몽익전(易學啓蒙翼傳)』,『주자시전부록찬소(朱子詩傳附錄纂疏)』,『십칠사찬고금통요(十七史纂古今通要)』등이 있다.

36 채청(蔡淸, 1453~1508) : 자는 개부(介夫), 호는 허재(虛齋). 임비(林玭)에게『주역(周易)』을 배웠는데, 특히『주역』과『중용(中庸)』에 뛰어났다. 저서에『역경몽인(易經蒙引)』,『사서몽인(四書蒙引)』,『성리요해(性理要解)』,『허재집(虛齋集)』등이 있다.

37 동해(董楷, 1226~?) : 자는 정옹(正翁), 정숙(正叔), 호는 극재(克齋). 일찍이 주희(朱熹)의 문인인 진기지(陳器之)를 사사하였다. 저서로『주역전의부록(周易傳義附錄)』,『정주역해(程朱易解)』가 있다.

38 조채(趙采, ?~?) : 자는 덕량(德亮), 호는 융재(隆齋).『역(易)』연구에 정자(程子)의『역전(易傳)』과 주희(朱熹)의『역본의(易本義)』를 계승하였다. 저서에『주역정주전의절충(周易程朱傳義折衷)』,『가인연의(家人衍義)』등이 있다.

39 양간(楊簡, 1141~1225) : 자는 경중(敬仲), 호는 자호(慈湖). 육구연(陸九淵)을 사사한 육씨심학파(陸氏心學派)의 대표적 인물이다. 육구연의 심학을 우주의 만물(萬物), 만상(萬象), 만변(萬變)이 모두 자신에게 속해 있다는 유아론(唯我論)으로 발전시켰다. 저서로『양씨역전(楊氏易傳)』이 있다.

왕종전(王宗傳)⁴⁰의『역전(易傳)』, 고반룡(高攀龍)⁴¹의『역간설(易簡說)』이다.】도
상(圖象)을 근거로『역』을 해설한 사람이 있으며,【임지(林至)⁴²의『패전(稗
傳)』, 주원승(朱元升)⁴³의『삼역비유(三易備遺)』, 뇌사제(雷思齊)⁴⁴의『역도통변(易圖
通變)』, 장리(張理)⁴⁵의『상수구심도(象數鉤深圖)』, 황도주(黃道周)⁴⁶의『삼역통기(三

---

40 왕종전(王宗傳, ?~?) : 자는 경맹(景孟).『역(易)』을 연구함에 한(漢)의 맹희(孟喜)와 양구
하(梁丘賀)의 학문을 존숭하였고, 왕필(王弼)의 학설을 중시하였다. 저작으로『동
계역전(童溪易傳)』이 있다.

41 고반룡(高攀龍, 1562~1626) : 자는 운종(雲從), 존지(存之), 호는 경일(景逸). 동림학파(東
林學派)를 일으켜 고헌성(顧憲成)과 함께 동림당(東林黨)의 영수가 되었다. 정주학(程
朱學)을 따르면서도 심즉리설(心卽理說), 치양지설(致良知說)에 찬성했다. 양명학의
폐단에 대해서는 비판했다. 저작으로『주역이간설(周易易簡說)』,『주역공의(周易孔
義)』,『모시집주(毛詩集注)』,『춘추집주(春秋集注)』,『사자요서(四子要書)』,『고본대학(古
本大學)』,『장자정몽주(張子正蒙注)』등이 있다. 후에 문인이었던 진용정(陳龍正)이 이
를 모아서『고자유서(高子遺書)』를 편찬하였다.

42 임지(林至, ?~?) : 자는 덕구(德久). 주희(朱熹)의 문인이다. 저서로『역패전(易稗傳)』이
있다.

43 주원승(朱元昇, ?~?) : 자는 일화(日華). 송대(宋代) 소옹역학(邵雍易學)의 전수자이다. 저
서에『삼역비유(三易備遺)』,『소역약례(邵易略例)』가 있었으나, 지금은 일실되었다.

44 뇌사제(雷思齊, 1230~1301) : 자는 제현(齊賢). 송(宋)이 망한 뒤 유학(儒學)을 버리고 도
가(道家)를 따랐다. 오석관(烏石觀)에 머물며 강학을 하고 도를 논하였다. 저서에
『역도통변(易圖通變)』,『역서통변(易筮通變)』,『노자본의(老子本義)』,『장자지의(莊子旨
義)』등이 있다.

45 장리(張理, ?~?) : 자는 중순(仲純). 젊어서 두본(杜本)으로부터 무이산(武夷山)에서『역
(易)』을 배워 도서학(圖書學)을 전수하였다. 저서로『역상도설(易象圖說)』,『대역상수
구심도(大易象數鉤深圖)』,『주역도(周易圖)』등이 있다.

46 황도주(黃道周, 1585~1646) : 자는 유평(幼平), 이약(螭若), 호는 석재(石齋). 경학(經學)에
잠심하여 송유(宋儒)들의 기질지성(氣質之性)에 대한 설을 비판하면서 주희(朱熹),

易洞機)』이다.】풍의(馮椅),[47]『후재역학(厚齋易學)』】이과(李過),[48]『서계역설(西溪易說)』】오징(吳澄)[49]『역찬언(易纂言)』】은 다시 경문을 개찬(改纂)하였다.

명대(明代)에『대전(大全)』을 선집함에 이르러,【호광(胡廣)[50] 등이 선집하였다.】한(漢)의『역』이 모두 없어졌다. 오직 왕부지(王夫之)[51]의『주역

육구연(陸九淵)의 학설을 모두 반대했다. 명(明)이 망하자 청(淸)에 저항하다 죽었다. 저서로『주역정(周易正)』,『삼역통기(三易洞璣)』,『홍범명의(洪範明義)』,『월령명의(月令明義)』,『효경집전(孝經集傳)』,『치의집전(緇衣集傳)』,『춘추규(春秋揆)』등이 있다.

47 풍의(馮椅, 1140~1232) : 자는 의지(儀之), 기지(奇之), 호는 후재(厚齋). 일찍이 주진(朱震)을 사사하였다. 저서에『후재역학(厚齋易學)』,『주역집설명해(周易輯說明解)』,『속사기(續史記)』,『시문지록(詩文志錄)』등이 있다.

48 이과(李過, ?~?) : 자는 계변(季辨), 호는 서계(西溪). 남송(南宋)의 학자. 20년에 걸쳐『서계역설(西溪易說)』을 찬술하였다.

49 오징(吳澄, 1249~1333) : 자는 유청(幼淸). 학자들이 초려선생(草廬先生)이라고 일컬었다. 주희의 사전제자(四傳弟子)로, 이학(理學)을 위주로 하면서 심학(心學)도 아울러 취하여 주륙이가(朱陸二家)의 사상을 조화시켰다.『도통도(道統圖)』를 지어 주자 이후의 도통을 계승한 사람이 자신이라 했다. 허형(許衡), 유인(劉因)과 더불어 원나라의 저명한 학자이다. 저서에『오경찬언(五經纂言)』이 있는데, 그 중『서찬언(書纂言)』에서 오역(吳棫)과 주희(朱熹)의 설을 따라『고문상서(古文尙書)』와『공안국전(孔安國傳)』의 의심스러운 부분은 모두 위서(僞書)라고 했다.『예기찬언(禮記纂言)』은『소대례(小戴禮)』49편의 차례를 다시 배열한 것인데, 후인들의 비판을 받았다. 그 밖의 저서에『의례일경전(儀禮逸經傳)』과『역찬언(易纂言)』등이 있다.

50 호광(胡廣, 1370~1418) : 자는 광대(光大), 호는 황암(晃庵). 명(明) 성조(成祖) 때 명을 받들어『오경사서성리대전(五經四書性理大全)』을 주관하여 편찬하였는데, 그 가운데『주역대전(周易大全)』은 호광의 손에서 나왔고, 명대(明代) 과거시험의 표준서가 되었다.

51 왕부지(王夫之, 1619~1692) : 자는 이농(而農), 호는 강재(薑齋). 명(明)이 망한 뒤 거병하여 청(淸)에 저항했다. 만년에 석선산(石船山) 기슭에 은거하여 저술과 연구로

패전(周易稗傳)』만이 실증을 숭상하였다. 이것이 송, 원, 명의 역학(易學)이다.【이상은 『사고전서제요(四庫全書提要)』, 『경의고(經義考)』, 초순(焦循)의 『역광기(易廣記)』에서 인용하였다.】

일생을 마쳤다. 16, 17세기 무렵의 변혁기에 즈음하여 근대적 사상을 전개한 인물로 알려졌고, 황종희(黃宗羲), 고염무(顧炎武)와 함께 명말청초의 3대 학자로 불렸다. 저서로『주역내전(周易內傳)』, 『주역내전발례(周易內傳發例)』, 『주역외전(周易外傳)』, 『주역대상해(周易大象解)』, 『장자정몽주(莊子正蒙注)』, 『상서인의(尙書引義)』, 『시광전(詩廣傳)』, 『독사서대전설(讀四書大全說)』등이 있다. 이러한 저작들은 19세기 후반 증국번(曾國藩)에 의해『선산유서(船山遺書)』로 간행되었다.

제24과

송, 원, 명 서학(書學)

　송유(宋儒)가 『상서(尚書)』를 연구한 것은 소식(蘇軾)의 『서전(書傳)』
에서 시작되었는데, 고주(古注)를 폐기하고 오로지 의론(議論)에만 뛰
어났다. 임지기(林之奇)[52]는 『상서전해(尚書全解)』를, 정백웅(鄭伯熊)[53]은
『서설(書說)』을 지었는데, 모두 사사(史事)로 『상서』를 해설하였다. 여
조겸(呂祖謙)은 임지기에게 수학하여 또한 『서설(書說)』을 지었는데,

---

52 임지기(林之奇, 1112~1176) : 자는 소영(少潁), 호는 졸재(拙齋). 여본중(呂本中)을 사사
　했으며, 조정에서 왕안석의 『삼경신의(三經新義)』를 참고하여 이용하려 하자 사설
　(邪說)이라 하여 배척했다. 경학 연구에 진력하여 『상서(尚書)』와 『주례(周禮)』를 해
　설했는데, 신의(新意)가 많았다. 이름난 제자로는 여조겸(呂祖謙) 등이 있고, 여조
　겸이 창립한 무학(婺學)에 많은 영향을 주었다. 저서로 『상서전해(尚書全解)』 40권,
　『춘추강의(春秋講義)』, 『주례강의(周禮講義)』, 『맹자강의(孟子講義)』 등이 있다.

53 정백웅(鄭伯熊, 1124~1181) : 자는 경망(景望). 동생 정백영(鄭伯英), 정백해(鄭伯海)와 함
　께 이정(二程)의 학문을 진흥시켜 이때부터 영가(永嘉)의 학자들이 모두 정씨(鄭
　氏)를 종정으로 받들었다. 진부량(陳傅良)과 섭적(葉適) 등에게 사상적 영향을 주었
　다. 사공학(事功學)을 제창하였다. 저서에 『상서(尚書)』의 대체를 논한 『정부문서설
　(鄭敷文書說)』이 있다.

요지는 『상서전해』와 서로 동일하다. 사호(史浩)[54]【『상서강의(尙書講義)
를 지었다.』】와 황도(黃度)[55]【『상서설(尙書說)』을 지었다.】 역시 『상서』를 연구
하였는데, 모두 글자대로 자세히 풀이하였으니 장구를 강론하는 것
에 가깝다. 오직 하선(夏僎),【『상서해(尙書解)』】 황윤(黃倫),【『상서정의(尙書
精義)』】 위료옹(魏了翁),[56]【『상서요의(尙書要義)』】 호사행(胡士行)【『상서상설(尙
書詳說)』】의 책에 간간이 고훈(古訓)이 남아있으나, 한(漢)과 송(宋)을 뒤
섞어서 모두 억견(臆見)에 의거하여 취사선택하였다. 주희(朱熹)와 육
상산(陸象山)의 문인들 역시 『상서』를 연구하였는데, 양간(楊簡),【『오고
해(五誥解)』를 지었다.】 원섭(袁燮),[57]【『혈재가숙서초(絜齋家塾書抄)』】 진경(陳

---

54 사호(史浩, 1106~1194) : 자는 직옹(直翁). 저서로 『상서강의(尙書講義)』, 『무봉진은만록
(鄮峰眞隱漫錄)』 등이 있다. 『송사익(宋史翼)』에 전(傳)이 있다

55 황도(黃度, 1138~1213) : 자는 문숙(文叔), 호는 수초(遂初). 저서로 『서설(書說)』, 『시설
(詩說)』, 『주례설(周禮說)』이 있으나, 이미 일실되었다. 지금 『상서설(尙書說)』이 남아
있다.

56 위료옹(魏了翁, 1178~1237) : 자는 화보(華父), 학자들이 학산선생(鶴山先生)이라 일컬
었다. 처음에는 주희(朱熹)와 장식(張栻)을 사숙했지만, 나중에는 육구연(陸九淵)의
심학(心學)을 존중했다. 진덕수(眞德秀)와 함께 이학(理學)이 통치이념으로 확립되
는 데 큰 역할을 했다. 저서에 『구경요의(九經要義)』와 『역거우(易擧隅)』, 『경외잡초
(經外雜鈔)』, 『사우아언(師友雅言)』, 『학산집(鶴山集)』 등이 있다.

57 원섭(袁燮, 1144~1224) : 자는 화숙(和叔), 호는 혈재(絜齋). 육구연(陸九淵)을 사사하여
그 학문을 전수했다. 서린(舒磷)과 심환(沈煥), 양간(楊簡)과 함께 '명주순희사선생
(明州淳熙四先生)'으로 불리면서, 당시 절동(浙東) 사명학파(四明學派)를 대표하는 인
물로 부상했다. 저서로 『혈재집(絜齋集)』 24권과 『혈재후집(絜齋後集)』 13권, 『직재
서록해제(直齋書錄解題)』, 『혈재가숙서초(絜齋家塾書鈔)』, 『혈재모시경연강의(絜齋毛詩
經筵講義)』 등이 있다.

經), [58]『상서상해(尙書詳解)』 진대유(陳大猷)[59]『집주혹문(集注或問)』는 모두 육씨학파를 따라서 심학(心學)으로『서』를 해석하였다. 채침(蔡沈)[60]은 주희의 뜻을 따라『서집주(書集注)』를 지었다.

원대(元代)의 유학자로는 김이상(金履祥),[61]『상서표주(尙書表注)』 진력(陳櫟),[62]『상서집전찬소(尙書集傳纂疏)』 동정(董鼎),[63]『상서집록찬주(尙書輯錄纂注)』 진사개(陳師凱),[64]『채전방통(蔡傳旁通)』 주조의(朱祖義)『상서구주(尙

---

58 진경(陳經, ?~?) : 자는 현지(顯之), 정보(正甫)이다. 저서로『상서상해(尙書詳解)』,『시강의(詩講義)』,『존재어록(存齋語錄)』이 있다.

59 진대유(陳大猷, ?~?) : 자는 문헌(文獻), 호는 동재(東齋). 요쌍봉(饒雙鋒)의 제자로,『상서(尙書)』에 정통하였다. 저서로『상서집전혹문(尙書集傳或問)』,『상서집전회통(尙書集傳會通)』등이 있다.

60 채침(蔡沈, 1167~1230) : 자는 중묵(仲默), 호는 구봉(九峰). 채원정(蔡元定)의 아들, 채항(蔡沆)의 동생. 주희(朱熹)를 사사하여 일찍이『상서(尙書)』를 연구할 것을 부탁받았다. 저서로『서경집전(書經集傳)』,『홍범황극(洪範皇極)』등이 있다.

61 김이상(金履祥, 1232~1303) : 자는 길보(吉甫), 호는 인산(仁山). 왕백(王柏), 하기(何基)에게 사사하였고, 주희(朱熹)의 재전제자(再傳弟子)이다. 저서에『상서표주(尙書表注)』,『논어집주고증(論語集注考證)』,『맹자집주고증(孟子集注考證)』,『대학장구소의(大學章句疏義)』등이 있다.

62 진력(陳櫟, 1252~1334) : 자는 수옹(壽翁), 호는 정우(定宇). 주희(朱熹)의 학문을 위주로 하면서 육구연(陸九淵)의 심학(心學)을 아울러 취하려 했다. 남송(南宋)이 망하자 은거하였다. 주희 및 제가의 설을 채집하고 자신의 견해를 덧붙여『상서집전찬소(尙書集傳纂疏)』를 저술했다. 그 밖의 저서에『사서발명(四書發明)』과『예기집의(禮記集義)』등이 있다.

63 동정(董鼎, ?~?) : 자는 계형(季亨), 호는 심산(深山). 주희(朱熹)의 재전제자(再傳弟子)이고 황간(黃幹), 동수(董銖)를 사숙했다. 저서에『상서집록찬주(尙書輯錄纂注)』가 있다.

64 진사개(陳師凱, ?~?) : 자는 도용(道勇). 원(元)의 학자. 동정(董鼎)의『상서집록찬주(尙

書句注)』가 『서(書)』를 해설하였는데, 모두 채침의 전(傳)을 계승하였으며, 또한 간간이 출입이 있다. 그러나 다시 고의(古義)를 고찰하고 연구하지 않았다.

명대(明代) 『서전대전(書傳大全)』을 집록한 것은【호광(胡廣) 등이 선집하였다.】역시 채침의 전을 위주로 하여 반포하고 공령(功令)으로 삼았다. 오직 마명형(馬明衡),[65]【『상서의의(尙書疑義)』】왕초(王樵),[66]【『상서일기(尙書日記)』】원인(袁仁)[67]【『상서폄채편(尙書砭蔡編)』】이 채침의 전이 잘못되었음을 약간 규명하고, 왕부지(王夫之)의 『서경패소(書經稗疏)』를 가장 정밀하다고 여겼다.【왕부지가 지은 『상서인의(尙書引義)』역시 대부분 말이 정밀하다.】

또 주자(朱子), 오징(吳澄),【『서찬언(書纂言)』을 지었다.】매작(梅鷟)[68]【명나

書輯錄纂注)』에 기초하여 채침(蔡沈)의 『서집전(書集傳)』을 보충하였다. 저서로 『상서채전방통(尙書蔡傳旁通)』이 있다.

65 마명형(馬明衡, 1491~1557) : 자는 자췌(子萃). 일찍이 왕양명(王陽明)에게 수학하였다. 복건왕학(福建王學)의 전파자이다. 저서에 『상서의의(尙書疑義)』가 있다.

66 왕초(王樵, 1521~1599) : 자는 명일(明逸), 호는 방록(方麓). 저서에 『주역사록(周易私錄)』, 『서유별기(書帷別記)』, 『상서일기(尙書日記)』, 『춘추집전(春秋輯傳)』 및 『방록집(方麓集)』이 있다.

67 원인(袁仁, 1479~1546) : 자는 양귀(良貴), 호는 참파(參坡). 저서에 『상서폄채편(尙書砭蔡編)』, 『모시혹문(毛詩或問)』, 『춘추호전고오(春秋胡傳考誤)』 등이 있다.

68 매작(梅鷟, 1483~1553) : 자는 치재(致齋). 일찍이 송대(宋代) 오역(吳棫)과 주희(朱熹), 원대(元代) 오징(吳澄)의 『상서(尙書)』 고증에 근거하여 『고문상서(古文尙書)』가 위작임을 공박한 『상서고이(尙書考異)』, 『상서보(尙書譜)』를 찬술하였다. 염약거(閻若璩)의 『고문상서소증(古文尙書疏證)』과 혜동(惠棟)의 『고문상서고(古文尙書考)』가 모두 여기에 근원을 두고 있다. 이 외의 저서에는 『고역고원(古易考原)』, 『춘추지요(春秋指要)』, 『의례익경(儀禮翼經)』, 『태현도주(太玄圖注)』 등이 있다.

라 사람으로, 『상서고이(尚書考異)』를 지었다.}은 고문(古文)이 위작(僞作)임을 점차 의심하였으며, 장식(張栻)은 금문(今文)도 의심하였다. 송나라 사람인 왕백(王柏)[69]은 다시 『서의(書疑)』를 지어, 망령되이 「대고(大誥)」와 「낙고(洛誥)」가 믿을 수 없다고 의심하고서 본래의 경(經)을 옮기고 바꾸어 견강부회하였다. 명나라 사람인 진제(陳第)[70]{『상서소연(尚書疏衍)』를 지었다.}는 위고문(僞古文)을 깊게 신뢰하면서 자기 생각만을 옳다고 고집하였다. 모황(毛晃),[71]{『우공지남(禹貢指南)』} 정대창(程大昌){『우공론(禹貢論)』}이 「우공(禹貢)」을 해설하였고, 호원(胡瑗),{『홍범구의(洪範口義)』} 황도주(黃道周){『홍범명의(洪範明義)』}가 「홍범(洪範)」을 해설하였는데, 비록 고고(考古)에는 소홀하였으나 참고할 만한 자료이다. 이것이 송, 원, 명의 상서학(尚書學)이다.{오직 『고문상서』를 의심한 이 한 가지 일은 청(淸) 유

---

69 왕백(王柏, 1197~1274) : 자는 회지(會之), 백회(柏會), 호는 장소(長嘯), 노재(魯齋). 주희(朱熹)의 문인인 하기(何基)에게 수학하였으며, 당시 하기, 김이상(金履祥), 허겸(許謙)과 함께 금화사선생(金華四先生)으로 불렸다. 남송(南宋) 금화주자학(金華朱子學)을 전수한 학자이다. 그의 저서인 『서의(書疑)』는 『상서(尚書)』의 원문을 고친 것이고, 『시의(詩疑)』는 『시경(詩經)』 안의 소위 음시(淫詩) 32편을 산삭한 것으로, 금문(今文)과 고문(古文)을 모두 의심한 것이다. 이 외의 저서에 『독역기(讀易記)』, 『함고역설(涵古易說)』, 『대상연의(大象衍義)』, 『독서기(讀書記)』 등이 있다.

70 진제(陳第, 1541~1617) : 자는 계립(季立), 호는 일재(一齋). 저서로 『상서소연(尚書疏衍)』 4권이 있으며, 위고문상서(僞古文尚書)를 독실하게 믿었다. 이 외의 저서에 『모시고음고(毛詩古音考)』 4권이 있는데, 중국 고음학(古音學)의 기반이 되는 저작으로 꼽힌다.

71 모황(毛晃, ?~?) : 자는 명권(明權), 호는 철연(鐵硯). 자학(字學)에 정통했다. 저서로 『우공지남(禹貢指南)』, 『증주예부운략(增注禮部韻略)』 등이 있다.

학자인 염약거(閻若璩), 혜동(惠棟), 손성연(孫星衍),[72] 강성(江聲) 등 고증학의 선구
자들을 일깨워 주었다.】

---

72 손성연(孫星衍, 1753~1818) : 자는 연여(淵如), 백연(伯淵), 호는 계구(季逑). 완원(阮元)의
   초빙으로 고경정사(詁經精舍) 주강(主講)을 지냈다. 젊어서 홍량길(洪亮吉), 황경인
   (黃景仁) 등과 함께 사장(詞章)으로 이름이 났었고, 옛 서적을 감별하여 교정하는
   데 조예가 깊었다. 『대남각총서(岱南閣叢書)』 16종, 『평진관총서(平津館叢書)』 30권
   을 각인하였는데 세상에 선본(善本)이라 일컬어진다. 저서로 『상서금고문주소(尙
   書今古文注疏)』 30권이 있는데, 한(漢), 위(魏), 수(隋), 당(唐), 청대(淸代) 제가(諸家)의 주
   석 및 연구 성과를 채집하여 완성하였으며, 송(宋), 원(元), 명(明) 제유(諸儒)의 설은
   취하지 않았다. 『황청경해(皇淸經解)』에 수록되어 있다.

제25과

송, 원, 명 시학(詩學)

　　송(宋)나라 유학자가 『시경(詩經)』을 연구한 것은 구양수(歐陽脩)[73]의 『모시본의(毛詩本義)』에서 시작되었는데, 정현(鄭玄)과는 다른 의견을 세워서 같은 유파임을 주장하지 않았다. 소철(蘇轍)은 그 뜻을 확장하여 『시경설(詩經說)』을 짓고 학설을 세워 오로지 기발한 것에 힘썼다. 남송(南宋)의 유학자들 중에 왕질(王質)[74]과 정초(鄭樵)[75] 같은 경우는 오로지 「소서(小序)」만을 논박하였다.【정대창(程大昌)은 「대서(大序)」까지 함께 공박하였다.】 주자(朱子)는 『시집전(詩集傳)』을 지으면서 「서(序)」를 버리

73　구양수(歐陽脩, 1007~1072) : 자는 영숙(永叔), 호는 취옹(醉翁), 육일거사(六一居士). 그가 저술한 『모시본의(毛詩本義)』에서 「시서(詩序)」를 논박하고 『모전(毛傳)』과 『정전(鄭箋)』을 공박함으로써 처음으로 송대(宋代)의 경전을 의심하는 학풍을 열었다. 다른 저술로는 『역동자문(易童子問)』과 『춘추론(春秋論)』 등이 있다.

74　왕질(王質, 1135~1189) : 자는 경문(景文), 호는 설산(雪山). 저술로 『시총문(詩總聞)』이 있다.

75　정초(鄭樵, 1104~1162) : 자는 어중(漁仲), 호는 계서일민(溪西逸民), 협제선생(夾漈先生). 저서에 모공(毛公)과 정현(鄭玄)의 설을 공박한 『시전변망(詩傳辨妄)』과 『이아주(爾雅注)』, 『통지(通志)』, 『협제유고(夾漈遺稿)』 등이 있다.

고 채용하지 않고 오직『모시(毛詩)』와『정전(鄭箋)』만을 채집하였으나, 또한 삼가(三家)의『시(詩)』도 간간이 취하여『시(詩)』의 뜻이 이 때문에 섞이게 되었다. 육씨(陸氏)의 문인 중에 양간(楊簡),【『자호시전(慈湖詩傳)』】원섭(袁燮)【『혈재모시(絜齋毛詩)』,『경연의의(經筵議義)』】은 모두『시경(詩經)』을 연구하면서 혹 전(傳)과 주(註)를 배척하였지만 다만 의리(義理)에는 뛰어났다. 범처의(范處義),[76]【『시보전(詩補傳)』】여조겸(呂祖謙),【『여씨가숙독시기(呂氏家塾讀詩記)』】엄찬(嚴粲)[77]【『시집(詩緝)』】과 같은 경우는「소서(小序)」를 근본으로 삼아『시(詩)』를 해설하여 고증에 뛰어났다. 주자가 별세한 뒤 보광(輔廣)[78]【『시동자문(詩童子問)』】과 주감(朱鑑)【『시전유설(詩傳遺說)』】은 모두『집전(集傳)』을 근본으로 삼았다.

원대(元代)의 유학자 중에 허겸(許謙),[79]【『시집전명물초(詩集傳名物抄)』】

---

76 범처의(范處義, ?~?) : 자는 자전(子田), 호는 일재(逸齋). 범준(范浚)의 족인(族人)이고, 범단신(范端臣)의 문인이다. 저술로『시보전(詩補傳)』과『해이신어(解頤新語)』등이 있다.

77 엄찬(嚴粲, ?~?) : 자는 명경(名卿), 탄숙(坦叔). 여조겸(呂祖謙)의『독시기(讀詩記)』를 위주로 여러 학설을 두루 수집하여『시집(詩緝)』을 저술하였는데, 주희의『시집전(詩集傳)』에서 그의 학설을 취하였다.

78 보광(輔廣, ?~?) : 자는 한경(漢卿), 호는 잠암(潛庵). 여조겸(呂祖謙)과 주희(朱熹)를 스승으로 섬겼다. 저술로『시동자문(詩童子問)』,『사서찬소(四書纂疏)』,『육경집해(六經集解)』,『통감해의(通鑑解義)』,『일신록(日新錄)』등이 있다.

79 허겸(許謙, 1269~1337) : 자는 익지(益之), 호는 백운산인(白雲山人). 김이상(金履祥) 문하에서 수업하여 하기(何基)의 삼전제자(三傳弟子)가 되었고, 정주학(程朱學)을 전파하는 데 크게 공헌했다. 하기에서 왕백(王柏), 김이상으로 이어지는 주자(朱子) 학맥을 계승하여 '금화사선생(金華四先生)'으로 일컬어졌고, 북방의 허형(許衡)과 함께 '남북이허(南北二許)'로 불렸다. 천문(天文)과 지리(地理), 전장제도(典章制度), 자학(字學), 음운(音韻) 등에도 두루 정통했다. 저서에『독사서총설(讀四書叢說)』과『시집전

유근(劉瑾),[80]【『시전통석(詩傳通釋)』】양익(梁益),[81]【『시전방통(詩傳旁通)』】주공천(朱公遷),[82]【『시경소의(詩經疏義)』】양인(梁寅)[83]【『시연의(詩演義)』】같은 자들은 『집전(集傳)』을 발전시키되 법도를 준수하였다. 왕백(王柏)은 다시 『시의(詩疑)』를 짓고 아울러 『이남상배도(二南相配圖)』를 만들었는데 「소남(召南)」과 정(鄭), 위(衛)의 시에 대해 음탕하다고 생각하여 30여 편을 산삭(刪削)하고 아울러 편차(編次)까지 바꾸어 고본과 다르게 하였다.

명나라에서 『대전(大全)』을 편찬할 때부터【호광(胡廣) 등이 선집(選集)하였다.】유근(劉瑾)의 책을 위주로 하여 반포해 공령(功令)으로 삼았다. 계본(季本),【『시설해이(詩說解頤)』】주조영(朱朝瑛),【『독시약기(讀詩略記)』】이선방(李先芳),【『독시사기(讀詩私記)』】의 책은 한(漢)과 송(宋)의 설을 이것저것 수집하였다. 오직 하해(何楷)[84]의 『시경세본고의(詩經世本古義)』와 왕부지(王

명물초(詩集傳名物鈔)』,『춘추온고관규(春秋溫故管窺)』,『춘추삼전소의(春秋三傳疏義)』등이 있다.

80 유근(劉瑾, ?~?) : 자는 공근(公瑾). 그가 저술한 『시전통석(詩傳通釋)』20권은 주희(朱熹)의 『시집전(詩集傳)』을 풀이하는 데 뜻을 두었다. 이 외의 저술로 『악려성서(樂呂成書)』가 있다.

81 양익(梁益, ?~?) : 자는 우직(友直), 호는 용재(庸齋). 경사(經史)에 해박하였고 문사(文辭)에 뛰어났다. 저술로 『시전방통(詩傳旁通)』,『시서여(詩緒餘)』,『사전성씨찬(史傳姓氏纂)』,『삼산고(三山稿)』등이 있다.

82 주공천(朱公遷, ?~?) : 자는 극승(克升). 저술로 『시경소의(詩經疏義)』,『사서통지(四書通旨)』,『사서약설(四書約說)』등이 있다.

83 양인(梁寅, 1309~1389) : 자는 맹경(孟敬), 호는 석문(石門). 저술로 『주역통의(周易通義)』,『시서연의(詩書演義)』등이 있다.

84 하해(何楷, ?~?) : 자는 원자(元子), 현자(玄子). 저서로 『시경세본고의(詩經世本古義)』28권과 『고주역정고(古周易訂詁)』가 있다.

夫之)의 『시경패소(詩經稗疏)』【또 『시광전(詩廣傳)』이 있는데 역시 새로운 뜻이 많다.】는 명물(名物)과 훈고(訓詁)에 상세하다. 주모위(朱謀㙔)[85]의 『시고(詩故)』가 가장 정밀한데, 비록 간간이 잘못 천착하였지만 한(漢)의 훈고학(訓詁學)을 절충하여 이리저리 평가하다가 근본이 사라진 것과는 다르다. 채변(蔡卞)[86]의 『모시명물해(毛詩名物解)』, 왕응린(王應麟)의 『시지리고(詩地理考)』와 같은 것은 옛 전적을 널리 수집하여 송대(宋代)의 실증적인 책이 되었다. 왕응린(王應麟)은 또 『시고(詩考)』를 저술하여 삼가(三家)의 『시(詩)』에서 빠진 학설을 수집하여 한 편을 이루었으니【아직 원문의 출처에 대해 주석하지 못하고, 또 빠뜨린 설이 매우 많다. 근래에 유학자 정안(丁晏)[87]이 『시고보전(詩考補傳)』을 지었는데, 『시고(詩考)』와 함께 볼 만하다.】 옛 것을 보존하는 공이 어찌 없을 수 있겠는가! 이것이 송, 원, 명의 시경학(詩經學)이다.【이상은 『사고전서제요(四庫全書提要)』와 『경의고(經義攷)』, 진계원(陳啓源)[88]의

---

85 주모위(朱謀㙔, 1564~1624) : 자는 욱의(郁儀). 여러 서적을 널리 열람하고 저술에 전념하였다. 저서로 『주역상통(周易象通)』, 『시고(詩故)』, 『춘추대기(春秋戴記)』, 『노론전(魯論箋)』, 『병아(騈雅)』 등 100여 종이 있다.

86 채변(蔡卞, 1048~1117) : 자는 원도(元度). 왕안석(王安石)의 사위. 저술로 『모시명물해(毛詩名物解)』 20권이 있는데 『자설(字說)』에서 내용을 많이 수집하였다.

87 정안(丁晏, 1794~1875) : 자는 검경(儉卿), 호는 자당(柘堂). 한학(漢學)을 경학의 종주로 삼아 평생 정현(鄭玄)의 학문을 좋아했고, 한학과 송학(宋學)의 융합을 주장했다. 학문은 청나라 환파(皖派) 경학에 일정한 영향을 받았다. 일생 동안 교정하고 저술한 책이 대단히 많았다. 저술로 『주역술전(周易述傳)』, 『주역해고(周易解故)』, 『역경상류(易經象類)』, 『주역송괘천설(周易訟卦淺說)』 등 47종이 있는데, 후에 모두 『이지재총서(頤志齋叢書)』 속에 편입되었다.

88 진계원(陳啓源, ?~?) : 자는 장발(長發). 명(明)의 유생. 저술한 『모시계고편(毛詩稽古篇)』 30편은 당나라 이전의 고의(古義)로 해석한 『모시(毛詩)』를 취하고, 공영달(孔穎達)

『모시계고편(毛詩稽古編)』 등의 책에서 인용하였다.】

이후의 여러 학설들은 받아들이지 않았다. 이 책은 『모시』를 전문적으로 연구한 중요한 저작이며 청대(淸代)에 한(漢)나라 유학자들의 경전 주석을 숭상하는 학풍을 열었다. 다른 저술로 『상서변략(尚書辨略)』, 『독서우필(讀書偶筆)』, 『존경당고(存耕堂稿)』 등이 있다.

제26과

송, 원, 명 춘추학(春秋學)

송(宋)나라 유학자가 『춘추(春秋)』를 해설한 것은 손복(孫復)[89]에게서 시작되었다. 손복은 『존왕발미(尊王發微)』를 지었는데, 전(傳)과 주(注)를 버리고 오로지 서법(書法)만을 논하여 매우 엄정하였다. 왕석(王晳)[90]의 『황강론(皇綱論)』과 소초(蕭楚)[91]의 『변의(辨疑)』 또한 존왕(尊

---

89 손복(孫復, 992~1057) : 자는 명복(明復), 호는 부춘(富春). 호원(胡瑗), 석개(石介)와 더불어 후세 사람들이 '송초 삼선생(宋初三先生)'이라고 불렀다. 육순(陸淳)의 학문을 계승하고, 동중서(董仲舒)를 추숭했으며, 후대의 학자 호안국(胡安國)에게 큰 영향을 미쳤다. 호원(胡瑗), 석개 등과 함께 인의예악을 학문의 근본으로 삼아 송나라 초기 이학(理學)의 학풍을 열었다. 유가의 도통(道統)을 선양했고, 양주(楊朱), 묵적(墨翟)의 설과 불교, 도교를 배척했다. 저술로 『춘추존왕발미(春秋尊王發微)』 12권이 있다.

90 왕석(王晳, ?~?) : 북송(北宋)의 경학가(經學家). 저서로 『주역연주(周易衍注)』, 『주역강지(周易綱旨)』가 있었는데 지금은 일실되었다. 세상에 전해지는 것으로는 『춘추황강론(春秋皇綱論)』 5권이 있다.

91 소초(蕭楚, 1064~1130) : 자는 자형(子荊), 호는 정절(靖節), 삼고은객(三顧隱客), 삼초은사(三楚隱士). 『춘추(春秋)』에 정통했다. 제자가 100여 명이었는데, 조양(趙暘), 호전(胡銓), 풍해(馮獬) 등이 있다. 저서에 『춘추경변(春秋經辨)』과 『춘추변의(春秋辨疑)』가 있다.

王)의 뜻을 밝혔다. 유창(劉敞)[92]의 『춘추권형(春秋權衡)』【다시 『춘추전(春秋傳)』, 『춘추의림(春秋意林)』과 『설례(說例)』를 지었다.】은 다시 삼전(三傳)의 잘잘못을 평론하였는데 자신의 생각으로 판단하였으며, 섭몽득(葉夢得),[93] 『춘추전(春秋傳)』, 『춘추고(春秋考)』 및 『춘추얼(春秋讞)』을 지었다.】 고항(高閌)[94] 『춘추집설(春秋集說)』】의 책은 삼전(三傳)을 모두 배척하였다. 진부량(陳傅良)[95]의 『춘추후전(春秋後傳)』은 삼전(三傳)을 뒤섞어 가법(家法)을 깨끗이 버렸다. 호안국(胡安國)[96]이 『춘추전(春秋傳)』을 지으면서부터

---

92 유창(劉敞, 1019~1068) : 자는 원보(原父), 호는 공시(公是). 박학하고 『춘추(春秋)』에 정통했는데, 전주(傳注)에 얽매이지 않았다. 한유(漢儒)의 설을 비판적으로 검토했다. 저서에 『칠경소전(七經小傳)』과 『춘추권형(春秋權衡)』, 『춘추전(春秋傳)』, 『춘추의림(春秋意林)』, 『춘추전설례(春秋傳說例)』, 『공시집(公是集)』 등이 있다. 동생 유반(劉攽), 아들 유봉세(劉奉世)와 함께 『한서표주(漢書標注)』를 저술했다.

93 섭몽득(葉夢得, 1077~1148) : 자는 소온(少蘊), 호는 초옹(肖翁), 석림거사(石林居士). 『춘추(春秋)』에 정밀하여 『춘추전(春秋傳)』, 『춘추고(春秋考)』, 『춘추얼(春秋讞)』, 『춘추지요총례(春秋指要總例)』, 『석림춘추(石林春秋)』 등을 저술했다. 그 밖의 저서에 『건강집(建康集)』, 『석림사(石林詞)』, 『피서록화(避暑錄話)』, 『석림연어(石林燕語)』, 『석림시화(石林詩話)』 등이 있다.

94 고항(高閌, 1097~1153) : 자는 억숭(抑崇), 호는 식재(息齋). 어려서 정이(程頤)의 학문을 종주로 했으며, 뒤에 양시(楊時)에게 배웠다. 『춘추(春秋)』를 정밀히 연구하여 『춘추집주(春秋集注)』를 저술했다.

95 진부량(陳傅良, 1137~1203) : 자는 군거(君舉), 호는 지재(止齋). 장식(張栻), 여조겸(呂祖謙)과 교유했다. 영가학파(永嘉學派)의 창시자 설계선(薛季宣)과 정백웅(鄭伯熊)에게 수학했다. 저서에 『주례설(周禮說)』과 『춘추후전(春秋後傳)』, 『좌씨장지(左氏章指)』, 『모시해고(毛詩解詁)』, 『지재론조(止齋論祖)』, 『지재문집(止齋文集)』, 『건륭편(建隆編)』 등이 있다.

96 호안국(胡安國, 1074~1138) : 자는 강후(康候), 무이선생(武夷先生)이라고 일컬어졌다.

는 금문(今文)을 차용하여 시사를 풍자하였는데, 또한 경(經)의 뜻에 부합하지 않았다.【대계(戴溪)[97]의 『춘추강의(春秋講義)』 또한 그러하다.】 그러나 장흡(張洽),[98]『춘추집설(春秋集說)』황중염(黃仲炎),『춘추통설(春秋通說)』조붕비(趙鵬飛),『춘추경전(春秋經筌)』홍자기(洪咨夔),[99]『춘추설(春秋說)』가현옹(家鉉翁)[100]『춘추상설(春秋詳說)』의 책은 모두 일을 버리고 이치를 말하고, 전(傳)을 버리고 경(經)만을 말하였는데, 원(元)나라의 정단학(程端學)[101]이 가장 심하였다.【『춘추본의(春秋本義)』,『춘추혹문(春秋或問)』,『삼

왕안석(王安石)이 『춘추(春秋)』를 폐하여 학관(學官)에 끼지 못해 『춘추』의 학문이 쇠퇴한 것을 탄식하고, 20년을 연구하여 『춘추호씨전(春秋胡氏傳)』 30권을 저술했다. 이는 명나라 초기에 과거용 도서로 지정되었다. 그 밖의 저서에 『자치통감거요보유(資治通鑑擧要補遺)』,『춘추통지(春秋通旨)』가 있다.

97 대계(戴溪, ?~1315) : 자는 초망(肖望), 소망(少望), 호는 민은(岷隱). 저서로 『춘추강의(春秋講義)』,『속여씨가숙독시기(續呂氏家塾讀詩記)』,『석고논어문답(石鼓論語問答)』 등이 있다.

98 장흡(張洽, 1161~1273) : 자는 원덕(元德), 주일선생(主一先生)이라고 일컬어졌다. 주희(朱熹)에게 배웠다. 육경(六經)의 전주(傳注) 등에 대해 깊이 연구했다. 저서에 『춘추집전(春秋集傳)』과 『춘추집주(春秋集注)』,『속통감장편사략(續通鑑長編事略)』,『좌씨몽구(左氏蒙求)』,『역대지리연혁표(歷代地理沿革表)』 등이 있다.

99 홍자기(洪咨夔, 1176~1236) : 자는 순유(舜俞), 호는 평재(平齋). 주희(朱熹)를 사숙한 누약(樓鑰)과 학문을 강론한 최여지(崔與之) 문하에서 공부했다. 특히 『춘추』에 조예가 깊었는데, 『춘추좌씨전』을 위주로 하면서 『춘추공양전』과 『춘추곡량전』을 참고했다. 저서에 『춘추설(春秋說)』과 『양한조령람초(兩漢詔令攬鈔)』,『평재집(平齋集)』 등이 있다.

100 가현옹(家鉉翁, 1213~?) : 호는 즉당(則堂). 송(宋)나라 사람으로, 원(元)나라 때에는 벼슬하지 않았다. 『송사(宋史)』에 전이 있다. 저서로 『춘추상설(春秋詳說)』이 있다.

101 정단학(程端學, 1280~1336) : 자는 시숙(時叔), 호는 적재(積齋). 『원사(元史)』「유림전(儒

전변의(三傳辨疑)』를 지었다.] 송(宋)나라 진심(陳深)【『독춘추편(讀春秋編)』]이 『춘추호씨전(春秋胡氏傳)』을 숭상한 이후로 원(元)나라 유학자 유고(俞皐)【『춘추집전석의대성(春秋集傳釋義大成)』]와 왕극관(汪克寬)[102]【『호전찬소(胡傳纂疏)』]은 모두『춘추호씨전(春秋胡氏傳)』을 위주로 하였다.

명대(明代)의 『대전(大全)』【호광(胡廣)등이 선집하였다.]은 『춘추호씨전(春秋胡氏傳)』에 근본을 두어『춘추호씨전』이 마침내 반포되어 공령(功令)이 되었다.【명나라 사람 중에 육찬(陸粲),[103]원인(袁仁), 양우정(楊于庭)과 같은 이들은『춘추호씨전』을 따르지 않았다.] 또 송대(宋代) 이래로『좌전(左傳)』을 위주로 하는 이들은 소철(蘇轍),【『춘추집전(春秋集傳)』] 여조겸(呂祖謙),【『좌전전설(左傳傳說)』 및『속설(續說)』] 정공열(程公說),【『춘추분기(春秋分紀)』] 여대규(呂大圭),【『춘추혹문(春秋或問)』] 조방(趙汸),【『춘추집전(春秋集傳)』,『춘추

林傳)』에 전이 있다. 저서로는『춘추본의(春秋本義)』,『춘추혹문(春秋或問)』,『삼전변의(三傳辨疑)』등이 있다.

102 왕극관(汪克寬, 1304~1372) : 자는 덕보(德輔), 중유(仲裕), 호는 환곡(環谷). 고대 전장도수(典章度數)에 진력하여 한당(漢唐) 이후의 전주(傳注)와 제유(諸儒)의 설을 상세히 고증하고 해석했는데, 특히 역대로『주례(周禮)』가 주공(周公)의 작품이 아니라는 설을 반박하여 주공의 작품임을 분명히 밝혀 놓았다. 학문은 주희(朱熹)에 근원하고 황간(黃幹), 요로(饒魯)의 학파에 속했으며, 원나라 정주이학(程朱理學)의 중요한 전수자다. 저서에 호안국(胡安國)의『춘추호씨전(春秋胡氏傳)』에 근거하여 그 설의 원인출처(援引出處)를 고증한『춘추호전부록찬소(春秋胡傳附錄纂疏)』와『예경보일(禮經補逸)』,『정주주역전의음고(程朱周易傳義音考)』,『시전음의회통(詩傳音義會通)』,『환곡집(環谷集)』등이 있다.

103 육찬(陸粲, 1494~1551) : 자는 자여(子餘), 준명(浚明), 호는 정산(貞山). 그가 저술한『춘추호씨전변의(春秋胡氏傳辨疑)』는 호안국(胡安國)『춘추전(春秋傳)』의 번쇄하고 왜곡된 점을 교정하는 데 힘썼는데, 이는 명대(明代)에 최초로『춘추호씨전(春秋胡氏傳)』을 비판한 경학 저작이다.

사설(春秋師說)』,『춘추속사(春秋屬詞)』,『춘추좌씨전보주(春秋左氏傳補注)』동품(童品),『경전변의(經傳辨疑)』부손(傳遜)『좌전속사(左傳屬事)』이 있었는데, 소철(蘇轍)과 조방(趙汸)의 책은 또한 간혹『공양전(公羊傳)』과『곡량전(穀梁傳)』에서 근거를 취하였으나, 오직 위료옹(魏了翁),『좌전요의(左傳要義)』풍시가(馮時可)[104]『좌씨석(左氏釋)』만이『좌전(左傳)』을 해석함에 훈고(訓詁)를 으뜸으로 삼았다. 『공양전(公羊傳)』과『곡량전(穀梁傳)』을 위주로 하는 이들로는 최자방(崔子方)[105]『춘추본례(春秋本例)』,『춘추예요(春秋例要)』과 정옥(鄭玉)[106]『경전결의(經傳缺疑)』이 있는데, 또한 간혹『좌전(左傳)』에서 근거를 취하였다. 옛 학설을 수집한 자들로는 송(宋)나라의 이명복(李明復),『춘추집의(春秋集義)』원(元)나라의 왕원걸(王元杰),『춘추얼의(春秋讞義)』이렴(李濂),『제전회통(諸傳會通)』명(明)나라의 왕초(王樵),『집전(輯傳)』주조영(朱朝瑛)[107]『독춘추략기(讀春秋略記)』이 있는데, 삼

---

104 풍시가(馮時可, ?~?) : 자는 민경(敏卿), 호는 원성(元成).『춘추(春秋)』에 뛰어났다. 저서에『좌씨석(左氏釋)』과『좌씨토(左氏討)』,『좌씨론(左氏論)』,『역설(易說)』,『상지잡식(上池雜識)』,『우항잡록(雨航雜錄)』및 시문집 등이 있다.

105 최자방(崔子方, ?~?) : 자는 언직(彦直), 백직(伯直), 호는 서주거사(西疇居士).『춘추(春秋)』에 정통했다. 철종(哲宗) 소성(紹聖) 연간에 세 번이나 춘추박사를 둘 것을 상소했지만 이루어지지 않았다. 이에 진주(眞州) 육합현(六合縣)에 은거하면서 30여 년 동안 저술에 전념했다. 소식(蘇軾), 황정견(黃庭堅)과 교유했다. 저서에『춘추경해(春秋經解)』와『춘추본례(春秋本例)』,『춘추예요(春秋例要)』가 있다.

106 정옥(鄭玉, 1298~1398) : 자는 자미(子美), 호는 사산(師山). 오경(五經)을 깊이 연구했고, 특히『춘추(春秋)』에 정통하였다. 학문은 주희(朱熹)와 육구연(陸九淵)의 학문을 종합하여 원나라 이학(理學)과 심학(心學)이 합류하는 추세를 반영했다. 저서에『춘추경전궐의(春秋經傳闕疑)』와『주역찬주(周易纂注)』,『사산집(師山集)』등이 있다.

107 주조영(朱朝瑛, 1605~1670) : 자는 미지(美之), 호는 강류(康流), 뇌암(罍庵). 황도주(黃道

전(三傳)을 채집하되 송(宋)나라 유학자의 설도 겸하여 말을 잘 절충하였을 뿐이다. 이것이 송, 원, 명의 춘추학(春秋學)이다.【이상은 『사고전서제요(四庫全書提要)』,『경의고(經義考)』,『춘추대사표(春秋大事表)』에서 채록하였다.】

周)에게 배웠다. 저서에 『독춘추략기(讀春秋略記)』,『독역략기(讀易略記)』,『독상서략기(讀尚書略記)』,『독시략기(讀詩略記)』,『독주례략기(讀周禮略記)』,『독의례략기(讀儀禮略記)』,『독예기략기(讀禮記略記)』,『뇌암잡술(壘庵雜述)』,『금릉유초(金陵游草)』등이 있다.

제27과

송, 원, 명 예학(禮學)

송(宋)나라 유학자가 삼례(三禮)를 연구한 것은 장순(張淳)[108]에게서 시작된다. 장순(張淳)은 『의례식오(儀禮識誤)』를 저술하여 주소(注疏)를 살피고 바로잡았다. 이여규(李如圭)[109]의 『의례집석(儀禮集釋)』,【또 『의례석관(儀禮釋官)』이 있다.】 양복(楊復)[110]의 『의례도(儀禮圖)』, 위료옹(魏了翁)의 『의례요의(儀禮要義)』는 모두 옛 학설을 편집하는 것을 위주로 하였

---

108 장순(張淳, 1121~1181) : 자는 충보(忠甫). 설사룡(薛士龍), 정경망(鄭景望) 등과 이름을 나란히 했다. 효종(孝宗) 건도(乾道)와 순희(淳熙) 연간의 대유(大儒)였다. 당(唐)나라 이전 『의례(儀禮)』의 와문(訛文), 탈구(脫句)와 역대 주소(注疏)의 오류를 바로잡아 『의례식오(儀禮識誤)』를 지었다.

109 이여규(李如圭, ?~?) : 자는 보지(寶之). 일찍이 주희(朱熹)와 함께 『예경(禮經)』을 교정하였다. 저서로는 『의례집석(儀禮集釋)』, 『의례석관(儀禮釋官)』, 『의례강목(儀禮綱目)』 등이 있다.

110 양복(楊復, ?~?) : 자는 지인(志仁), 무재(茂才), 호는 신재(信齋). 일찍이 주희(朱熹)에게서 수업 받았으며, 황간(黃幹)과 서로 벗하였다. 예학(禮學)에 정밀하였다. 『의례경전통해속(儀禮經傳通解續)』을 편찬하여 조정에 바쳤다. 저서에 『의례도(儀禮圖)』와 『의례방통도(儀禮旁通圖)』, 『의례도해(儀禮圖解)』, 『제례(祭禮)』, 『가례잡설부주(家禮雜說附注)』 등이 있다.

다. 주자(朱子)가 『의례경전통해(儀禮經傳通解)』를 지을 적에 『의례(儀禮)』를 경(經)으로 삼고 『주례(周禮)』의 여러 책을 전(傳)으로 삼았으며, 문인 황간(黃幹)[111]이 이어서 완성하였는데 오직 편목(篇目)만은 『의례(儀禮)』를 따르지 않았다. 원(元)나라 유학자 오징(吳澄)이 『의례일경전(儀禮逸經傳)』을 짓고 왕극관(汪克寬)이 또 『경례보일(經禮補佚)』을 저술함에 이르러서 다른 서적의 말을 이것저것 수집하여 『의례일문(儀禮逸文)』이라고 하였는데, 간혹 세목을 멋대로 나누어 체례가 전일하지 않았다. 오계공(敖繼公)[112]이 『집설(集說)』을 지으면서 드디어 「상복전(喪服傳)」이 위서(僞書)라고 의심하여 주석의 글은 정씨(鄭氏)를 따르지 않았다.

『예기(禮記)』를 연구한 것은 위식(衛湜)[113]의 『집설(集說)』에서 시작되었는데, 인용에는 해박하였지만 오직 취사선택은 정밀하지 못했다.

---

111 황간(黃幹, 1151~1221) : 자는 직경(直卿), 호는 면재(勉齋). 젊어서 주희(朱熹)에게 배웠고 그의 사위가 되었다. 주희가 위독했을 때 자신의 저서를 모두 그에게 남겨 학문을 계승하도록 했다. 처음에는 스승의 학설을 고수했지만, 나중에는 육학(陸學)과 조화시키려 했다. 저서에 『서설(書說)』과 『면재집(勉齋集)』, 『육경강의(六經講義)』, 『예기집주(禮記集注)』, 『논어통석(論語通釋)』, 『논어의원(論語意原)』, 『중용총론(中庸總論)』, 『중용총설(中庸總說)』, 『경해(經解)』, 『성현도통전수총서설(聖賢道統傳授總叙說)』등이 있다.

112 오계공(敖繼公, ?~?) : 자는 군선(君善). 그가 저술한 『의례집설(儀禮集說)』은 처음으로 의리(義理)로 『예(禮)』를 설명하는 학풍을 열었다.

113 위식(衛湜, ?~?) : 자는 정숙(正叔), 역재선생(櫟齋先生)이라고 일컬어졌다. 저서로 『예기집설(禮記集說)』160권이 있는데, 정현(鄭玄) 이하 도합 140여 가(家)의 학설을 널리 인용하여 취사선택을 정밀하게 하였다. 『사고전서총목제요(四庫全書總目提要)』에서 '예가(禮家)의 연해(淵海)'라고 평했다. 이 책은 송나라 이전에 『예기(禮記)』를 주석한 각 학파의 학설을 연구한 중요한 경학 저작이다.

원(元)나라 오징(吳澄)이 『찬언(纂言)』을 지을 때 편차(篇次)를 다시 정하였고, 진호(陳澔)[114]가 『집설(集說)』을 지었는데, 입론이 또한 천근하고 명백한 것을 따랐다. 명(明)나라의 『대전(大全)』【호광(胡廣) 등이 선집하였다.】은 이러한 책을 근본으로 하였기 때문에 옛 해석들이 마침내 사라졌다.【명(明)은 『의례(儀禮)』를 기본 경전으로 삼았다.】 송(宋)나라 장복(張慮)의 『월령해(月令解)』, 명(明)나라 황도주(黃道周)의 『표기(表記)』, 『방기(坊記)』, 『치의(緇衣)』, 『유행집전(儒行集傳)』과 같은 책들은 모두 옛것을 끌어와 지금을 증명하는 방식의 저작인데, 왕부지(王夫之)의 『예기장구(禮記章句)』가 가장 정밀하다.

『주례(周禮)』를 연구하는 것은 왕안석(王安石)[115]의 『신의(新義)』에서 시작되었다.【왕소우(王昭禹)의 『주례상해(周禮詳解)』도 이를 근본으로 한다.】 정백겸(鄭伯謙),【『태평경국지서(太平經國之書)』】 왕여지(王與之)[116]【『주례정의(周禮

---

114 진호(陳澔, 1260~1341) : 자는 가대(可大), 호는 운주(雲住), 북산수(北山叟). 원(元)나라 사람이다. 주희(朱熹)의 삼전제자인 진대유(陳大猷)의 아들이다. 은거하여 벼슬하지 않고 향리(鄕里)에서 수업하자 학자들이 '경사선생(經師先生)'이라고 불렀다. 저서로 『예기집설(禮記集說)』이 있다. 명대 관찬서인 『오경대전(五經大全)』은 이 책에 주석을 단 것이다.

115 왕안석(王安石, 1021~1086) : 자는 개보(介甫), 호는 반산(半山). 신법당(新法黨)의 영수. 일찍이 『삼경신의(三經新義)』와 『자설(字說)』 편찬을 주관하였는데, 이를 전국에 반포하자 이로 인하여 한당(漢唐)의 경학이 끝나고 송학(宋學)이 전개되었다. 그의 경학 저작에는 후세 사람들이 편집한 『주관신의(周官新義)』, 『시의구침(詩義鉤沈)』 등이 있다.

116 왕여지(王與之, ?~?) : 자는 차점(次點). 송계(松溪) 진씨(陳氏)에게 수학하여 주례진씨학(周禮陳氏學)을 전수받았다. 저서에 『주례정의(周禮訂義)』 80권이 있는데, 첫머리에 송대에 『주례(周禮)』를 해설한 45가(家)를 나열하였고, 진덕수(眞德秀)가 서문

訂義)』]의 책은 의론에는 뛰어나지만 전장제도를 상고하지는 않았다. 유정춘(俞廷椿)이 『복고편(復古編)』을 저술하여 오관(五官)을 가지고 「동관(冬官)」의 빠진 것을 보충함에 이르러, 진우인(陳友仁)【『주례집설(周禮集說)』]이 그의 학설을 추종하였다. 역불(易祓)의 『주관보의(周官補義)』는 억지 주장으로 경을 해석하였는데, 오직 주신(朱申)의 『주례구해(周禮句解)』만은 그나마 충실하다. 명(明)에서 『주례(周禮)』를 해설한 사람 중에 가상천(柯尙遷),【『전경석원(全經釋原)』】 왕응전(王應電)[117]『주례전(周禮傳)』]은 모두 고경(古經)을 수정하고 어지럽혀 멋대로 새로운 해석을 내었다.

삼례(三禮)의 총체적인 뜻을 설명한 것으로는 송(宋)나라 진상도(陳祥道)[118]의 『예서(禮書)』가 가장 유명하다. 그러나 옛 해석을 배격하고 천루한 것에 천착하여 자못 볼 것이 못 된다. 이것이 송, 원, 명의 삼례학(三禮學)이다.【이상은 『사고전서제요(四庫全書提要)』, 『경의고(經義考)』, 주빈

을 썼다. 그 밖의 저서에 『논어보의(論語補義)』와 『제정의범(祭鼎儀範)』, 『정서(鼎書)』 등이 있다.

117 왕응전(王應電, ?~?) : 자는 소명(昭明). 위교(魏校)에게 수학하였다. 『주례(周禮)』에 뛰어나 『주례전고(周禮傳詁)』를 지었고, 자학(字學)에도 뛰어났다. 『주례』가 송나라 이후로 학자들이 자신의 의견만 내놓아 원래의 모습을 크게 잃어버렸다고 주장하여, 수십 년 동안 연구하여 낸 책이 『주례전고』다. 그 밖의 저서에 『동문비고(同文備考)』와 『서법지요(書法指要)』, 『육의음절(六義音切)』 등이 있다.

118 진상도(陳祥道, 1053~1093) : 자는 용지(用之). 한(漢)나라 유학자들의 경설(經說)에 반대하고 왕안석(王安石)의 신학(新學) 학풍을 계승하였다. 저술한 『예서(禮書)』 150권은 대부분 정현(鄭玄)의 학설과 다른 의견을 세웠다. 다른 저서로는 『논어전해(論語全解)』가 있다.

(朱彬)[119]의『예기훈찬(禮記訓纂)』, 강영(江永)[120]의「예서강목서(禮書綱目序)」에서 인용하였다.】

---

119 주빈(朱彬, 1753~1834) : 자는 무조(武曹), 울보(鬱甫). 왕무횡(王懋竑)의 경학(經學)을 계승하고, 유대공(劉臺拱) 및 왕염손(王念孫)과 함께 공부했다. 훈고(訓詁)와 성음(聲音), 문자(文字)를 깊이 연구했다. 주희(朱熹)의 이학(理學)을 추존하고, 육왕학(陸王學)을 배척했다. 한(漢), 당(唐), 송(宋) 학자들의 장점을 두루 취하고 확실한 근거를 제시했다. 저서에『경전고증(經傳考證)』,『예기훈찬(禮記訓纂)』,『유도당시문집(游道堂詩文集)』등이 있다.

120 강영(江永, 1681~1762) : 자는 신수(愼修). 어려서부터 십삼경주소(十三經注疏)를 익혔으며, 특히 삼례(三禮)에 정통했다. 청(淸)나라 건륭(乾隆), 가경(嘉慶) 연간의 학자들 중 대진(戴震), 왕명성(王鳴盛) 등은 모두 그에게 배웠으니, 환파(皖派)의 한학(漢學) 연구에 직접적 기원이 된 사람이다. 저술한『예서강목(禮書綱目)』은 주희(朱熹)가 만년에 완성하지 못한『의례경전통해(儀禮經傳通解)』를 계승한 저작이다. 다른 저서로는『주례의의거요(周禮疑義擧要)』,『예기훈의택언(禮記訓義擇言)』,『심의고오(深衣考誤)』,『의례석궁보증주(儀禮釋宮譜增注)』,『의례석례(儀禮釋例)』,『율려천미(律呂闡微)』,『춘추지리고실(春秋地理考實)』,『향당도고(鄕黨圖考)』,『근사록집주(近思錄集注)』등이 있다.

제28과

송, 원, 명 논어학(論語學)
― 『맹자』, 『대학』, 『중용』을 덧붙여 논함 ―

송나라 유학자가 『논어(論語)』를 해설한 것은 오직 형병(邢昺)[121] 등이 지은 『정의(正義)』만이 고주(古注)를 수집했고, 나머지는 모두 의리(義理)로 경을 해설하였다. 정이(程頤)가 『논어』를 표창하면서부터 정자(程子) 문하의 제자 중 범조우(范祖禹),[122] 사현도(謝顯道),[123] 양시(楊

---

121 형병(邢昺, 932~1010) : 자는 숙명(叔明). 황명을 받들어 손석(孫奭) 등과 삼례(三禮), 삼전(三傳), 『효경(孝經)』, 『논어(論語)』, 『이아(爾雅)』 등의 의소(義疏)를 교정했다. 저서에 『논어정의(論語正義)』와 『이아정의(爾雅正義)』, 『이아의소(爾雅義疏)』, 『효경정의(孝經正義)』 등이 있는데, 모두 십삼경주소(十三經注疏)에 수록되어 있다.

122 범조우(范祖禹, 1041~1098) : 자는 순보(淳父), 몽득(夢得). 사마광(司馬光) 밑에서 『자치통감(資治通鑑)』을 편수하였다. 젊어서 정호(程顥)와 정이(程頤)를 사사했으며, 사마광의 학문을 추종했다. 저서에 『논어설(論語說)』과 『당감(唐鑑)』이 있는데, 이정(二程)의 설을 수용한 것이 많다. 그 밖의 저서에 『중용론(中庸論)』과 『범태사집(范太史集)』이 있다.

123 사현도(謝顯道, 1050~1103) : 사양좌(謝良佐)로, 현도(顯道)는 그의 자이다. 이정(二程)의 문하에서 배웠다. 유초(游酢), 여대림(呂大臨), 양시(楊時)와 함께 정문사선생(程門四先生)으로 일컬어졌다. 상채학파(上蔡學派)의 비조이며 상채선생(上蔡先生)으로 불렸다. 그의 사상은 다분히 선불교(禪佛敎)의 내용을 포함하고 있어 주자로

時), 윤돈(尹焞)[124] 같은 이들이 모두 『논어』를 해설했다. 주자는 송나라 유학자 11가【이정(二程), 장식(張栻), 여대림(呂大臨), 여조겸(呂祖謙), 사양좌(謝良佐), 범조우(范祖禹), 유초(游酢),[125] 양시(楊時), 후사성(侯師聖),[126] 윤돈(尹焞)】의 설을 모아 『논어집의(論語集義)』를 짓고, 다시 『논어집해(論語集解)』를 지었다. 문인 황간(黃榦)은 다시 『논어주의통석(論語注義通釋)』을 지었다. 동시대에 『논어』를 연구한 학자는 장식(張栻),【『논어해(論語解)』】 주진(朱震)【『논어해(論語解)』】이다. 원(元), 명(明) 이후로 『논어』를 해설한 자는 모두 주자를 종주로 삼았다.

　　송나라 유학자 중 『맹자(孟子)』를 해설한 것으로는 손석(孫奭)[127] 등

부터 비판을 받았다. 저서에 『상채어록(上蔡語錄)』과 『논어설(論語說)』이 있다.

124 윤돈(尹焞, 1070~1142) : 자는 언명(彦明), 덕충(德充), 호는 화정(和靖). 정이(程頤)의 제자이다. 학문적으로는 내성함양(內省涵養)을 중시하고 박람(博覽)을 추구하지 않았다. 저서에 『논어맹자해(論語孟子解)』와 『화정집(和靖集)』, 『문인문답(門人問答)』이 있다.

125 유초(游酢, 1053~1123) : 자는 정부(定夫), 자통(子通). 학자들이 녹산선생(鷹山先生), 광평선생(廣平先生)이라고 불렀다. 정호(程顥)와 정이(程頤)를 사사했고, 사양좌(謝良佐), 양시(楊時), 여대림(呂大臨)과 함께 '정문사선생(程門四先生)'으로 불린다. 특히 『주역(周易)』을 중시했다. 저서에 『역설(易說)』과 『중용의(中庸義)』, 『논어맹자잡해(論語孟子雜解)』, 『시이남의(詩二南義)』 등이 있었지만 모두 없어졌고, 후세 사람들이 엮은 『녹산문집(鷹山文集)』이 남아 있다.

126 후사성(侯師聖, ?~?) : 자는 중양(仲良). 일찍이 주돈이(周敦頤), 정호(程顥)를 스승으로 모셨다.

127 손석(孫奭, 962~1033) : 자는 종고(宗古). 황제의 칙명으로 형병(邢昺), 두호(杜鎬) 등과 함께 제경정의(諸經正義)와 『장자(莊子)』 및 『이아(爾雅)』의 석문(釋文)을 교정하고, 『상서(尙書)』, 『효경(孝經)』, 『논어(論語)』, 『이아(爾雅)』 등을 바로잡았다. 또한 조기(趙岐)의 『맹자주(孟子注)』를 교정하고, 육덕명(陸德明)의 『경전석문(經典釋文)』의 부

이 지은 『정의(正義)』가 있는데 조기(趙岐)의 주석을 위주로 하였고, 아울러 『맹자음의(孟子音義)』를 지었다. 이정(二程)이 『맹자(孟子)』를 표창한 이후로, 윤돈(尹焞)이 다시 『맹자해(孟子解)』를 지었고, 주자가 송나라 유학자 11가의 설을 모아 『맹자집의(孟子集義)』를 짓고 다시 『맹자집해(孟子集解)』를 지었다.【장식(張栻) 또한 『맹자해(孟子解)』를 지었다.】 원, 명 이후로 『맹자』를 해설한 사람은 모두 주자를 종주로 삼았다.

　『대학(大學)』과 『중용(中庸)』은 본래 『예기(禮記)』 속에 편차되어 있었는데, 송나라 유학자들이 특별히 표창하여 따로 빼내서 『논어』, 『맹자』와 나란히 일컬어졌다. 사마광(司馬光)은 『학용광의(學庸廣義)』를 지었고, 정호(程顥) 또한 『중용해(中庸解)』를 지었다. 그의 제자 유초(遊酢)와 양시(楊時)는 모두 『중용(中庸)』을 해석했는데, 석돈(石𡼖)[128]의 『중용집해(中庸集解)』가 가장 상세하다. 주자는 『학용장구(學庸章句)』와 『학용혹문(學庸或問)』을 지었고 아울러 『중용집략(中庸輯略)』을 지었다. 『대학』을 증자(曾子)가 지은 것으로 여기고, 『대학』을 나누어 경(經) 1장과 전(傳) 10장으로 만들었으며, 다시 경문을 옮기고 바꾸었다. 아울러 『중용(中庸)』을 나누어 33장으로 만들었다. 원, 명 이후로 『대학』과 『중용』을 해설한 자는 다수가 주자를 종주로 삼았으나, 오직 왕백(王栢)과 고반룡(高攀龍)은 다시 『대학』을 고증하고 정리하였고, 방효유

족한 부분을 보충했다. 저서에 『경전휘언(經典徽言)』과 『오경절해(五經節解)』, 『오복제도(五服制度)』, 『숭사록(崇祀錄)』, 『악기도(樂記圖)』 등이 있었지만 모두 전해지지 않는다. 그 밖의 저서에 『맹자음의(孟子音義)』가 있다.

128　석돈(石𡼖, 1128~1182) : 자는 자중(子重), 호는 극재(克齋). 주희(朱熹)와 절친했으며 이학(理學)에 전념하였다. 저서에 『주역집해(周易集解)』와 『대학집해(大學集解)』, 『중용집해(中庸集解)』, 『중용집략(中庸輯略)』 등이 있다.

(方孝孺),[129] 왕수인(王守仁)은『대학(大學)』고본(古本)을 회복하자고 주장하여 주자와 의견을 달리하였다.

정자(程子)와 주자(朱子)가『대학』,『중용』,『논어』,『맹자』를 사서(四書)로 삼은 이후에, 채모(蔡模)[130]는『집소(集疏)』, 조순손(趙順孫)[131]은『찬소(纂疏)』, 오진자(吳真子)는『집성(集成)』, 진력(陳櫟)은『발명(發明)』, 예사의(倪士毅)[132]는『집석(輯釋)』, 섬도전(詹道傳)[133]은『찬전(纂箋)』을 지었

---

129 방효유(方孝孺, 1357~1402) : 자는 희직(希直), 희고(希古), 호는 손지(遜志), 정학(正學). 송렴(宋濂) 문하에서 수학하였다. 저술에『주례변정(周禮辨正)』등 몇 가지가 있었지만 영락제(永樂帝)에 의해 소각되고,『손지재집(遜志齋集)』24권과『방정학문집(方正學文集)』7권이 전한다.

130 채모(蔡模, ?~?) : 자는 중각(仲覺), 호는 각헌(覺軒). 채침(蔡沈)의 아들. 저서에『역전집해(易傳集解)』와『대학연설(大學衍說)』,『논맹집소(論孟集疏)』,『하락탐색(河洛探賾)』등이 있다.

131 조순손(趙順孫, 1215~1276) : 자는 화중(和仲), 호는 격재(格齊), 격암(格庵). 주희(朱熹)의 삼전제자(三傳弟子)이다. 주희(朱熹)와 그의 제자들이 사서(四書)에 대해 토론한 것들을 모아『사서찬소(四書纂疏)』를 편찬했다. 그 밖의 저서에『근사록정의(近思錄精義)』와『중흥명신언행록(中興名臣言行錄)』,『격재집(格齋集)』등이 있다.

132 예사의(倪士毅, 1303~1348) : 자는 중홍(仲弘), 호는 도천(道川). 진력(陳櫟)을 스승으로 삼았고, 기문산(祁門山)에 은거하여 강학에 전심하였다. 사람들이 '도천선생(道川先生)'이라 불렀다. 저서로는『중정사서집석(重訂四書輯釋)』,『작의요결(作義要訣)』등이 있다.

133 섬도전(詹道傳, ?~?) : 남송(南宋)의 학자. 저술한『사서찬전(四書纂箋)』28권은 고경전소(古經箋疏)의 체제를 본떴으나 주희의『사서장구집주(四書章句集注)』와『사서혹문(四書或問)』을 취해 음독(音讀)을 교정하고 명물도수(名物度數)를 고증하여 변별하고, 주희가 인용한 여러 유학자들의 이름과 사는 곳을 고증했다. 이 책은 주희의『사서장구집주』,『사서혹문』을 연구한 중요한 참고서이다.

다. 명대의 『대전(大全)』【호광(胡廣) 등이 선집하였다.】은 위의 책들을 저본으로 삼았다. 송학(宋學)이 성행하자 옛 학설들이 사라졌다.【이상은 『사고전서제요(四庫全書提要)』, 『경의고(經義攷)』, 『아술편(蛾術編)』에서 인용하였다.】

제29과

송, 원, 명 효경학(孝經學)

─『이아』를 덧붙여 논함 ─

송나라 유학자가『효경(孝經)』을 연구한 것은 형병(邢昺)에게서 시작되었다. 형병이 지은『효경소(孝經疏)』는 위고문(僞古文)을 믿지 않고 당 현종(唐玄宗)의 주를 근본으로 삼았는데, 십삼경의소(十三經義疏)의 하나로 들어갔다. 사마광(司馬光)은 위고문을 독실히 믿어『효경지해(孝經指解)』를 지었는데, 공안국전(孔安國傳)을 위주로 하였다. 주자(朱子) 역시 고문(古文)을 신봉하였다. 이에 주자는 호인(胡寅),[134]【『효경』에서『시(詩)』를 인용한 것은 경 본문이 아니라고 하였다.】왕단명(汪端明)【『효경』에 후인들이 견강부회한 것이 많다고 하였다.】[135]의 의심으로 인하여『효경간오

---

134 호인(胡寅, 1098~1156) : 자는 명중(明仲), 중강(仲剛), 중호(仲虎). 치당선생(致堂先生)이라 일컬어졌다. 호안국(胡安國)의 조카이다. 좨주(祭酒) 양시(楊時)에게서 배웠다. 저서에『논어상설(論語詳說)』과『독사관견(讀史管見)』,『비연집(斐然集)』이 있다.

135 왕단명(汪端明, ?~1176) : 왕응진(汪應辰)을 가리킨다. 자는 성석(聖錫). 일찍이 주희(朱熹)를 천거해 자신을 대신하게 하였다. 여본중(呂本中), 장구성(張九成), 호안국(胡安國), 여조겸(呂祖謙), 장식(張栻) 등과 교유했다. 전해오던『효경(孝經)』이 후인들의 위작이라고 주장했다. 저서로는『이경아집(二經雅集)』,『당서열전변증(唐書列傳辨證)』,『왕응진문정집(汪應辰文定集)』이 있다.

(孝經刊誤)』를 지었는데, 고문에 나아가 경문 1장을 만들고 다시 전(傳)을 나누어 14장을 만들어, 삭제하고 고친 것이 많았다. 원(元)나라 오징(吳澄)은 금문(今文)을 바른 것으로 여겨 주자의『간오(刊誤)』의 장목(章目)을 따라 경(經) 1장과 전(傳) 12장을 만들었다. 명(明)나라 손분(孫蕡)[136]은 다시『효경집선(孝經集善)』을 지었는데, 또한 금문을 바른 것으로 여겼다. 대저 오징을 종주로 삼은 설은 옛 학설과 부합하지 않는다. 원나라 동정(董鼎)이 지은『효경대의(孝經大義)』의 경우도 주자의 설을 따랐다. 명나라 항림(項霖)[137]이 지은『효경술주(孝經述註)』는 공안국의 주를 근본으로 삼았으니, 모두 주자를 종주로 삼은 것은 아니다. 이는 모두 고문의 거짓된 것을 다 밝히지 않은 것이다. 오직 황도주(黃道周)의『효경집전(孝經集傳)』은 정현(鄭玄)의 금문을 바른 것으로 삼았다. 간혹 역사적 사건으로『효경』을 풀이하고 더러 자신의 학설을 가지고 뜻을 세웠는데, 비교적 평이하고 온당하다. 다만 고문의 거짓됨을 환히 알지 못했을 뿐이다.【이상은『경의고(經義攷)』『사고전서제요(四庫全書提要)』에서 채록한 것이다.】

송나라 유학자가『이아(爾雅)』를 연구한 것은 형병의『이아소(爾雅疏)』가 있는데, 곽박(郭璞)의 주를 위주로 하였다. 그러나 간단하고 고루하여 성음(聲音)과 문자(文字)의 근원은 상세하게 다루지 못했다. 나

---

136 손분(孫蕡, ?~?) : 자는 중연(仲衍). 저서로는『통감전편강목(通鑑前編綱目)』,『효경집주(孝經集注)』,『이학훈몽(理學訓蒙)』,『서암집(西庵集)』,『화도집(和陶集)』 등이 있다.

137 항림(項霖, ?~?) : 명(明)나라 사람. 일찍이『고문효경(古文孝經)』으로『효경』을 해석했다. 저서에는『효경술주(孝經述主)』가 있는데, 지금은 잔결본이 있다.

원(羅愿)[138]은『이아익(爾雅翼)』, 육전(陸佃)[139]은『이아신의(爾雅新義)』를 지었는데, 또한 천착하고 번쇄하여 속설을 모으기를 좋아했다. 이 이후로는 이아학(爾雅學)을 연구하는 사람이 알려지지 않았다.『이아』외에『설문(說文)』을 연구한 사람은 송나라의 서현(徐鉉)[140]과 서해(徐鍇)[141],【『설문계전(說文係傳)』등 여러 책을 남겼다.】장유(張有)가 있다. 원나라엔 오구연(吾邱衍)이 있는데 천근하고 엉성하여 볼 것이 없다. 송나라의 육전(陸佃)이 지은『비아(埤雅)』는 제도와 물명에 대해 고증이 대부

---

138 나원(羅愿, 1136~1184) : 자는 단양(端良), 호는 존재(存齋). 박학호고(博學好古)했고, 고증에 뛰어났다. 문장은 진한(秦漢)을 본받아 고아정련(高雅精練)했으며 순실근엄(醇實謹嚴)하여 주희(朱熹)와 양만리(楊萬里), 누약(樓鑰), 마정란(馬廷鸞) 등에게 존경을 받았다. 저서인『이아익(爾雅翼)』은 고증이 정밀하고 체례가 엄격하여 육전(陸佃)의『비아(埤雅)』보다 낫다고 여겨졌다. 이 외에는『악주소집(鄂州小集)』,『신안지(新安志)』등이 있다.

139 육전(陸佃, 1042~1102) : 자는 농사(農師). 왕안석(王安石)에게 수학하여 학문적 영향을 받았지만, 신법(新法)에 대해서는 찬성하지 않았다. 문자학에 정통하여『비아(埤雅)』를 저술했다. 고례(古禮)를 깊이 연구했는데, 왕숙(王肅)의 학설을 위주로 하고 정현(鄭玄)의 학설은 배척했다. 그 밖의 저서에『예상(禮象)』과『춘추후전(春秋後傳)』,『이아신의(爾雅新義)』등이 있다.

140 서현(徐鉉, 917~992) : 자는 정신(鼎臣). 아우 서개(徐鍇)와 더불어 이름을 나란히 해 '대소이서(大小二徐)'라고 불렸다. 문자학에 정통했다. 일찍이 구중정(句中正) 등과 함께『설문해자(說文解字)』를 교정해서 정문(正文) 속에 19자를 새롭게 보충했다. 또 경전에 계승된 것과 시속에서 통용되면서도『설문』에는 실리지 않은 402자를 정문 뒤에 부치니, 세상에서 '대서본(大徐本)'이라 불렸다.

141 서개(徐鍇, 921~975) : 자는 초금(楚金). 서현(徐鉉)의 아우로, 소서(小徐)라 불렸다. 문자학에 정통했다. 저서로는『설문해자계전(說文解字系傳)』40권이 있다. 또 손면(孫愐)의『당운(唐韻)』을 전거로 해서『설문해자운보(說文解字韻譜)』5권을 저술했다.

분 소홀하였다. 오직 명나라 주모위(朱謀㙔)가 지은『병아(騈雅)』와 방
이지(方以智)[142]가 지은『통아(通雅)』는 모두 널리 인용하여 고증하였다.
송나라 곽충서(郭忠恕)[143]의『패휴한간(佩觿汗簡)』과 명나라 양신(楊愼)
의『자설(字說)』은【『승암전집(升菴全集)』속에 보인다.】또한 소학(小學)에 참
고하는 용도로 도움이 된다.【이상은『송사(宋史)』,『원사(元史)』,『명사(明史)』
의 각 열전과『사고전서제요(四庫全書提要)』, 사씨(謝氏)[144]의『소학고(小學考)』, 강번
(江藩)의「이아소전자서(爾雅小箋自序)」에서 인용하였다.】

---

142 방이지(方以智, 1611~1671) : 자는 밀지(密之), 호는 만공(曼公). 황종희(黃宗羲), 진정혜
(陳貞慧), 오응기(吳應箕), 왕부지(王夫之) 등과 교유했다. 예악(禮樂)과 율수(律數), 성
음(聲音), 서화(書畵), 문자(文字) 등에 두루 능통했고, 특히 과학과 철학에 정통했
다. 저서로『통아(通雅)』,『물리소지(物理小識)』,『약지포장(藥地炮莊)』,『동서균(東西
均)』,『주역도상기표(周易圖象幾表)』,『역여(易餘)』,『우자지선사어록(愚者智禪師語錄)』,
『일관답문(一貫答問)』,『성고(性故)』,『부산문집(浮山文集)』 등이 있다.

143 곽충서(郭忠恕, ?~997) : 자는 서선(恕先), 국보(國寶). 문자학에 정밀하였다. 그가 정
한『고금상서(古今尙書)』와『석문(釋文)』이 널리 사용되었다. 문자와 음의(音義)에
관한 저서로『한간(汗簡)』과『패휴(佩觿)』가 있는데,『패휴』는 문자의 변천을 밝히
고 전사된 것 중 틀린 글자를 고증했으며,『한간』은 고문자를 집대성하였다.

144 사씨(謝氏, 1737~1802) : 사계곤(謝啓昆)을 가리킨다. 자는 온산(蘊山), 호는 소담(蘇潭).
젊어서 문학으로 이름이 났고, 박문강기했으며, 시를 잘 지었다. 저서에『소학
고(小學考)』가 있는데, 주이존(朱彝尊)의『경의고(經義考)』에 수록되지 않은 것을 널
리 수집한 것이다. 그 밖의 저서에『광서통지(廣西通志)』와『오서금석략(奧西金石
略)』,『소학고(小學考)』,『서위서(西魏書)』,『수경당집(樹經堂集)』 등이 있다.

제5장

청대 경학

청대 역학(易學)

명말(明末)에 역학(易學)을 말한 자들은 모두 진단(陳摶)과 소옹(邵雍)의 도서(圖書)를 물리칠 줄 알았다. 황종희(黃宗羲)[1]는 『역학상수론(易學象數論)』을 지었고, 그의 아우 황종염(黃宗炎)[2]은 다시 『주역상사(周易象辭)』와 『도서변혹(圖書辨惑)』을 지었다. 그러나 한학(漢學)을 종주

---

1 황종희(黃宗羲, 1610~1695) : 자는 태충(太沖), 호는 남뢰(南雷), 이주(梨洲). 아버지인 황존소(黃尊素)는 동림당(東林黨)의 명사로, 동림당 탄압 때 옥사했다. 이후에 아버지의 유명을 따라 소흥(紹興)의 학자 유종주(劉宗周)를 스승으로 따랐다. 명(明)이 망하자 은거해 세상으로 나오지 않고 학술에 전심 연구하였다. 저술한 『역학상수론(易學象數論)』에서 송나라의 도서학(圖書學)을 힘써 공박하였다. 이 외의 저서로 『명유학안(明儒學案)』, 『송원학안(宋元學案)』, 『율려신의(律呂新義)』, 『명사안(明史案)』, 『명문해(明文海)』 등이 있다. 후대 사람들이 『황종희전집(黃宗羲全集)』을 편찬하였다.

2 황종염(黃宗炎, 1616~1686) : 자는 회목(晦木). 어릴 적 형제들과 더불어 아버지의 유명을 따라 유종주(劉宗周)에게 배웠다. 역학(易學) 연구에 전심했다. 저술한 『도학변혹(圖學辨惑)』은 이른바 선천도(先天圖), 태극도(太極圖)가 모두 북송의 도사 진단(陳摶)에게서 나왔음을 고증하였다. 이 외의 저서로 『주역상사(周易象辭)』, 『심문여론(尋門餘論)』 등이 있다.

로 삼지 않아서 가법(家法)이 불분명했다. 오직 호위(胡渭)³의『역도명
변(易圖明辨)』과 이공(李塨)⁴의『주역전주(周易傳註)』는 상수를 버리고 의
리를 말하였으나 천착의 오류는 없다. 모기령(毛奇齡)⁵은 중형인 모석
령(毛錫齡)의 말을 서술하여『중씨역(仲氏易)』을 지었고, 또『추역시말
(推易始末)』,『춘추점서서(春秋占筮書)』,『역소첩(易小帖)』을 짓고 역점(易
占)의 오의(五義)를 말하였는데, 견강부회하고 말로 이기는 것에 힘썼

---

3 호위(胡渭, 1633~1714) : 자는 비명(朏明), 동초(東樵). 경학 연구에 진력했는데, 특히 지
  리고증(地理考證)에 정밀했다. 일찍이 염약거(閻若璩), 고조우(顧祖禹), 황의(黃儀) 등과
  함께 서건학(徐乾學)을 도와『대청일통지(大淸一統志)』를 편수했다. 저서에『우공추
  지(禹貢錐指)』와『역도명변(易圖明辨)』,『홍범정론(洪範正論)』,『대학익진(大學翼眞)』,『주
  역규방(周易揆方)』 등이 있다.『역도명변』은 송유(宋儒)가 말한 하도낙서(河圖洛書)가
  거짓임을 밝힌 책이고,『우공추지』는 전인(前人)들이 지리상으로 소홀했거나 틀린
  부분을 바로잡은 책으로, 모두 청대 경학사상 명저에 속한다.

4 이공(李塨, 1659~1733) : 자는 강주(剛主), 호는 서곡(恕谷). 아버지 이명성(李明性)에게 가
  학을 전수 받았고, 뒤에 안원(顏元)에게 배워 안리학파(顏李學派)를 형성했다. 항상
  경사(京師)를 왕래하면서 만사동(萬斯同), 염약거(閻若璩), 호위(胡渭), 방포(方苞) 등 명
  사들과 교유했다. 한학가들의 고증, 훈고하는 연구 방식에 영향을 깊게 받았고,
  아울러 모기령(毛奇齡)을 스승으로 삼아 고증적 방식으로『전부고변(田賦考辯)』,『대
  학변업(大學辨業)』 등을 지어 이로부터 명성이 크게 일어났다. 이 외의 저서에『역
  시춘추사서전주(易詩春秋四書傳注)』,『평서정(平書訂)』,『소학계업(小學稽業)』,『성경학
  규찬(聖經學規纂)』,『서곡후집(恕谷後集)』 등이 있다.

5 모기령(毛奇齡, 1623~1716) : 자는 대가(大可), 호는 초청(初晴), 만청(晚晴). 학자들에게
  서하선생(西河先生)이라고 불렸다. 학문을 논함에 공자와 맹자를 존숭하고 송명(宋
  明)의 이학(理學)을 비판하였다. 건가(乾嘉) 연간 이후에 완원(阮元)에 의해 청대 고거
  학(考據學)의 비조로 추존되었다. 주자(朱子)를 비판한『사서개착(四書改錯)』, 염약거
  (閻若璩)의『고문상서소증(古文尙書疏證)』을 반박한『고문상서원사(古文尙書冤詞)』 등이
  있다.

다. 동오(東吳) 혜씨(惠氏)가 대대로 전한 역학(易學)은 혜주척(惠周惕)[6]이 『역전(易傳)』을 짓고 그의 아들 혜사기(惠士奇)[7]가 『역설(易說)』을 지은 이후로 괘효(卦爻)를 잡다하게 해석하여, 상(象)을 위주로 하여 오로지 한(漢)의 예(例)만 밝혔는데, 다만 수집한 것이 순정하지 못하였다.

혜사기의 아들 혜동(惠棟)은 『주역술(周易述)』을 지었다. 우번(虞翻)과 정현(鄭玄)의 주석을 근본으로 하고 겸하여 양한(兩漢)의 『역(易)』 연구가들의 설을 채집했는데, 두루 통하고 곡진하게 증명했다. 그러나 전서(全書)를 다 마치지 못하여 문인 강번(江藩)이 이어서 『주역술보(周易述補)』를 지었다. 혜동은 또 『역한학(易漢學)』, 『역례(易例)』, 『주역본의변증(周易本義辨證)』을 지었는데 모두 한학(漢學)을 종주로 삼은 것이다. 강도(江都)의 초순(焦循)은 『역장구(易章句)』를 지었는데 그 체례는 대략 우번의 주석을 본떴다. 또 『주역통석(周易通釋)』을 지어 괘효의

───────────────

6 혜주척(惠周惕, 약 1646~약 1695) : 자는 원룡(元龍)이고, 호는 연계(硯溪), 홍두주인(紅豆主人). 아버지 혜유성(惠有聲)에게 경학을 배웠고, 서방(徐枋), 왕완(汪琬)과 교유하면서 혜씨경학(惠氏經學)을 만들어 오파경학(吳派經學)의 창시자가 되었다. 아들 혜사기(惠士奇)와 손자 혜동(惠棟)이 학문을 계승했다. 학문을 연구하면서 한유(漢儒)의 경설(經說)을 존숭하고 송유(宋儒)의 설을 배척했다. 저서에 『역전(易傳)』과 『춘추문(春秋問)』, 『삼례문(三禮問)』, 『시설(詩說)』 등이 있다.

7 혜사기(惠士奇, 1671 – 1741) : 자는 중유(仲儒), 천목(天牧), 호는 반농거사(半農居士). 혜주척(惠周惕)의 아들이자 혜동(惠棟)의 아버지다. 경학 연구에 한유(漢儒)의 설을 종주로 삼았다. 『주역(周易)』에 대해서는 왕필(王弼) 이후의 공소(空疏)한 설을 바로잡으려 했고, 『예기(禮記)』에 대해서는 해박한 고음(古音), 고자(古字)에 대한 식견으로 주대(周代)의 예제(禮制)를 고증했다. 또한 『춘추(春秋)』에 대해서는 『주례(周禮)』에 근본을 두고 사실을 기록한 것이라 주장했다. 저서에 『대학설(大學說)』과 『역설(易說)』, 『춘추설(春秋說)』, 『예설(禮說)』, 『교식거우(交食擧隅)』, 『반농인시(半農人詩)』 등이 있다.

글을 모으고 잘라내 글자 종류대로 서로 묶었으니, 육서(六書) 구수(九數)의 뜻과 통한다. 다시 『역도략(易圖略)』, 『역화(易話)』, 『역광기(易廣記)』를 지어 대의를 밝혀 일가(一家)의 말을 이루었다.[8]

무진(武進)의 장혜언(張惠言)[9]이 『역(易)』을 연구할 때도 우번과 정현을 종주로 삼아 『주역우씨의(周易虞氏義)』와 『정씨의(鄭氏義)』를 지었고, 아울러 『주역역례(周易易禮)』와 『우씨소식(虞氏消息)』을 지었다. 요

---

8 강도(江都)의……이루었다 : 초순(焦循)의 주요 역학 저작은 『역장구(易章句)』, 『역도략(易圖略)』, 『역통석(易通釋)』인데, 이를 통틀어서 조고루역학삼서(雕菰樓易學三書)라고 부른다. 『역통석(易通釋)』은 그가 세운 역학체계와 경(經), 전(傳)의 해석 중 그와 관련된 742개 낱말을 수집하여 『역(易)』 전체를 세밀하게 해석하는데 주력하였다. 『역도략』은 『역통석』을 위해 제정한 역학 준칙으로써, 문자와 도표를 사용하여 상세하게 설명하였고 전통적인 상수역학에 대해서도 전면적인 비평을 더하였다. 『역장구』는 『역통석』, 『역도략』을 제정한 원칙에 따라서 경과 전을 축자 번역하였다. 역학삼서는 중국의 역학발전사에 있어서 큰 의미를 지니고 있다. 『역화(易話)』, 『역광기(易廣記)』는 그가 『주역(周易)』을 읽으면서 쓴 찰기(札記)이다.

9 장혜언(張惠言, 1761~1802) : 자는 고문(皐文). 『주역(周易)』에 있어서는 우번(虞翻)을 종주로 삼았는데, 혜동(惠棟)의 우씨역학(虞氏易學)을 따르고 정현(鄭玄), 순상(荀爽)의 주소(注疏)를 겸하여 맹희(孟喜)로부터 전하(田何), 양숙(楊叔)에 이르기까지 계통을 정리한 『주역우씨역(周易虞氏易)』을 지었다. 『의례(儀禮)』는 정현(鄭玄)을 종주로 삼았는데, 송나라 양복(楊復)이 지은 『의례도(儀禮圖)』를 보충하여 별도의 『의례도』를 지었다. 음운학에도 정밀하여 『설문해성보(說文諧聲譜)』를 지었지만 다 이루지 못해 아들 장성손(張成孫)이 완성했다. 이 외의 저서에 『우씨역례(虞氏易禮)』와 『우씨역사(虞氏易事)』, 『우씨역언(虞氏易言)』, 『우씨역후(虞氏易候)』, 『주역순씨구가의(周易荀氏九家義)』, 『역도조변(易圖條辨)』, 『역의별록(易義別錄)』, 『주역정씨의(周易鄭氏義)』, 『독의례기(讀儀禮記)』, 『명가문편(茗柯文編)』, 『명가사(茗柯詞)』, 『사선(詞選)』, 『칠십가사초(七十家詞鈔)』 등이 있다.

패중(姚佩中),[10] 유봉록(劉逢祿),[11] 방신(方申)[12]도 그 내용을 종주로 삼았다. 요패중은 『주역요씨학(周易姚氏學)』, 유봉록은 『역우씨오술(易虞氏五述)』, 방신은 『역학오서(易學五書)』를 지었다. 모두 상수를 위주로 했으나 혹 참위(讖緯)를 잡다하게 끌어들이기도 했다. 그러나 가법은 한나라 유학자들에 위배되지 않았다. 전징지(錢澄之),[13]『전간역학(田間易

---

10 요패중(姚佩中, 1792~1844) : 요배중(姚配中)이라고도 쓴다. 자는 중우(仲虞)이다. 경사백가(經史百家)에 정통했고, 특히 상수역(象數易) 조예가 깊었다. 정씨의(鄭氏義)를 근본으로 삼아 『주역참상(周易參象)』과 『주역요씨학(周易姚氏學)』, 『주역통론월령(周易通論月令)』 등을 지었다.

11 유봉록(劉逢祿, 1776-1829) : 자는 신수(申受). 어려서 외조부 장존여(莊存與)와 외삼촌 장술조(莊述祖)에게서 금문경학(今文經學)을 배워 금문경학의 가법을 독실히 지켰다. 동중서(董仲舒)와 하휴(何休)의 금문경학(今文經學)을 종주로 삼고, 고문경학자를 비판했다. 또 『춘추좌씨전(春秋左氏傳)』은 『안자춘추(晏子春秋)』, 『여씨춘추(呂氏春秋)』와 유사한 책으로 유흠(劉歆)의 위작이라고 했다. 제자로 공자진(龔自珍)과 위원(魏源)이 있으며, 강유위(康有爲), 양계초(梁啓超)가 학맥을 이었다. 저서에 『춘추공양해고(春秋公羊解詁)』와 『공양하씨석례(公羊何氏釋例)』, 『공양춘추하씨답난(公羊春秋何氏答難)』, 『신하난정(申何難鄭)』, 『의례결옥(議禮決獄)』, 『중용숭례론(中庸崇禮論)』, 『춘추좌씨전고증』, 『유례부집(劉禮部集)』 등이 있다.

12 방신(方申, 1787~1840) : 자는 단재(端齋). 유문기(劉文淇)의 문하에서 수학하였다. 송대의 의리로 해석한 역(易)에 대하여 매우 불만족하여 이에 『주역(周易)』 연구에 힘을 쏟았다. 우씨역학(虞氏易學)에 밝았다. 저서에 방씨역학오서(方氏易學五書)로 일컬어지는 『제가역상별록(諸家易象別錄)』, 『우씨역상휘편(虞氏易象彙編)』, 『주역괘상집증(周易卦象集證)』, 『주역호체상술(周易互體詳述)』, 『주역괘변거요(周易卦變擧要)』가 있다.

13 전징지(錢澄之, 1612~1693) : 자는 음광(飮光), 호는 전간노인(田間老人). 학술적 견해가 고염무(顧炎武)와 달라, 고증과 의리를 둘 다 중요하게 여길 것을 주장했다. 저술한 『전간역학(田間易學)』은 상수와 의리를 겸하여 수집하였다. 이 외의 저서로는 『전간시학(田間詩學)』 등이 있다.

學)』】 이광지(李光地),[14]『주역통론(周易通論)』,『주역관상(周易觀象)』】 소숙(蘇宿),【『주역통의(周易通義)』】 사신행(查愼行)[15]『주역완사집해(周易玩辭集解)』】의 책은 송(宋)을 숭상하고 한(漢)을 배척하였다. 대부분 억측하는 이야기가 많아 장혜언과 초순보다 한참 아래이다. 이것이 청대(淸代)의 주역학(周易學)이다.

---

14 이광지(李光地, 1642~1718) : 자는 진경(晉卿), 호는 용촌(榕村), 후암(厚庵). 경학(經學), 악률(樂律), 역산(曆算), 음운(音韻) 등에 정통했으며, 황제의 칙명으로『성리정의(性理精義)』와『주자대전(朱子大全)』등을 편수했다. 정주학(程朱學)을 추숭하여 강희제의 신임으로 청나라 초기 주자학의 대표적 인물이 되었지만, 절충적인 태도를 취하여 육왕학(陸王學)도 배척하지 않았다. 저서에『주역통론(周易通論)』,『상서해의(尚書解義)』,『효경전주(孝經全注)』,『대학고본설(大學古本說)』,『중용여론(中庸餘論)』,『논어맹자차기(論語孟子箚記)』,『주자어류사찬(朱子語類四纂)』,『홍범설(洪範說)』,『고악경(古樂經)』등이 있다.

15 사신행(查愼行, 1650~1727) : 자는 회여(悔餘), 호는 사전(查田). 일찍이 황종희(黃宗羲)와 전징지(錢澄之)에게 수학했다. 시부(詩賦)에 아주 빼어났다.『주역(周易)』에 조예가 깊었는데, 제가(諸家)의 설을 모아 고증한『주역완사집해(周易玩辭集解)』를 지었다. 그 밖의 저서에『경사정와(經史正訛)』와『타산시초(他山詩鈔)』가 있다.

청대 서학(書學)

    오징(吳澄), 매작(梅鷟)이 위고문(僞古文)을 공박하고, 태원(太原) 염약거(閻若璩)가 『고문상서소증(古文尚書疏證)』을 지으면서부터 고문(古文) 『공안국전(孔安國傳)』이 위작임이 환히 드러났다. 다만 이 책의 체례가 아직 순정하지 못하여 소증(疏證)이라는 제목에 걸맞지 않아, 제자 송감(宋鑒)[16]이 그 뜻을 넓혀 따로 『상서고변(尚書考辨)』을 지었다. 그 후 혜동(惠棟)이 『고문상서고(古文尚書考)』를 지었고, 강성(江聲)이 혜동(惠棟)에게서 수업을 받고 『상서집주음소(尚書集注音疏)』를 지었는데, 강남의 학자들이 모두 이를 따랐다. 왕명성(王鳴盛)이 『상서후안(尚書後案)』을 지었고, 손성연(孫星衍)이 『상서고금문주소(尚書古今文注疏)』를 지었는데, 모두 금문(今文)을 받들어 위서인 『공안국전(孔安國傳)』을 배척하고, 마융(馬融)과 정현(鄭玄)의 전(傳)과 주(注)를 조종으로 삼았다. 단옥재(段玉

---

16 송감(宋鑒, ?~?) : 자는 원형(元衡), 호는 반당(半塘). 염약거(閻若璩)의 제자. 『상서고문소증(尚書古文疏證)』의 문장이 산만하여 다시 『상서고변(尚書考辨)』 4권을 편집하였다. 또한 널리 경사(經史) 및 『방언(方言)』, 『석명(釋名)』, 『옥편(玉篇)』, 『광운(廣韻)』, 『수경주(水經注)』 등의 서적에서 가려 『설문해자소(說文解字疏)』를 지었다. 저서로 『역현(易見)』, 『상서휘초(尚書彙抄)』 등이 있다.

裁)[17]는 『고문상서찬이(古文尙書撰異)』를 지었는데, 또한 고증에 상세하다.

오직 모기령(毛奇齡)만은 위고문(僞古文)을 존숭하여 『고문상서원사(古文尙書冤詞)』를 지었다.【주학령(朱鶴齡)[18] 또한 위고문(僞古文)을 신뢰하였다.】 그 후 장존여(莊存與)[19] 등 여러 사람들도 위(僞) 『상서(尙書)』를 폐

---

17 단옥재(段玉裁, 1735~1816) : 자는 약응(若膺), 호는 무당(茂堂). 경사(京師)에 가서 대진(戴震)을 사사하였다. 왕염손(王念孫)과 더불어 대씨(戴氏)의 '단왕이가(段王二家)'라 불린다. 수십 년 동안 공력을 들인 설문학(說文學)의 대가이며, 한나라의 허신(許愼)이 지은 자서(字書) 『설문해자(說文解字)』의 주석 30권을 저술함으로써 난해한 설문 주석에 획기적인 업적을 남겼다. 저서에 『고문상서찬이(古文尙書撰異)』, 『모시고훈전(毛詩故訓傳)』, 『모시소학(毛詩小學)』, 『주례한독고(周禮漢讀考)』, 『의례한독고(儀禮漢讀考)』, 『춘추좌씨고경(春秋左氏古經)』 등이 있다.

18 주학령(朱鶴齡, 1606~1683) : 자는 장유(長孺), 자호는 우암(愚庵). 설경(說經)에 뛰어났고, 당견(唐甄), 반뢰(潘耒), 전겸익(錢謙益), 모기령(毛奇齡), 주이존(朱彝尊), 만사동(萬斯同) 등과 학문을 강론했다. 이옹(李顒), 황종희(黃宗義), 고염무(顧炎武)와 함께 '해내사대포의(海內四大布衣)'로 불렸다. 학문 성향은 일가의 설을 묵수(墨守)하는 것에 반대하고 제가(諸家)의 설을 널리 수용했다. 학문연구에 있어서 한(漢)과 송(宋)의 경계를 나누지 않았다. 저서에 『모시계고편(毛詩稽古編)』, 『모시통의(毛詩通義)』, 『시경통의(詩經通義)』, 『상서비전(尙書埤傳)』, 『독좌일초(讀左日鈔)』, 『독좌일초보(讀左日鈔補)』, 『춘추집설(春秋集說)』, 『역광의략(易廣義略)』, 『우공장전(禹貢長箋)』, 『시경집설(詩經集說)』 등이 있다.

19 장존여(莊存與, 1719~1788) : 자는 방경(方耕), 호는 양념(養恬). 금문경학(今文經學) 상주학파(常州學派)의 개창자로, 학문은 조카 장술조(莊述祖), 외손자 유봉록(劉逢祿)과 송익봉(宋翔鳳)에 의해 계승 발전되었고, 공자진(龔自珍), 위원(魏源)에게도 많은 영향을 끼쳤다. 『춘추(春秋)』에 뛰어나 『춘추정사(春秋正辭)』를 저술했는데, 이는 동중서(董仲舒), 하휴(何休)의 공양학(公羊學)에 의거하여 『춘추』의 미언대의(微言大義)를 밝힌 것이다. 그 밖의 저서에 『단전론(彖傳論)』, 『역설(易說)』, 『상서기견(尙書旣見)』, 『상서설(尙書說)』, 『모시설(毛詩說)』, 『주관기(周官記)』, 『주관설(周官說)』, 『악설(樂說)』, 『사서설(四書說)』 등이 있다. 나중에 모두 『미경재유서(味經齋遺書)』로 정리되었다.

할 수 없다고 하였다. 장존여(莊存與)는『상서기견(尚書旣見)』을 지어
미언(微言)을 깊이 연구하였다. 그의 생질인 유봉록(劉逢祿) 또한『서
서술문(書序述聞)』을 지었고, 아울러『상서고금문집해(尚書古今文集解)』
를 지었다. 위원(魏源)이『서고미(書古微)』를 짓는 데 이르러서는 마융
(馬融)과 정현(鄭玄)의 학문이 두림(杜林)의『칠서고문상서(漆書古文尚
書)』에서 나왔다고 하여, 아울러 두림의『칠서고문상서』까지 위작이라
의심하였다. 이에 마융과 정현을 물리치고 서한(西漢) 금문가(今文家)의
언설에까지 거슬러 올라갔는데, 비록 맹목적으로 천착하였으나 또한
간간이 좋은 말들이 있었다. 공자진(龔自珍)은『상서(尚書)』를 연구하여
또한『태서답문(太誓答問)』을 지어 금문(今文)「태서(泰誓)」를 위서(僞書)
라 여겼는데, 상주학파(常州學派)가 대부분 이를 따랐다. 이광지(李光
地)의『상서해의(尚書解義)』, 장영(張英)[20]의『서경충론(書經衷論)』과 같은
것들은 이(理)에 의거하여 억측하였기에 매우 보잘 것 없다.
　　『상서(尚書)』의 천문(天文)을 해석한 것으로는 성백이(盛百二)[21]의『상

20　장영(張英, 1637~1708) : 자는 돈복(敦覆), 호는 포옹(圃翁). 청대『국사(國史)』,『방략(方
　　略)』,『일통지(一統志)』,『연감유함(淵鑑類函)』,『정치전훈(政治典訓)』등의 총재관(總裁
　　官)에 임명되었다. 강희 40년(1701) 벼슬을 마치고 남쪽으로 귀향하였고, 죽은 뒤
　　에 태자태부(太子太傅)로 추증되었다. 옹정 8년(1730)에 조칙으로 현량사(賢良祠)에
　　배향되었다.『청사고(清史稿)』에 전이 있다. 저서로『주역충론(周易衷論)』,『서경충
　　론(書經衷論)』등이 있다.

21　성백이(盛百二, 1720~?) : 자는 진천(秦川), 호는 유당(柚堂). 정주(程朱)를 종주로 했지
　　만 심성(心性)에 대한 공담(空談)은 반대했다. 한유(漢儒)를 존숭했고, 명물고증학
　　(名物考證學)에도 정밀했으며, 정현(鄭玄)을 추숭했다. 천문(天文)과 율려(律呂), 하거
　　(河渠) 등에 밝았고, 경세치용학(經世致用學)을 추구했다. 저서에『상서석천(尚書釋
　　天)』이 있는데,「요전(堯典)」과「순전(舜典)」,「홍범(洪範)」등 역상(曆象)에 관한 내용을

서석천(尙書釋天)』이 있고, 호위(胡渭)의『홍범정론(洪範正論)』은 재이와 오행의 설을 아울러 물리쳤다.【비록 한유(漢儒)의 가법을 지키지 않았으나 의혹을 분변한 공은 매우 크다.】『상서(尙書)』의 지리(地理)를 해석한 것은 장정석(蔣廷錫)의『성서지리금석(尙書地理今釋)』이 있고, 호위(胡渭)의『우공추지(禹貢錐指)』의 변증이 매우 상세하다. 뒤이어 일어난 유학자로 주학령(朱鶴齡),【『우공장전(禹公長箋)』】서문정(徐文靖),[22]【『우공회전(禹貢會箋)』】초순(焦循),【『우공정주석(禹貢鄭注釋)』】정요전(程瑤田),[23]【『우공삼강고(禹貢三江考)』】성용경(成蓉鏡)【『우공반의술(禹貢班義述)』】등은「우공(禹貢)」을 주석

여러 책을 통해 고증하고 해석한 것으로, 대지(大旨)는 서학(西學)을 종주로 삼았다. 그 밖의 저서에『주례구해(周禮句解)』와『개산각시집(皆山閣詩集)』,『유당문집(柚堂文集)』등이 있다.

22 서문정(徐文靖, 1667~1756) : 자는 위산(位山), 우존(禹尊). 임계운(任啓運), 진조범(陳祖範) 등과 명성을 나란히 하였다. 경학을 공부해 고거(考據)에 뛰어났다. 호위(胡渭)의『우공추지(禹貢錐指)』에 소략한 점이 많다고 여겨『산해경(山海經)』과『죽서기년(竹書紀年)』등을 참고해『우공회전(禹貢會箋)』과『산하양융고(山河兩戎考)』를 저술했다. 그 밖의 저서에『주역습유(周易拾遺)』,『황극경세고(皇極經世考)』,『죽서통전(竹書統箋)』,『관성석기(管城碩記)』등이 있다.

23 정요전(程瑤田, 1725~1814) : 자는 이주(易疇), 호는 양당(讓堂). 대진(戴震), 김방(金榜)과 함께 강영(江永)에게 수학했다. 명물(名物)과 훈고(訓詁)에 정통했고, 고증(考證)에 뛰어났다. 전대흔(錢大昕)과 왕명성(王鳴盛)의 존경을 받았다. 의리(義理), 제도(制度), 훈고(訓詁), 명물(名物), 성률(聲律), 상수(象數) 등을 상세히 고증한『통예록(通藝錄)』과 경사(經史)를 근거로 정현(鄭玄)의『예기주(禮記注)』를 바로잡은『의례상복문족징기(儀禮喪服文足徵記)』를 저술했다. 그 밖의 저서에『우공삼강고(禹貢三江考)』와『주비구수도주(周髀矩數圖注)』,『의례경주의직(儀禮經注疑直)』,『종법소기(宗法小記)』,『해자소기(解字小記)』,『논학소기(論學小記)』,『논학외편(論學外篇)』,『고공창이소기(考工創異小記)』등이 있다.

하여 모두 전문적인 연구서가 있다. 이것이 청대(淸代)의 상서학(尙書學)이다.

제32과

청대 시학(詩學)

청나라 초에 『시(詩)』를 해설한 책으로 전징지(錢澄之),『전간시학(田
間詩學)』엄우돈(嚴虞惇),『독시질의(讀詩質疑)』고진(顧鎭)『우동학시(虞東
學詩)』과 같은 경우는 모두 가법(家法)이 없다. 모기령(毛奇齡)이 지은
『모시사관기(毛詩寫官記)』와 『시례(詩禮)』, 고동고(顧棟高)가 지은 『모시
유석(毛詩類釋)』 등은 또한 대부분 근거 없이 천착한 말들이다. 또한
오강(吳江) 주학령(朱鶴齡)이 지은 『시통의(詩通義)』는 한(漢), 송(宋)의
학설을 잡다하게 채택하였는데, 내용은 많으나 순정하지 못하다. 진
계원(陳啓源)과 주학령은 동향으로, 『모시(毛詩)』에 대해 의논하여 『모
시계고편(毛詩稽古編)』을 지었는데, 비록 한학(漢學)의 기치를 표방하지
는 않았으나 제도와 명물을 고찰하고 연구하여 다소 명석하게 밝혔다.
이보평(李黼平)이 『모시주의(毛詩紬義)』를 쓰고, 대진(戴震)[24]이 『모정
시고증(毛鄭詩考證)』, 『시경보주(詩經補注)』를 지음에 모두 한(漢)의 훈고

---

24 대진(戴震, 1723~1777) : 자는 동원(東原), 신수(愼修). 강영(江永)에게서 배웠으며, 『고
　공기(考工記)』를 저술한 것으로 인해 장강(長江) 남북에 명성을 날렸다. 후에 진혜
　전(秦蕙田)의 초빙에 응해 『오례통고(五禮通考)』를 편찬하였다. 『사고전서(四庫全書)』

를 종주로 삼았다. 단옥재(段玉裁)는 대진에게서 수업을 받아 다시 『모
시고훈전(毛詩故訓傳)』, 『시경소학(詩經小學)』을 지어 고경(古經)을 교정하
였으나 표현을 취사선택함에 있어 급하였다. 오직 마서진(馬瑞辰)[25]의
『모시전전통석(毛詩傳箋通釋)』, 호승공(胡承珙)[26]의 『모시후전(毛詩後箋)』
만이 조금 정밀하면서도 박학하다. 진환(陳奐)이 단옥재에게서 수업
을 받아 『모시의소(毛詩義疏)』를 지었는데, 정현을 버리고 모시를 채택
했고, 여러 설을 잘 모아 집대성하였다. 아울러 『모시설(毛詩說)』, 『모
시음(毛詩音)』 및 『정씨전고증(鄭氏箋考證)』을 지어 『정전(鄭箋)』이 근본

찬수관(纂修館)을 담당하였다. 고증학(考證學)을 확립하여 그 이론으로 『맹자자의
소증(孟子字義疏證)』을 저술했다. 그 밖의 저서에 『시경보주(詩經補注)』, 『상서의고(尚
書義考)』, 『의례고증(儀禮考證)』, 『고공기도(考工記圖)』, 『원선(原善)』 등이 있다. 『대대례
기(大戴禮記)』와 『수경주(水經注)』를 교정했다.

25 마서진(馬瑞辰, 1782~1853) : 자는 원백(元伯), 헌생(獻生). 청(淸) 가경(嘉慶) 15년(1811)에
진사가 되었고, 한림원 서길사(翰林院庶吉士)에 선발되었으며, 다시 강부도수사원
외랑(工部都水司員外郞) 등의 직책을 역임하였다. 관직을 떠난 뒤에 강서(江西) 백록
동(白鹿洞), 산동(山東) 역산(嶧山), 안휘(安徽) 여양(廬陽) 등의 서원의 강석(講席)을 차
례로 주관하였다. 후에 태평군(太平軍)에게 피살당했다. 『청사고(淸史稿)』 「유림전
(儒林傳)」에 전이 있다. 저술한 『모시전전통석(毛詩傳箋通釋)』은 여러 설을 아울러 채
택하여 한(漢)·송(宋)의 문호를 세우지 않았다. 동시대 진환(陳奐)의 『모시전소(毛詩
傳疏)』와 더불어 모시 계열의 대표적 주석서였다.

26 호승공(胡承珙, 1776~1832) : 자는 경맹(景孟), 호는 묵장(墨莊). 청(淸) 가경(嘉慶) 10년
(1805)에 진사가 되었고, 한림원 서길사(翰林院庶吉士)를 제수받았고, 산관(散館) 때
에 편수(編修)로 임명되었다. 후에 어사(禦史), 급사중(給事中)을 역임하고 대만병비
도(臺灣兵備道)에 이르렀다. 『청사고(淸史稿)』 「유림전(儒林傳)」에 전이 있다. 저서로
는 『모시후전(毛詩後箋)』, 『의례고금문소의(儀禮古今文疏義)』, 『이아고의(爾雅古義)』 등
이 있다.

으로 삼았던 바를 고증하였다.【청대에『정전(鄭箋)』을 연구한 것으로는 강도(江都) 매식지(梅植之)가 본떠 지은『정전소(鄭箋疏)』가 있는데, 완성하지 못하였다.】

혜주척(惠周惕)이 지은『시설(詩說)』, 장존여(莊存與)가 쓴『모시설(毛詩說)』 같은 것은 따로 일파를 이루었으니, 훈고(訓詁)를 버리고 미언(微言)을 연구하였다.【예제(禮制)에 상세하다.】 위원(魏源)이 쓴『시고미(詩古微)』에서는『모시(毛詩)』를 배척하고 삼가(三家)의『시(詩)』를 종주로 삼았으나, 기존의 해석을 취사한 것이 매우 어지럽다. 공자진(龔自珍) 또한 위원(魏源)의 학설을 믿어 모형(毛亨)과 정현(鄭玄)을 비판하였고, 아울러 「서(序)」(「대서」와 「소서」)의 문장을 배척하였다. 또 정안(丁晏)은『시고보주(詩考補注)』를 짓고,【삼가(三家)『시(詩)』의 설을 전적으로 채택하였다.】 진교종(陳喬樅)[27]은『삼가시유설(三家詩遺說)』을 썼고 아울러『제시익씨학소증(齊詩翼氏學疏證)』을 지었는데, 모두 삼가(三家)를 위주로 하였으나 근거가 없는 말로 지루하게 해설하여 일가(一家)의 언설을 이루지 못하였다. 포세영(包世榮)이 쓴『모시예증(毛詩禮證)』, 초순(焦循)이 쓴『모시초목충어조수석(毛詩草木蟲魚鳥獸釋)』,【요병(姚炳)이 쓴『시석명해(詩釋名解)』, 진대장(陳大章)이 쓴『시전명물집람(詩傳名物集覽)』, 황중송(黃中松)이

---

27 진교종(陳喬樅, 1808~1869) : 자는 박원(樸園). 부친인 진수기(陳壽祺)와 더불어 모두 서한(西漢)의 금문경(今文經)을 집일(輯佚)하는 것에 종사하였다.『삼가시유설(三家詩遺說)』은 원래 명칭이『삼가시유설고(三家詩遺說考)』인데,『노시(魯詩)』,『제시(齊詩)』,『한시(韓詩)』삼가(三家)에 대해 한대(漢代)에 전수된 사법(師法)과 가법(家法) 및 그 사승(師承) 원류에 대해 모두 상세하게 분석하고 교정하였다. 그 외에 부친의 유업을 계승하여『예기정독고(禮記鄭讀考)』,『금문상서경설고(今文尙書經說考)』,『한시내외전보유(韓詩內外傳補遺)』,『서록(叙錄)』 등을 완성했다. 그 밖의 저서에『예당경설(禮堂經說)』과『모시정전개자고(毛詩鄭箋改字考)』,『시경사가이문고(詩經四家異文考)』,『제시익씨학소증(齊詩翼氏學疏證)』,『시위집증(詩緯集證)』 등이 있다.

쓴 『시의변증(詩疑辨證)』 등은 또한 초순과 같다.〕 등은 또한 대부분 많이 아는 것과 널리 들은 것을 인용하였다. 이것이 청대(淸代)의 시경학(詩經學)이다.

제33과

청대 춘추학(春秋學)

순치제(順治帝), 강희제(康熙帝) 시기에 『춘추(春秋)』를 해설한 자는 송유(宋儒)가 공언(空言)한 체례를 그대로 모방하였다. 예를 들어 방포 (方苞),[28]『춘추통론(春秋通論)』 유여언(俞汝言)[29]『춘추평의(春秋平義)』,『사전규 정(四傳糾正)』의 책들이 이것이다. 모기령(毛奇齡)은 『춘추전(春秋傳)』을

---

28 방포(方苞, 1668~1749) : 자는 봉구(鳳九), 영고(靈皐), 호는 망계(望溪). 학문을 논함에 송유(宋儒)를 한결같이 숭상하여 경(經)을 연구할 때 주희(朱熹), 정이(程頤), 정호(程顥)의 경설(經說)을 부연하였고, 특히 삼례(三禮)를 정밀히 연구하였다. 동성파 고문(桐城派古文)의 초조(初祖)가 되어 일대정종(一代正宗)으로 불려졌다. 저서로 『주관집증(周官集證)』,『주관석의(周官析疑)』,『주관변(周官辨)』,『의례석의(儀禮析疑)』,『고공기석의(考工記析疑)』,『예기석의(禮記析疑)』,『춘추직해(春秋直解)』 등 다수가 있고, 후대에 『망계전집(望溪全集)』으로 간행되었다.

29 유여언(俞汝言, 1614~1679) : 자는 우길(右吉). 명나라가 망한 후에 스스로 '절천노민(浙川老民)'이라 불렀다. 후에 각지를 주유하며 수집하여 책에 실은 것이 더욱 풍부하였는데 읽은 것이 모두 당시의 희소한 책이었으며, 돌아와 저술에만 힘썼는데 만년에 두 눈이 실명되었는데도 구술로 저술하였다. 저서로 『춘추평의(春秋平義)』,『사전규정(四傳糾正)』,『역경방도(易京房圖)』,『선유어록(先儒語錄)』,『예복연혁(禮服沿革)』,『시법보고(諡法補考)』 등이 있다.

지었고, 또『춘추간서간오(春秋簡書刊誤)』,『춘추속사비사기(春秋屬辭比事記)』를 지어 경문(經文)을 강(綱)으로 삼았으나 천착하여 가법(家法)이 없었다. 혜사기(惠士奇)는『춘추설(春秋說)』을 지어 전례(典禮)를 가지고『춘추』를 해설하였는데, 이 책 또한 삼전(三傳)을 잡다하게 뒤섞었다. 고동고(顧棟高)의『춘추대사표(春秋大事表)』는 광대하고 정밀하나 애석하게도 체례(體例)가 엄격하지 못하다.

『춘추좌씨전』를 연구한 것은 고염무(顧炎武)가『두해집정(杜解集正)』을 쓰면서부터 주학령(朱鶴齡)의『독좌일초(讀左日抄)』가 이것에 근본을 두었다. 혜동(惠棟),『좌전보주(左傳補注)』심동(沈彤),[30]『춘추좌전소소(春秋左傳小疏)』홍량길(洪亮吉),[31]『좌전고(左傳詁)』마종련(馬宗璉),[32]『좌전

---

30 심동(沈彤, 1688~1752) : 자는 관운(冠雲), 호는 과당(果堂). 청나라 건륭(乾隆) 원년(1736)에 삼례(三禮) 및『일통지(一統志)』수찬에 참여한 것으로 인해 구품관을 제수받았는데, 후에 부모가 연로함으로 사양하고 귀향하였다. 혜동(惠棟)과 벗으로 지냈고, 경을 연구하여 예학에 정통하였다.『청사고(淸史稿)』「유림전(儒林傳)」, 강번(江藩)의『한학사승기(漢學師承記)』에 전이 있다. 저서로『의례소소(儀禮小疏)』,『춘추좌씨전소소(春秋左氏傳小疏)』,『상서소소(尙書小疏)』,『주관녹전고(周官祿田考)』,『과당집(果堂集)』등이 있다.

31 홍양길(洪亮吉, 1746~1809) : 자는 치존(稚存), 군직(君直), 호는 북강(北江), 갱생거사(更生居士). 젊어서 주균(朱筠)에게서 배웠고, 대진(戴震), 소진함(邵晉涵), 왕염손(王念孫), 장학성(章學誠) 등과 교유하였다. 역사지리학, 성운학, 훈고학에 뛰어났다. 저서로『춘추좌전고(春秋左傳詁)』,『공양곡량고의(公羊穀梁古義)』,『비아(比雅)』,『육서전주록(六書轉注錄)』등이 있다. 이 외에『건륭부청주현도(乾隆府廳州縣圖)』,『삼국강역지(三國疆域志)』,『갱생재집(更生齋集)』등이 있는데, 나중에『홍북강유집(洪北江遺集)』으로 간행되었다.

32 마종련(馬宗璉, ?~1802) : 자는 기지(器之), 노진(魯陳). 어려서 요내(姚鼐)에게 배워 고훈(古訓)과 지리학(地理學)에 정통했는데, 나중에 소진함(邵晉涵), 임대춘(任大椿), 왕

보주(左傳補注)』】 양이승(梁履繩)【『좌전보석(左傳補釋)』】 등은 모두 두주(杜注)
를 바로잡고 가규(賈逵)와 복건(服虔)이 다하지 않은 말을 미루어 밝혔
는데, 이이덕(李貽德)[33]의 『가복고주집술(賈服古注輯述)』이 가장 잘 갖추
어졌다. 유맹첨(劉孟瞻)이 지은 『좌전구주정의(左傳舊注正義)』에 이르러
비로소 여러 설이 집대성되었다. 이것이 좌씨학(左氏學)이다.

『춘추공양전』을 연구한 것은 공광삼(孔廣森)[34]의 『공양통의(公羊通
義)』가 효시가 되어 예제(禮制)를 회통하고 하휴(何休)의 말을 묵수하지

염손(王念孫)에게 수학했다. 『모시(毛詩)』와 『주례(周禮)』 및 『춘추(春秋)』 삼전(三傳)에
조예가 깊었다. 완원(阮元)이 편찬한 『경적찬고(經籍纂詁)』의 범례를 바로잡았으
며, 고염무(顧炎武)의 『좌전두해보정(左傳杜解補正)』과 혜동(惠棟)의 『좌전보주(左傳補
注)』에 빠뜨린 것이 많다고 여겨 한위(漢魏)의 여러 설을 수집해 『좌전보주(左傳補
注)』를 저술했다. 그 밖의 저서에 『모정시고훈고증(毛鄭詩詁訓考證)』과 『주례정주소
증(周禮鄭注疏證)』, 『곡량전소증(穀梁傳疏證)』, 『설문자의광증(說文字義廣證)』, 『전국책
지리고(戰國策地理考)』, 『영남시초(嶺南詩抄)』 등이 있다.

33 이이덕(李貽德, 1783~1832) : 자는 천이(天彝), 호는 차백(次白). 일찍이 금릉(金陵) 손성
연(孫星衍)의 집에 머물면서 가깝게 지냈다. 손성연과 함께 『십삼경일주(十三經佚
注)』를 편찬했다. 마등부(馮登府), 주무재(周茂才), 장창구(張昌衢)와 명성이 나란하였
다. 저서에 『춘추좌씨전가복주집술(春秋左氏傳賈服注輯述)』과 『시고이(詩考異)』, 『시
경명물고(詩經名物考)』, 『주례잉의(周禮剩義)』, 『십칠사고이(十七史考異)』, 『남청각시초
(攬靑閣詩鈔)』 등이 있다.

34 공광삼(孔廣森, 1752~1786) : 자는 중중(衆仲), 휘약(撝約), 호는 손헌(㢝軒). 대진(戴震)의
문생이고, 요내(姚鼐)와 장존여(莊存與)를 사사하였다. 병문(騈文)으로 이름이 알려
졌으며, 아울러 공양학(公羊學) 부흥에 상당한 영향을 끼쳤다. 저서로 『춘추공양
전통의(春秋公羊傳通義)』, 『대대례기보주(大戴禮記補注)』, 『예학치언(禮學巵言)』, 『경학
치언(經學巵言)』 등이 있다.

않았다. 능서(凌曙)[35]가 쓴 『공양예설(公羊禮說)』, 『공양예소(公羊禮疏)』, 『공양문답(公羊問答)』은 또한 『예』를 줄기로 삼았다.【아울러 동중서(董仲舒)의 『춘추번로(春秋繁露)』를 주석하였다.】제자인 진립(陳立)[36]은 그 뜻을 넓혀 『공양정의(公羊正義)』를 지었다.【아울러 『백호통(白虎通)』에 소(疏)를 달았다.】장존여(莊存與)가 『춘추정사(春秋正辭)』를 지어 『춘추공양전』의 대의를 궁구하여 밝혔는데, 그의 생질 유봉록(劉逢祿)이 다시 『공양하씨석례(公羊何氏釋例)』, 『하씨해고전(何氏解詁箋)』을 지어 아울러 『춘추좌씨전』, 『춘추곡량전』을 배척하였다. 송상봉(宋翔鳳),[37] 위원(魏源), 공자

---

35 능서(凌曙, 1775~1829) : 자는 효루(曉樓), 자승(子昇). 청나라 도광(道光) 연간에 완원(阮元)의 막부에 들어가 교서(校書)하였다. 처음에는 예를 연구하며 정현(鄭玄)을 종주로 삼았으나 후에는 바꾸어 하휴(何休)가 공양(公羊)에 남겨 놓은 설을 종주로 삼았다. 『청사고(淸史稿)』 「유림전(儒林傳)」에 전이 있다. 저서로 『춘추번로주(春秋繁露注)』, 『춘추공양예소(春秋公羊禮疏)』, 『공양예설(公羊禮說)』, 『공양문답(公羊問答)』, 『예론약초(禮論略鈔)』, 『예설(禮說)』, 『사서전고핵(四書典故核)』 등이 있고, 나중에 『비운각능씨총서(蜚雲閣凌氏叢書)』로 모아져 판각되었다.

36 진립(陳立, 1809~1869) : 자는 탁인(卓人), 묵재(默齋). 능서(凌曙), 매식지(梅植之)를 사사하였고, 고문경학가 유문기(劉文淇)에게서 배워 『춘추공양전(春秋公羊傳)』, 허신(許愼)의 『설문해자(說文解字)』, 정현(鄭玄)의 『삼례주(三禮注)』에 두루 밝혔다. 『춘추공양전』을 정밀히 연구했는데, 당나라 이전의 구설(舊說)을 채집하고 청나라 공광삼(孔廣森), 유봉록(劉逢祿) 등의 고증학을 수용해 『공양의소(公羊義疏)』를 저술했다. 그 밖의 저서에 『백호통소증(白虎通疏證)』과 『설문해성자생술(說文諧聲孳生述)』, 『이아구주(爾雅舊注)』, 『구계잡저(句溪雜著)』 등이 있다.

37 송상봉(宋翔鳳, 1776~1860) : 자는 우정(虞廷), 우정(于庭). 외숙인 장술조(莊述祖)에게서 상주학파(常州學派)의 금문경학을 배웠고, 후에 단옥재(段玉裁)의 문하에 들어갔다. 경(經)을 연구하면서 서한(西漢) 동중서(董仲舒)의 천인감응론(天人感應論)으로 해설하고 참위(讖緯)를 섞었으며, 아울러 동한(東漢)의 허신(許愼)과 정현(鄭玄)의 학문을 연구하였다. 만년에 편찬한 『과정록(過庭錄)』은 양송(兩宋)의 이학(理學)을 표

진(龔自珍), 왕개운(王闓運)[38] 등은 모두『춘추공양전』의 뜻을 가지고 여러 경을 해설하였으니, 이것이 공양학(公羊學)이다.

『춘추곡량전』을 연구한 이로 후강(侯康),[39]『곡량례증(穀梁禮證)』】유흥은(柳興恩),[40]『곡량대의술(穀梁大義述)』】허계림(許桂林),[41]『곡량석례(穀梁釋

창하여 정주(程朱)와 동중서를 아울러 높이고 한(漢)·송(宋) 학술의 다툼을 조화시켰다. 저서로『주역고이(周易考異)』,『괘기해(卦氣解)』,『상서약설(尙書略說)』,『상서보(尙書譜)』,『논어정주(論語鄭注)』,『대학고의설(大學古義說)』등이 있는데, 나중에『부계정사총서(浮溪精舍叢書)』로 간행되었다.

38 왕개운(王闓運, 1832~1916) : 자는 임추(壬秋), 임보(壬父), 호는 상기(湘綺). 경학은 한학(漢學)을 종주로 하였고, 특히 춘추공양학(春秋公羊學)을 제창하여 당시의 고거학(考據學)에 반대했다. 저서에『주역설(周易說)』,『상서대전보주(尙書大傳補注)』,『상서전(尙書箋)』,『시경보전(詩經補箋)』,『주관전(周官箋)』,『예기전(禮記箋)』,『예경전(禮經箋)』,『춘추공양전전(春秋公羊傳箋)』,『춘추예표(春秋例表)』,『논어훈(論語訓)』,『이아집해(爾雅集解)』등이 있다.

39 후강(侯康, 1798~1837) : 초명은 정해(廷楷), 자는 군모(君模). 춘추학(春秋學)에 뛰어났다. 일찍이 배송지(裴松之)가 주석한『삼국지(三國志)』의 체례를 본떠 수나라 이전 여러 사서를 주석하였다.『청사고(淸史稿)』「유림전(儒林傳)」에 전이 있다. 저서로『춘추고경설(春秋古經說)』,『곡량소증(穀梁疏証)』,『후한서보주(後漢書補注)』,『삼국지보주(三國志補注)』등이 있다.

40 유흥은(柳興恩, 1795~1880) : 초명은 흥종(興宗), 자는 빈숙(賓叔). 완원(阮元)에게서 수업을 받았다.『춘추곡량전(春秋穀梁傳)』연구로 유명하였다.『청사고(淸史稿)』「유림전(儒林傳)」에 전이 있다. 저서로『곡량춘추대의술(穀梁春秋大義述)』30권,『주역괘기보(周易卦氣輔)』,『우씨일상고(虞氏逸象考)』,『상서편목고(尙書篇目考)』,『군경이의(群經異義)』,『모시주소규보(毛詩注疏糾補)』등이 있다.

41 허계림(許桂林, 1779~1821) : 자는 월남(月南), 동숙(同叔). 감천(甘泉) 나사림(羅士琳, 1779~1858)이 그에게 배웠다.『춘추곡량전(春秋穀梁傳)』에 뛰어났으며, 문자(文字), 천문(天文), 산학(算學)에 걸쳐 연구하였다.『청사고(淸史稿)』「유림전(儒林傳)」에 전이

例)』종문증(鍾文烝)⁴²『곡량보주(穀梁補注)』등은 모두 의소(義疏)를 비판하였다. 매육(梅毓)⁴³이 쓴『곡량정의(穀梁正義)』는 또한 책으로 완성되지 못하였다. 이것이 곡량학(穀梁學)이다. 단옥재가 고경(古經)을 교정하고, 진후요(陳厚耀)⁴⁴가 역보(歷譜)를 교정하고, 강영(江永)이 지리를 고구한 것은 모두 유용한 학문이었다. 이것이 청대의 춘추학(春秋學)이다.

있다. 저서로『춘추곡량전일월서법석례(春秋穀梁傳日月書法釋例)』,『역확(易確)』,『허씨설음(許氏設音)』,『산유(算牖)』등이 있다.

42 종문증(鍾文烝, 1818~1877) : 자는 전재(展才), 조미(朝美), 호는 자근(子勤). 동치(同治) 초기에 강소(江蘇) 충의국(忠義局)의 초빙에 응해 편찬을 역임하였다. 경을 연구함에 한결같이 한학(漢學)만을 종주로 삼았는데, 저술한『곡량보주(穀梁補注)』는 동진(東晉) 범녕(範寧)의『춘추곡량전집해(春秋穀梁傳集解)』에 대한 보충으로 현전하는 청인 십삼경신소(淸人十三經新疏) 중 비교적 좋은 것이다.『청사고(淸史稿)』「유림전(儒林傳)」에 전이 있다. 별저로『노논어(魯論語)』,『논어서(論語序)』,『향당집설비고(鄕黨集說備考)』등이 있다.

43 매육(梅毓, 1843~1882) : 자는 연조(延祖), 매식지(梅植之)의 아들. 일찍이『곡량정의창통조례(穀梁正義創通條例)』를 모방하여 지었는데, 장편(長編)이 이미 갖추어졌으나 정본으로 완성하지 못하고 죽었다.『청사고(淸史稿)』「유림전(儒林傳)」에 전이 있다. 저서로『곡량정의장편(穀梁正義長編)』,『유갱생연표(劉更生年表)』가 세상에 전해진다.

44 진후요(陳厚耀, 1648~1722) : 자는 사원(泗源), 호는 서봉(曙峰). 천문역법(天文算法)에 정통한 것으로 인해 매곡성(梅穀成)과 함께 역서(曆書)를 편수하였다. 일찍이 두예(杜預)의『장력(長曆)』을 보완하여『춘추장력(春秋長曆)』을 저술했다.『청사고(淸史稿)』「유림전(儒林傳)」에 전이 있다. 저서로『춘추전국이사(春秋戰國異辭)』,『예기분류(禮記分類)』,『춘추세족보(春秋世族譜)』등이 있다.

제34과

청대 예학(禮學)

　청대에 삼례학(三禮學)을 연구한 것은 서건학(徐乾學)[45]의 『독례통고(讀禮通攷)』에서 시작되었다.【겨우 흉례(凶禮) 한 항목뿐이다.】만사대(萬斯大),[46]【『학례질의(學禮質疑)』, 『의례상(儀禮商)』, 『예기우전(禮記偶箋)』을 지었다.】채덕진(蔡德晉),【『예경예전본의(禮經禮傳本義)』와 『통례(通禮)』를 지었다.】모기

---

45 서건학(徐乾學, 1631~1694) : 자는 원일(原一), 호는 건암(健庵). 고염무(顧炎武)의 생질. 일찍이 당대(唐代)에서 명대(明代)까지의 경학을 해설한 책을 모아 『통지당경해(通志堂經解)』를 편집하였다. 그가 지은 『독례통고(讀禮通考)』는 주희(朱熹)의 『의례경전통석(儀禮經傳通釋)』을 본떠서 역대의 전장제도(典章制度)를 전적으로 고증하고 상례(喪禮)를 더욱 상세히 하였으니, 이 책은 중국 고대 상례를 연구하는 데 중요한 참고서이다.

46 만사대(萬斯大, 1633~1683) : 자는 충종(充宗), 만호는 파옹(跛翁), 학자들은 갈부선생(褐夫先生)이라 불렀다. 동생 만사동(萬斯同)과 함께 황종희(黃宗羲)를 사사했다. 경전으로 경전을 해석하는 방식은 전주의 잘못을 깨닫는 데 아무 도움도 되지 않는다고 주장했다. 특히 춘추학과 삼례(三禮), 예학을 깊이 배워, 여러 학자의 설을 융합했고, 한송(漢宋) 학자들에 얽매이지 않았다. 『주례(周禮)』가 주공(周公)의 작품이 아니며 후인들의 가탁이라고 보았다. 저서에 『학춘추수필(學春秋隨筆)』, 『학례질의(學禮質疑)』, 『주관변비(周官辨非)』, 『의례상(儀禮商)』, 『예기우전(禮記偶箋)』 등이 있다.

령(毛奇齡),【혼례(昏禮), 상례(喪禮), 제례(祭禮), 묘제(廟制), 학교(學校), 명당(明堂), 종법(宗法), 교체(郊禘)에 관해 모두 저술이 있다.】 성세좌(盛世佐)【『의례집편(儀禮集編)』】가 모두 예경(禮經)을 연구하였으나 잡다하여 가법(家法)이 없다. 안계(安溪) 이씨(李氏) 또한 삼례(三禮)에 조예가 깊었고,【이광지(李光地)가 『주관필기(周官筆記)』를 지었고, 그 아우 이광파(李光坡)가 다시 『삼례술주(三禮述注)』를 지었으며, 이광지의 아들인 이종륜(李鍾倫)이 또한 『주례훈찬(周禮訓纂)』을 지었다.】 방포(方苞)가 이광지에게 수학하여 예학에 전심전력하였으나,【삼례에 관해 모두 책이 있다.】 그 또한 주관적으로 판단하여 조리가 없었다.

오직 장이기(張爾岐)[47]의 『의례정주구두(儀禮鄭注句讀)』는 장구를 분석한 것이 조리 정연하였고, 오정화(吳廷華),[48]『의례장구(儀禮章句)』 김

---

47 장이기(張爾岐, 1612~1677) : 호는 호암(蒿庵), 한만(汗漫). 정주(程朱)의 이학(理學)을 독신(篤信)하고 왕양명의 양지설(良知說)을 반대했다. 『산동통지(山東通志)』를 편수할 때 고염무(顧炎武)와 사귀어 학문을 논했고, 유우생(劉友生), 이상선(李象先), 이옹(李顒), 왕굉(王宏) 등과도 절친했다. 명나라 말에 제생(諸生)이 되었으나 명나라가 망하자 벼슬할 뜻을 버리고 『의례(儀禮)』 연구에 잠심하여 평생 저술하였다. 『주역(周易)』과 『시경(詩經)』에도 뛰어나 『주역설략(周易說略)』과 『시경설략(詩經說略)』을 저술했다. 만년에는 『춘추(春秋)』에 잠심하여 『춘추전의(春秋傳義)』를 지었지만 완성하지 못하고 죽었다. 그 밖의 저서에 『노자략설(老子說略)』과 『하소정전주(夏小正傳注)』 등이 있다.

48 오정화(吳廷華, 1682~1755) : 초명은 난방(蘭芳), 자는 중림(中林), 호는 동벽(東壁). 청나라 강희(康熙) 53년(1714) 오경(五經)으로 향시(鄕試)에 급제하였으며, 건륭(乾隆) 15년(1750) 경학(經學)으로 천거되었다. 『청사고(淸史稿)』 「유림전(儒林傳)」에 전이 있다. 저서로 『삼례의의(三禮疑義)』, 『의례장구(儀禮章句)』, 『곡태소록(曲台小錄)』, 『동벽서장집(東壁書莊集)』 등이 있다.

일추(金日追),[49]『의례정위(儀禮正僞)』심동(沈彤),『의례소소(儀禮小疏)』저
인량(褚寅亮)[50]『의례관견(儀禮管見)』또한 한나라의 훈고(訓詁)를 종주로
삼아 『의례(儀禮)』를 연구하였다. 강영(江永)이 『예경강목(禮經綱目)』을
지으니 삼례(三禮)에 모두 저작이 있게 되었다.【『주례의의거요(周禮疑義擧
要)』,『예기훈의택언(禮記訓義擇言)』,『석궁보(釋宮補)』를 지었다.】대진(戴震)【『고
공기도(考工記圖)』를 지었다.】과 김방(金榜)[51]『예전(禮箋)』을 지었다.】이 그 학
문을 계승하였으며, 함께 공부하던 학사로 호광충(胡匡衷),[52]『의례석궁

---

49 김일추(金日追, 1737~1781) : 자는 대양(對揚), 호는 박원(璞園). 왕명성(王鳴盛)의 문인으
　　로, 교감에 정밀하여 십삼경(十三經)에 관해 모두 교감이 있다. 완원이『의례경석』
　　을 교감할 때, 그의 학설을 많이 채택하였다.『청사고(清史稿)』「유림전(儒林傳)」에
　　전이 있다. 저서로『의례경주소정위(儀禮經注疏正僞)』가 있다.

50 저인량(褚寅亮, 1715~1790) : 자는 진승(搢升), 호는 학려(鶴侶), 종정(宗鄭). 일찍이『춘
　　추공양전(春秋公羊傳)』에 관한 하휴(何休)의 학설을 익혔고, 뒤에 정현(鄭玄)의 학설
　　을 위주로 하여『의례(儀禮)』에 정밀하였다. 아울러 천문(天文)과 역산(曆算)에도 정
　　통하였다.『청사고(清史稿)』「유림전(儒林傳)」에 전이 있다. 저서로『춘추공양전석
　　례(春秋公羊傳釋例)』30권,『의례관견(儀禮管見)』,『십삼경필기(十三經筆記)』등이 있다.

51 김방(金榜, 1735~1801) : 자는 보지(輔之), 예중(蕊中), 호는 경재(檠齋). 대진(戴震)과 함
　　께 강영(江永)을 사사하였으며,『예(禮)』를 연구함에 정현(鄭玄)을 종주로 삼았다.
　　『청사고(清史稿)』「유림전(儒林傳)」과 강번(江蕃)의『한학사승기(漢學師承記)』에 전이
　　있다. 저서로『예전(禮箋)』이 있다.

52 호광충(胡匡衷, ?~?) : 자는 인신(寅臣), 호는 박재(樸齋). 호배휘(胡培翬)의 조부. 경학
　　(經學)에 힘써 선유(先儒)들의 학설에 얽매이지 않고 이경증경(以經證經)의 방법으
　　로 경전을 연구하여 독자적인 견해를 많이 피력했다. 조카 호병건(胡秉虔), 손자
　　호배휘와 함께 '적계삼호(績溪三胡)'라 일컬어졌다. 그가 지은『의례석관(儀禮釋官)』
　　은 삼례(三禮)와『좌전(左傳)』,『국어(國語)』를 상호 참조하여 고증한 것으로, 옛날
　　주소(注疏)의 흠결을 많이 보완했다. 그 밖의 저서에『주역전의의참(周易傳義疑參)』
　　과『삼례차기(三禮箚記)』,『주례정전도고(周禮井田圖考)』,『좌전익복(左傳翼服)』,『논어

(儀禮釋宮)』을 지었다.】 정요전(程瑤田)【『종법소기(宗法小記)』, 『상복족징록(喪服足徵錄)』, 『석궁소기(釋宮小記)』, 『고공창물소기(考工創物小記)』를 지었고, 수지(水地)와 성율(聲律)의 학문에도 아울러 정통했다.】이 있다. 그 뒤로는 능정감(凌廷堪),[53] 호배휘(胡培翬)가 있는데, 능정감의 『예경석례(禮經釋例)』가 가장 정밀하다. 임대춘(任大椿),【『석증(釋繒)』과 『변복석례(弁服釋例)』를 지었다.】완원(阮元),[54]【『거제고(車制考)』를 지었다.】 공광삼(孔廣森)【『대대례보주(大戴禮補注)』를 지었다.】은 모두 대진에게 『예(禮)』를 배웠다. 장혜언(張惠言)이 동방(同榜)의 동학(同學)들과 지은 『의례도(儀禮圖)』와 진혜전(秦蕙田)의 『오례통고(五禮通考)』【삼례(三禮)를 집대성하였다.】 또한 강영(江永)과 대진의 서언(緒言)을 채집하였다.

고본증이(論語古本證異)』, 『논어보전(論語補箋)』, 『장자집평(莊子集評)』, 『이소집주(離騷集注)』 등이 있다.

53 능정감(凌廷堪, 1755~1809) : 자는 차중(次仲). 천문, 역산에서부터 고금의 강역, 직관의 이동, 사전의 착오 등에 박학하였는데, 특히 예학에 정통하였다. 당대의 명유인 공광삼(孔廣森), 초순(焦循), 유태공(劉台拱), 장학성(章學誠) 등과 교유하였는데, 강번(江藩)과 가장 친밀하였다. 그가 지은 『예경석례(禮經釋例)』는 『예경(禮經)』을 연구한 가작(佳作)으로 칭송받는다. 『청사고(淸史稿)』 「유림전(儒林傳)」과 강번의 『한학사승기(漢學師承記)』에 전이 있다. 저서로 『예경교석(禮經校釋)』, 『교례당문집(校禮堂文集)』, 『교례당시집(校禮堂詩集)』, 『원유산연보(元遺山年譜)』 등이 있다.

54 완원(阮元, 1764~1849) : 자는 백원(伯元), 호는 운대(芸臺). 관직에 있으면서 학자를 육성하고 학술을 진흥하는 일에 힘썼다. 청나라 여러 학자의 경학에 관한 저술을 집대성하여 『황청경해(皇淸經解)』를 편찬하고, 금석문 연구인 『적고재종정이기관지(積古齋鐘鼎彝器款識)』 등을 찬술하여 청나라 고증학을 집대성했다. 『경적찬고(經籍纂詁)』와 『주인전(疇人傳)』을 편찬하였고, 십삼경주소(十三經注疏)를 수집하여 판각하였고, 고경정사(詁經精舍) 등의 서원을 지어서 학사를 가르치면서 50여 년 동안 학술을 관장하였다. 그의 저서는 『연경실집(揅經室集)』에 모두 수록되어 있다.

호배휘(胡培翬)가 『의례정의(儀禮正義)』를 지은 이래로 주빈(朱彬)은 『예기훈찬(禮記訓纂)』을 지었고 손이양(孫詒讓)[55]은 『주례정의(周禮正義)』를 지었으니, 삼례(三禮)의 신소(新疏)가 모두 구소(舊疏)보다 빼어나게 되었다.[56] 뒤에 출현한 책으로는 황이주(黃以周)의 『예서통고(禮書通故)』가 있는데, 이것이 가장 상세하게 갖추어졌다. 대저 『예경(禮經)』을 논한 학자로 혜사기(惠士奇),〔『예설(禮說)』〕 장존여(莊存與),〔『주관설(周官說)』〕 능서(凌曙)〔『예론(禮論)』〕가 있으며, 명물(名物)과 제도(制度)를 고증한 학자로는 제소남(齊召南),[57] 심동(沈彤),〔『주관녹전고(周官祿田考)』〕 왕명성(王

---

55 손이양(孫詒讓, 1848~1908) : 자는 중용(仲容), 중송(仲頌), 호는 주경거사(籀廎居士). 만년에 온주사범학당(溫州師範學堂)을 관장하였고, 절강교학회(浙江敎學會) 회장 등의 직임을 맡았다. 선진제자(先秦諸子), 문자학(文字學), 갑골문(甲骨文) 등에 관해 모두 연구가 있다. 그가 지은 『주례정의(周禮正義)』는 『주례(周禮)』를 해석한 비교적 완비된 저작이다. 『청사고(淸史稿)』 「유림전(儒林傳)」에 전이 있다. 그 밖의 저서로 『묵자간고(墨子閒詁)』, 『고주습유(古籀拾遺)』, 『계문거례(契文擧例)』, 『예이(禮迻)』, 『명원(名原)』 등이 있다.

56 청대 학자들의 9종의 신소(新疏)는 다음과 같다. 강성(江聲)의 『상서집주음소(尙書集注音疏)』, 왕명성(王鳴盛)의 『상서후안(尙書後案)』, 손성연(孫星衍)의 『상서금고문주소(尙書今古文注疏)』, 진환(陳奐)의 『시모씨전소(詩毛氏傳疏)』, 호배휘(胡培翬)의 『의례정의(儀禮正義)』, 유문기(劉文淇)의 『좌전구주소증(左傳舊注疏證)』, 진립(陳立)의 『춘추공양전의소(春秋公羊傳義疏)』, 유보남(劉寶楠)의 『논어정의(論語正義)』, 초순(焦循)의 『맹자정의(孟子正義)』, 소진함(邵晉涵)의 『이아정의(爾雅正義)』, 학의행(郝懿行)의 『이아의소(爾雅義疏)』, 손이양(孫詒讓)의 『주례정의(周禮正義)』이다.

57 제소남(齊召南, 1703~1768) : 자는 차풍(次風), 호는 경태(瓊台), 만년의 호는 식원(息園). 건륭(乾隆) 원년(1736) 박학홍사과(博學鴻詞科)로 천거되어 서길사(庶吉士)에 제수되어 『일통지(一統志)』와 『명감강목(明鑑綱目)』을 편수하였다. 뒤에 한림원 검토(翰林院檢討)에 제수되었는데, 문학(文學)을 선양했다고 건륭제의 상찬을 받았다. 『청사고(淸史稿)』에 전이 있다. 저서로 『수도제강(水道提綱)』 30권, 『사한공신후제고(史漢

鳴盛),『주례군부설(周禮軍賦說)』】 혜동(惠棟),『명당대도록(明堂大道錄)』 김악
(金鶚)[58]『예설(禮說)』이 있으며, 삼례(三禮)를 의심한 학자로는 방포(方
苞),『의주례의례(疑周禮儀禮)』】 소위서(邵位西)[59]『의의례(疑儀禮)』】가 있다.
이것이 청대(淸代)의 삼례학(三禮學)이다.

功臣侯第考)』,『역대제왕표(歷代帝王表)』등이 있다.

58 김악(金鶚, 1771~1819) : 자는 봉천(鳳薦), 호는 성재(誠齋). 예학에 정통하였고, 일찍이
    항주(杭州)의 고경정사(詁經精舍)에서 학습하였다.『청사고(淸史稿)』「유림전(儒林傳)」
    에 전이 있다. 저서로는『구고록(求古錄)』,『예설(禮說)』,『향당정의(鄕黨正義)』등이
    있다.

59 소위서(邵位西, 1810~1861) : 소의진(邵懿辰)으로, 위서(位西)는 그의 자이다. 이학(理學)
    으로 경(經)을 해설하고 한학(漢學)을 배척하였다. 그가 지은『예경통론(禮經通論)』
    은 이광지(李光地)의 이학을 크게 선양하였으며,『상서통의(尙書通義)』는 유흠(劉歆)
    을 배척하고 매색(梅賾)을 존숭하였다. 그 밖의 저서로『상서전수동이고(尙書傳授
    同異考)』,『효경통론(孝經通論)』,『위서유고(位西遺稿)』,『사고간명목록표주(四庫簡明目
    錄標注)』등이 있다.

제35과

청대 논어학(論語學)

— 『맹자』, 『대학』, 『중용』을 덧붙여 논함 —

국초의 유학자 가운데 『논어(論語)』를 연구한 자는 모두 주희(朱熹)의 주를 종주로 삼아 헛되이 의리(義理)를 말하였다. 유태공(劉台拱),[60] 【『논어병지(論語駢枝)』를 지었다.】 방관욱(方觀旭), 【『논어우기(論語偶記)』를 지었다.】 전점(錢坫),[61] 【『논어후록(論語後錄)』을 지었다.】 포신언(包愼言) 【『논어온고록(論語溫故錄)』을 지었다.】에 이르러 비로소 한대(漢代)의 주(注)를 종주로 삼아 『논어』를 연구하였고, 유보남(劉寶楠)의 『논어정의(論語正義)』

---

60 유태공(劉台拱, 1751~1805) : 자는 단림(端臨). 주균(朱筠), 왕염손(王念孫), 대진(戴震)과 교유를 나누었으며, 한학(漢學)과 송학(宋學)을 아울러 취했다. 『청사고(淸史稿)』 「유림전(儒林傳)」과 강번(江藩)의 『한학사승기(漢學師承記)』에 전이 있다. 저서로 『논어병지(論語駢枝)』, 『한학습유(漢學拾遺)』, 『순자보주(荀子補注)』, 『국어보주(國語補注)』 등이 있다.

61 전점(錢坫, 1744~1806) : 자는 헌지(獻之), 호는 십란(十蘭). 전대흔(錢大昕)의 조카이자 전당(錢塘)의 동생이다. 훈고(訓詁)와 여지학(輿地學)에 정통했다. 주균(朱筠), 홍량길(洪亮吉), 필원(畢沅), 손성연(孫星衍) 등과 학문을 토론했다. 마융(馬融)과 정현(鄭玄), 공영달(孔穎達), 가공언(賈公彦)의 주소(注疏)를 상세히 논변했다. 저서로 『시음표(詩音表)』, 『군제고(軍制考)』, 『논어후록(論語後錄)』, 『십경문자통정서(十經文字通正書)』 등이 있으며, 뒤에 『전씨사종(錢氏四種)』에 모아 판각하였다.

는 하안(何晏)의『논어집해(論語集解)』를 위주로 여러 학설을 집대성하였다. 뒤에 유봉록(劉逢祿),【『논어술하(論語述何)』를 지었다.】송상봉(宋翔鳳),【『논어발미(論語發微)』를 지었다.】대망(戴望)【『논어주(論語注)』를 지었다.】은 모두『춘추공양전(春秋公羊傳)』으로『논어』를 풀어 별도로 일가의 학설을 이루었고, 초순(焦循)의『논어통석(論語通釋)』은 이치를 분석한 것이 더욱 정밀하며, 강영(江永)의『향당도고(鄕黨圖考)』또한 명물과 제도를 전심하여 연구하였다. 그 뒤를 이어 출현한 책으로는 황식삼(黃式三)[62]의『논어후안(論語後案)』이 있는데, 한(漢)과 송(宋)의 주석을 공평하게 채택하려고 노력하였고 간혹 훌륭한 견해도 있었다.

청대의 유학자 가운데『맹자(孟子)』를 연구한 자들 또한 헛되이 성리(性理)를 말하였는데, 오직 황종희(黃宗羲)의『맹자사설(孟子師說)』만 다소 우수하다. 초순(焦循)의『맹자정의(孟子正義)』는 조기(趙岐)의 주를 절충하여 광대하고 정밀하며, 대진(戴震)의『맹자자의소증(孟子字義疏證)』은 의리(義理)를 해석함에 송대의 학설을 물리치고 한대의 학설을 숭상하였으니, 또한 청대의 기서(奇書)이다.

국초에『대학(大學)』과『중용(中庸)』을 연구한 학자들 또한 주희(朱熹)의 정본(定本)을 추종하였다. 모기령(毛奇齡)【『대학증문(大學證文)』을 지었다.】과 이공(李塨)【『대학변업(大學辨業)』】이 처음 송(宋)의 주석을 배척한 이래로, 이광지(李光地)가『대학(大學)』을 연구한 것이 또한 고본(古本)

---

62 황식삼(黃式三, 1789~1862) : 자는 미향(薇香). 경적(經籍)에 해박하고 정통하여 삼례(三禮)를 정밀하게 연구했다. 그가 지은『논어후안(論語後案)』은 한(漢), 송(宋) 학자들의 견해를 견지하지 않았기 때문에 이렇게 이름한 것이다. 그 밖의 저서로『시서설통(詩序說通)』,『시전전고(詩傳箋考)』,『춘추석(春秋釋)』,『음운부략(音韻部略)』,『시총설(詩叢說)』,『경거집경설(儆居集經說)』등이 있다.

을 회복하는 것을 위주로 하였으나, 그가 지은『중용장단(中庸章段)』만은 헛되이 의리를 말하는 것을 인습하였다. 건륭(乾隆), 가경(嘉慶) 연간 이후로 한대(漢代)의 학설을 연구한 학자는『대학』과『중용』을『예기(禮記)』로 되돌려 놓았는데, 왕중(汪中)의『대학평의(大學評議)』는 더욱 근본을 바로잡은 논설이다. 혜동(惠棟)【『역대의(易大義)』】과 위원(魏源)【『역용통의(易庸通義)』】은『주역(周易)』으로『중용』을 풀었고, 송상봉(宋翔鳳)과 포신언(包愼言)은『춘추공양전(春秋公羊傳)』으로『중용』을 풀어 별도로 일파가 되었다.

청대 유학자들은 대체로 한나라의 학설을 종주로 하지만,『대학(大學)』,『중용(中庸)』,『논어(論語)』,『맹자(孟子)』는 사서(四書)라 하여 대체로 송나라 학자의 명칭을 그대로 인습하였다. 모기령(毛奇齡)이 지은『사서개착(四書改錯)』은 주희의 주를 배척하는 데 온 힘을 다하였으며, 염약거(閻若璩)의『사서석지(四書釋地)』와 적호(翟灝)[63]의『사서고이(四書攷異)』와 능서(凌曙)의『사서전고핵(四書典故覈)』은 고증이 또한 정밀하니, 모두 한나라의 주를 종주로 하고 송나라의 주를 배척하였다.

---

63 적호(翟灝, 1736~1788) : 자는 대천(大川), 청강(晴江). 문자와 훈고에 정통하였으며, 사서(四書)에도 능통하여 한송(漢宋) 제유(諸儒)의 학설을 널리 취하여『사서고이(四書考異)』를 저술했다. 그 밖의 저서에 곽박(郭璞)의 주(注)를 보충한『이아보곽(爾雅補郭)』과『설문칭경증(說文稱經證)』,『호산편람(湖山便覽)』,『간산잡지(艮山雜志)』,『통속편(通俗編)』,『무불의재고(無不宜齋稿)』등이 있다.『청사고(淸史稿)』「유림전(儒林傳)」에 전이 있다.

청대 효경학(孝經學)

－『이아』를 덧붙여 논함 －

　청대의 유학자가『효경(孝經)』을 연구한 것은 모기령(毛奇齡)에서 시작되었다. 모기령이 지은『효경문(孝經問)』은 주자(朱子)와 오징(吳澄)의 학설을 배척하였으나, 공리(空理)로 논박하여 자못 저서의 체재에 어긋났다. 완복(阮福)이『효경의소(孝經義疏)』를 지어 정주(鄭注)가 정현(鄭玄)의 손자인 정소동(鄭小同)의 저술이라고 확정한 이래로, 근래 사람 피석서(皮錫瑞)[64]는 다시『효경정주소(孝經鄭注疏)』를 지어 정주(鄭注)의 뜻을 확대하였다. 정안(丁晏)의『효경징문(孝經徵文)』은 인용이 폭넓은데 공안국(孔安國)의 전(傳)이 위서(僞書)라고 힘써 공격하였으며, 왕종기(汪宗沂)의『효경집전(孝經輯傳)』은 다시 정주(鄭注)가 이치에 맞지

---

[64] 피석서(皮錫瑞, 1850~1908) : 자는 녹문(鹿門). 금문경학가(今文經學家)인 복생(伏生)을 숭상하여 '사복선생(師伏先生)'이라 일컬어진다. 생전에 강유위(康有爲)와 양계초(梁啓超)의 변법(變法) 이론을 추숭하였다. 그가 지은『경학역사(經學歷史)』와『경학통론(經學通論)』은 근대 중국의 학계에 매우 큰 영향을 끼쳤다. 그 밖의 저서로『금문상서고증(今文尚書考證)』,『왕제전고문상서(王制箋古文尚書)』,『육예론소증(六藝論疏證)』,『박오경이의소증(駁五經異義疏證)』등 여러 종이 있으며, 모두『사복당총서(師伏堂叢書)』와『피씨팔종총서(皮氏八種叢書)』에 수록되어 있다.

않는다고 공격하였다. 요제항(姚際恒)[65]은 『고금위서고(古今僞書考)』를 지어 『효경』을 곧바로 위서에 배열하여 장우(張禹)와 동시대인이 지은 것이라고 확정하였으니, 아마도 고증에 소홀했던 모양이다.

청대의 유학자 가운데 한나라의 학설을 연구한 학자는 모두 『이아(爾雅)』를 연구하여 고훈(古訓)을 종주로 삼았다. 소진함(邵晉涵)[66]은 『이아정의(爾雅正義)』를 지었는데, 곽박(郭璞)의 주를 위주로 하고 '소(疏)는 주(注)를 깨뜨리지 않는다'는 상례를 고수하였다. 학의행(郝懿行)은 다시 『이아의소(爾雅義疏)』를 지었는데, 이 역시 곽박의 주를 종주로 삼았으나 주에 오류가 있으면 한나라의 주를 널리 채집하거나 자기의 학설로 바로잡았다. 그는 또한 명칭을 바로잡고 사물을 변별함에 모두 글자의 음으로 글자의 뜻을 구하였으니, 대개 완원(阮元)에게 전수받은 것이다. 장용(臧庸)[67]은 『이아(爾雅)』의 구주(舊注)를 편집

---

65 요제항(姚際恒, 1647~1715) : 자는 입방(立方), 수원(首源), 호는 선부(善夫). 학문이 깊고 넓어 저술이 매우 많다. 그가 지은 『고금위서고(古今僞書考)』는 청나라 초기에 위서를 변별한 명작의 하나이다. 일찍이 염약거(閻若璩)가 편찬한 『상서고문소증(尚書古文疏證)』의 영향을 받았다. 『청사고(清史稿)』 「유림전(儒林傳)」에 전이 있다. 그 밖의 저서로 『구경통론(九經通論)』, 『용언록(庸言錄)』 등이 있다.

66 소진함(邵晉涵, 1743~1796) : 자는 여동(與桐), 이운(二雲), 호는 남강(南江). 절동학파(浙東學派)의 전통을 계승했고, 사학(史學)에 정통했다. 그가 지은 『이아정의(爾雅正義)』는 청대 13경 신소(新疏)의 하나이다. 그가 여러 경서를 교감한 성과는 모두 『남강찰기(南江札記)』 안에 보존되어 있다.

67 장용(臧庸, 1767~1811) : 본명은 용당(鏞堂), 자는 재동(在東), 호는 배경(拜經). 노문초(盧文弨)를 사사했고, 전대흔(錢大昕), 단옥재(段玉裁) 등의 학자들과 학문을 연마했다. 일찍이 완원(阮元)의 막부에 들어가 『경적찬고(經籍纂詁)』를 집성하는 데 협력했고, 십삼경주소(十三經注疏)를 교감했으며, 증조부 장림(臧琳)과 자기의 책을 『배경당총

하였고, 섭혜심(葉蕙心)은 다시 『이아고주각(爾雅古注斠)』을 지었는데, 모두 한(漢), 위(魏) 이전의 옛 학설을 널리 채록하되 말을 잘 절충하였다. 또 근래 사람 호원옥(胡元玉)이 지은 『아학고(雅學考)』는 아학(雅學)의 원류에 대해 차례로 논술한 것이 매우 상세하다.

『이아』 이외에, 장읍(張揖)의 『광아(廣雅)』에 소(疏)를 단 학자로는 왕염손(王念孫)[68]이 있다. 양웅(揚雄)의 『방언(方言)』에 소를 단 학자로는 대진(戴震)과 전동(錢侗)[69]이 있으며, 항세준(杭世駿)[70]은 다시 『속방언(續方言)』을 지었고 심령(沈齡)이 여기에 소를 달았다. 유희(劉熙)의 『석명(釋名)』에 소를 단 학자로는 강성(江聲)과 필원(畢沅)[71]이 있다. 허

각(拜經堂叢刻)』으로 판각하였다. 저서로 『효경고이(孝經考異)』, 『악기이십삼편주(樂記二十三篇注)』, 『자하역전(子夏易傳)』, 『시고이(詩考異)』, 『한시유설(韓詩遺說)』 등이 있다.

68 왕염손(王念孫, 1744~1832) : 자는 회조(懷祖), 호는 석구(石臞). 『독서잡지(讀書雜志)』를 지어서 청대 제자서 연구의 선편을 잡았다. 저서로 『광아소증(廣雅疏證)』, 『석대(釋大)』, 『방언소증보(方言疏證補)』, 『군경자류(群經字類)』, 『일주서잡지(逸周書雜志)』 등이 있다.

69 전동(錢侗, 1778~1815) : 자는 동인(同人), 호는 조당(趙堂). 전대흔(錢大昕)의 조카이다. 『설문(說文)』과 경사 연구에 치력하여 많은 저술을 남겼다. 저술에 『맹자정의(孟子正義)』, 『악사당문집(樂斯堂文集)』, 『구경보운고(九經補韻考)』, 『설문음운표(說文音韻表)』 등이 있다. 『청사고(淸史稿)』 「유림전(儒林傳)」에 전이 있다.

70 항세준(杭世駿, 1695~1772) : 자는 대종(大宗), 호는 근보(菫浦), 진정산민(秦亭山民), 아준(阿駿), 당호는 도고당(道古堂). 『청사고(淸史稿)』 「문원전(文苑傳)」에 전이 있다. 저서로 『예례(禮例)』, 『속예기집설(續禮記集說)』, 『석경고이(石經考異)』, 『속방언(續方言)』, 『사기고이(史記考異)』, 『한서소증(漢書疏證)』, 『보진서전찬(補晉書傳贊)』 등이 있다.

71 필원(畢沅, 1730~1797) : 자는 상형(湘蘅), 호는 추범(秋帆), 영암산인(靈巖山人). 고증을 궁구할 것을 제창하였고, 교감학에 뛰어났다. 『청사고(淸史稿)』에 전이 있다. 『산해경(山海經)』, 『하소정(夏小正)』, 『노자도덕경(老子道德經)』, 『묵자(墨子)』, 『여씨춘추(呂

신(許愼)의 『설문해자(說文解字)』를 해석한 학자로는 단옥재(段玉裁), 계복(桂馥),[72] 왕균(王筠)[73]【그 외에 책이 매우 많다.】이 있다. 여침(呂忱)의 『자림(字林)』를 편집한 학자로는 임대춘(林大椿)[74]이 있는데, 임대춘은 다시 『소학구침(小學鉤沈)』을 편집하였다. 오옥진(吳玉搢)[75]은 『별아(別雅)』를 지었고, 송상봉(宋翔鳳)은 『소이아(小爾雅)』에 소를 달았으며, 손성연(孫星衍)은 『창힐편(蒼頡篇)』을 편집하였다. 모두 『이아주소(爾雅注疏)』의 흠결을 보완할 만하다. 이것이 곧 소학(小學, 문자학)이 날로 성대했

氏春秋)』, 『진서(晉書)』 등 여러 종의 서적을 교감하였으며, 『경훈당총서(經訓堂叢書)』에 수록하였다.

72 계복(桂馥, 1736~1805) : 자는 동훼(冬卉), 호는 미곡(未谷). 『설문해자(說文解字)』에 해박하였다. 『청사고(清史稿)』 「유림전(儒林傳)」과 강번(江藩)의 『한학사승기(漢學師承記)』에 전이 있다. 저서로 『설문해자의증(說文解字義證)』, 『예보(禮補)』, 『만학집(晚學集)』 등이 있다.

73 왕균(王筠, 1784~1854) : 자는 관산(貫山), 호는 녹우(菉友). 『설문해자(說文解字)』를 정밀하게 연구하여 단옥재(段玉裁), 계복(桂馥), 주준성(朱駿聲)과 함께 사대가(四大家)로 불렸다. 저서로 『설문석례(說文釋例)』, 『설문해자구두(說文解字句讀)』, 『문자몽구(文字蒙求)』, 『설문번전교록(說文繫傳校錄)』, 『우공정자(禹貢正字)』, 『모시중언(毛詩重言)』 등이 있다.

74 임대춘(林大椿, 1738~1789) : 자는 유식(幼植), 자전(子田). 『사고전서(四庫全書)』 편찬관이 되어 예경제요(禮經提要)의 대부분이 그의 손에서 나왔다. 경학으로는 『예(禮)』에 특장이 있었고, 더욱이 명물고증(名物考證)을 천양하였다. 저서로 『심의석례(深衣釋例)』, 『변의석례(弁衣釋例)』, 『석증(釋繒)』, 『소학구침(小學鉤沈)』 등이 있다.

75 오옥진(吳玉搢, 1699~1774) : 자는 자오(藉五), 호는 산부(山夫). 육서(六書)의 가차(假借)의 학문에 정통했다. 일찍이 염약거(閻若璩)의 『잠구차기(潛邱劄記)』를 산삭하여 다시 편정하였다. 『청사고(清史稿)』 「유림전(儒林傳)」과 강번(江藩)의 『한학사승기(漢學師承記)』에 전이 있다. 저서로 『설문인경고(說文引經考)』, 『육서술부서고(六書述部敍考)』, 『별아(別雅)』, 『금석존(金石存)』 등이 있다.

던 경위이다.

序例

　　治經學者, 當參考古訓, 誠以古經非古訓不明也. 大抵兩漢之時, 經學有今文古文之分. 今文多屬齊學, 古文多屬魯學. 今文家言多以經術飾吏治, 又詳于禮制, 喜言災異五行. 古文家言詳于訓詁, 窮聲音文字之原. 各有偏長, 不可誣也.

　　六朝以降, 說經之書分北學南學二派. 北儒學崇實際, 喜以漢儒之訓說經, 或直質寡文, 南儒學尙浮夸, 多以魏晉之注說經, 故新義日出. 及唐人作義疏, 黜北學而崇南學, 故漢訓多亡.

　　宋明說經之書, 喜言空理, 不遵古訓, 或以史事說經, 或以義理說經, 雖武斷穿鑿, 亦多自得之言.

　　近儒說經, 崇尙漢學, 吳中學派掇拾故籍, 詁訓昭明, 徽州學派詳于名物典章, 復好學深思, 心知其意, 常州學派宣究微言大義, 或推經致用. 故說經之書, 至今日而可稱大備矣. 此皆研究經學者所當參考者也.【大約古今說經之書, 每書皆有可取處, 要在以己意爲折衷耳.】

　　夫六經浩博, 雖不合于教科, 然觀于嘉言懿行, 有助于修身. 考究政治典章, 有資于讀史. 治文學者, 可以審文體之變遷. 治地理者, 可以識方輿之沿革. 是經學所該甚廣, 豈可廢乎! 然漢儒去古未遠, 說

有本源，故漢學明則經詁亦明．欲明漢學，當治近儒說經之書．蓋漢學者，六經之譯也，近儒者，又漢儒之譯也．若夫六朝隋唐之注疏，兩宋元明之經說，其可供參考之資者，亦頗不乏，是在擇而用之耳．

一，每册三十六課，每課字數約在四五百言之間．

一，經學源流不明，則不能得治經之途轍，故前册首述源流，後册當銓大義．

一，經學派別不同，大抵兩漢為一派，三國至隋唐為一派，宋元明為一派，近儒別為一派．今所編各課，亦分經學為四期，而每期之中，于經學之派別，必分析詳明，以備參考．

一，經學派別既分四期，而每期之中，首『易經』，次『書經』，次『詩經』，次『春秋經』，次『禮經』，次『論語』，『孟子』，『學』，『庸』附焉，次『孝經』，『爾雅』附焉．蓋『班志』于六藝之末復附列『論語』，『孝經』，今用其例．唯『樂經』失傳，後儒無專書，不能與『禮經』并列耳．

一，所引各書，必詳注所出，一二私見，附以自注，以供學者之采擇．

第一課

經學總述

三代之時，只有六經．六經者，一曰『易經』，二曰『書經』，三曰『詩經』，四曰『禮經』，【卽今『儀禮』】五曰『樂經』，六曰『春秋經』，【次序依『漢書』「藝文志」.】故『禮記』「經解」篇引孔子之言，以『詩』，『書』，『禮』，『樂』，『春秋』，『易』爲六經．

若『左氏』，『公羊』，『穀梁』三傳，咸爲說『春秋』之書．『周禮』原名『周官經』，『禮記』原名『小戴禮』，皆與『禮經』相輔之書．『論語』，『孝經』雖爲孔門緒言，亦與六經有別．至『爾雅』列小學之門，『孟子』爲儒家之一，『中庸』，『大學』咸附『小戴禮』之中，更不得目之爲經．

西漢之時，或稱六經，或稱六藝．【見『史記』「孔子世家贊」及「滑稽列傳序」.】厥後『樂經』失傳，始以『孝經』，『論語』配五經，稱爲七經．【見『後漢書』「趙典傳」中.】

至于唐代，則『春秋』，『禮經』咸析爲三，【『春秋』分爲『公』，『穀』，『左氏』三經，而『禮經』之外并以『周禮』，『禮記』爲經，且誤以『禮記』一書爲本經．】立三傳，三禮之名，合『易』，『書』，『詩』爲九經．【唐開成石經則合『論語』，『孝經』，『爾雅』并爲經書，而『經典釋文』則『春秋』僅爲一經，加以『論語』，『孝經』爲九經，茲用顧亭林之說．】

北宋之初，于『論語』，『孝經』而外，兼崇『爾雅』，『孟子』二書，而

十三經之名，遂一定而不可復易矣．及程朱表章『學』，『庸』，亦若十三經之外復益二經，流俗相沿習焉．

不察以傳爲經，【如『左氏』，『公羊』，『穀梁』是也．】以記爲經，【如『小戴禮』是也．】以群書爲經，【如『周官經』，『孝經』，『論語』是也．】以釋經之書爲經，【如『爾雅』是也．】此則不知正名之故也．【參用龔自珍『六經正名說』．】

第二課

經字之定義

六經之名, 始于三代, 而經字之義, 解釋家各自不同. 班固『白虎通』訓經爲常, 以五常配五經. 劉熙『釋名』訓經爲徑, 以經爲常典, 猶徑路無所不通.

案:『白虎通』,『釋名』之說, 皆經字引申之義. 惟許氏『說文』經字下云: "織也, 從糸, 巠聲."

蓋經字之義, 取象治絲, 從絲爲經, 衡絲爲緯,【故地學家以縱線爲經線, 而以衡線爲緯線也.】引申之, 則爲組織之義.

上古之時, 字訓爲飾, 又學術授受多憑口耳之流傳. 六經爲上古之書, 故經書之文奇偶相生, 聲韻相協, 以便記誦, 而藻繪成章, 有參伍錯綜之觀. 古人見經文之多文言也, 於是假治絲之義而錫以六經之名.【如『易』有「文言」, 而六爻之中亦多韻語, 故爻字取義于交互.『尙書』亦多偶語韻文,『詩』備入樂之用, 故聲成文謂之音.『孟子』亦曰: "不以文害辭." 又『孟子』引孔子之言曰: "『春秋』其文則史." 而『禮記』『禮器』篇亦曰: "『禮』有本, 有文." 是六經之中無一非成文之書.】

卽群書之用文言者, 亦稱之爲經, 以與鄙詞示異.【如『孝經』,『道德經』,『離騷經』之類是也, 皆取藻繪成文之義. 又『吳語』云: "挾經秉抱." 注云: "兵書也." 是兵

書之雜用文言者, 亦可稱之爲經也.】

後世以降, 以六經爲先王之舊典也, 乃訓經爲法,【『易經』頤拂經, 注云: "法也." 『詩』「小旻」匪大猶是經, 毛傳云: "法也." 『左傳』昭十五年王之大經也, 杜注亦云: "經法也." 是經字可訓法字也.】又以六經爲盡人所共習也, 乃訓經爲常,【『廣雅』「釋詁」云: "經, 常也." 『孟子』「盡心下」云 : "君子反經而已矣." 注亦云: "經, 常也, 猶常道也."】此皆經字後起之義也.【若『白虎通』以五常配五經, 則舍『春秋』而不言. 劉熙訓經爲徑, 徑爲直捷之義, 與文飾之義相反.】

不明經字之本訓, 安知六經爲古代文章之祖哉!

第三課
古代之六經

六經起原甚古. 自伏羲仰觀俯察, 作八卦以類物情, 後聖有作, 遞有所增, 合爲六十四卦.【虞翻以爲伏羲作, 鄭玄以爲神農作, 今竝存其說.】而施政布令, 備物利用, 咸以卦象爲折衷. 夏易名『連山』, 商易名『歸藏』,【『周禮』「太卜」注】今皆失傳. 是爲『易經』之始.

上古之君, 左史記言, 右史記動, 言爲『尙書』, 動爲『春秋』,【『禮記』, 鄭注】故唐, 虞, 夏, 殷咸有『尙書』, 而古代史書復有三墳, 五典.【見『左傳』昭十二年.】是爲『書經』, 『春秋』之始.

謠諺之興, 始于太古.【見楊愼所輯.】在心爲志, 發言爲詩.【『詩』「大序」】虞夏以降, 咸有採詩之官.【夏有遒人, 見『尙書』及『左傳』, 商有太師, 見『禮記』「王制」.】採之民間, 陳於天子, 以觀民風.【「王制」】是爲『詩經』之始.

樂舞始於葛天,【『呂氏春秋』「古樂」篇】而伏羲, 神農咸有樂名, 至黃帝時, 發明六律五音之用,【『呂氏春秋』「古樂」篇】而帝王易姓受命, 咸作樂以示功成,【用『樂緯』及『樂記』說.】故音樂之技代有興作. 是爲『樂經』之始.

上古之時, 社會蒙昧, 聖王旣作, 本習俗以定禮文, 故唐虞之時以天地人爲三禮,【見『虞書』注.】以吉凶軍賓嘉爲五禮,【同上】降及夏殷咸有損益, 是爲『禮經』之始.

由是言之，上古時代之學術，奚能越六經之範圍哉！特上古之六經
淆亂無序，未能薈萃成編，此古代之六經所由殊于周代之六經也.

第四課

西周之六經

　　西周之時, 尊崇六經. 自文王治『易』作彖文爻詞,【用鄭玄及惠棟說.】周公制禮作樂,【『禮記』「明堂位」】復損益前制, 製爲冠婚喪祭朝聘射鄕之禮,【卽今『儀禮』】, 而輶軒陳詩【「雅」,「頌」,「南」,「豳」皆出于周公.】觀風. 史官記言記動, 仍仿古代聖王之制.

　　故『易經』掌于太卜,【以『易經』可備卜筮之用也.】『書經』, 『春秋』掌于太史, 外史, 『詩經』掌于太師, 『禮經』掌于宗伯, 『樂經』掌于大司樂. 有官斯有法, 故法具于官. 有法斯有書, 故官守其書,【用章學誠『校讎通義』說.】而『禮』, 『樂』, 『詩』, 『書』復備學校敎民之用,【『禮記』「王制」篇云: "春秋敎以『禮』,『樂』, 冬夏敎以『詩』,『書』."】諸侯各邦亦奉六經爲典枲. 因職官不備, 或以史官兼掌之, 誠以成周一代之史, 悉範圍于六經之中也.【用龔定庵『古史鉤沈論』說, 兼用王守仁說.】

　　又周公之時, 作周官經以明六官之職守,【漢何休疑『周禮』作于六國時, 宋儒亦多疑之. 惟漢劉歆, 鄭玄信爲周公致太平之書, 今從劉鄭二家之說.】又作『爾雅』「釋詁」一篇,【張揖「上廣雅表」】明古今言語之異同,【用郝懿行『爾雅正義』說.】以備外史達書名之用,【見『周禮』「外史職」, 又「大行人職」亦同.】故周公者集周代學術之大成者也.【用魏源『學校應增祀先聖周公議』說.】

六經皆周公舊典,【用章學誠『校讎通義』說.】足證孔子以前久有六經矣.故周末諸子,若管子,墨子咸見六經.【墨子稱『詩』『書』『春秋』多太史中秘書,管子亦言"澤其四經",注云:"『詩』『書』『禮』『樂』也."是道家,墨家咸見周室之六經矣.】蓋周室未修之六經,固與孔子已修之六經不同也.【『公羊傳』言未修之『春秋』,則『春秋』以外之五經,亦咸有未修之舊本矣.惟後世失其傳耳.】

第五課

孔子定六經

東周之時, 治六經者, 非僅孔子一家.【見前一課.】若孔子六經之學, 則大抵得之史官.『周易』,『春秋』得之魯史,【觀『左傳』昭二年, 知『易』與『春秋』皆掌于魯太史.】『詩』篇得之遠祖正考父,【『商頌』「小序」. 正考父爲孔子之祖, 則孔氏必世傳詩學.】復問禮老聃, 問樂萇弘,【『禮記』及『史記』】觀百二國寶書于周史,【杜預『春秋左傳集解』「自序」】故以六經干七十二君.【『莊子』「天運」篇】

及所如輒阻, 乃退去魯國作十翼,【鄭玄以十翼爲上「彖」下「彖」, 上「象」下「象」, 上下「繫辭」, 文言, 說卦, 序卦, 雜卦.】以贊『周易』. 敍列『尙書』, 定爲百篇. 刪殷周之『詩』, 定爲三百一十篇.【以上用『史記』「孔子世家」說.】復反魯正樂, 播以絃歌,【同上】使「雅」,「頌」各得其所.【『論語』】又觀三代損益之禮, 從周禮而黜夏殷.【本『論語』,『中庸』注及『史記』「孔子世家」.】及西狩獲麟, 乃編列魯國十二公之行事作爲『春秋』.【『史記』「孔子世家」】而周室未修之六經, 易爲孔門編訂之六經.

蓋六經之中, 或爲講義, 或爲課本.『易經』者, 哲理之講義也.『詩經』者, 唱歌之課本也.『書經』者, 國文之課本也.【兼政治學.】『春秋』者, 本國近世史之課本也.『禮經』者, 修身之課本也.『樂經』者, 唱歌課本以及體操之模範也. 又孔子敎人以雅言爲主,【『論語』】故用『爾雅』以辨

言,『大戴禮』「小辨」篇】則『爾雅』者，又卽孔門之文典也．此孔子所由言述而不作【『論語』】與．【特孔門之授六經，以『詩』、『書』、『禮』、『樂』爲尋常學科，以『易』、『春秋』特別學科，故性與天道，弟子多不得而聞，試觀『漢書』眭弘等「傳贊」，則性卽『易經』，天道卽『春秋』也．】

孔子弟子之傳經(上)

孔子弟子三千人, 通六藝者七十二人.【『史記』】故曾子作『孝經』以記孔子論孝之言,【『六藝論』雖言『孝經』爲孔子所作, 然『史記』「孔子世家」則言『孝經』爲曾子所記.】子夏諸人復薈集孔子緒言, 纂爲『論語』,【『六藝論』】而六經之學亦各有專書.

『易經』由孔子授商瞿,【唐代以來有僞『子夏傳』, 後儒遂疑子夏傳『易』, 不知此實商瞿之誤, 因子夏名卜商, 故誤商瞿之商爲子夏也.】再傳而爲子弓, 復三傳而爲田何.【『史記』】

『書經』之學, 雖由孔子授漆雕開, 然師說無傳. 惟孔氏世傳其書, 九傳而至孔鮒.【『孔叢子』】

『詩經』之學, 由孔子授子夏, 六傳而至荀卿, 荀卿授『詩』浮邱伯, 爲『魯詩』之祖, 復以『詩經』授毛亨, 爲『毛詩』之祖.【『經典釋文』「敍錄」】

『春秋』之學, 自左邱明作『傳』, 六傳而至荀卿, 復由荀卿授張蒼, 是爲左氏學之祖.【劉向『別錄』】『公』,『穀』二傳, 咸爲子夏所傳. 一由子夏授公羊高, 公羊氏世傳其學, 五傳而至胡母生, 是爲公羊學之祖.【戴宏「序」】一由子夏授穀梁赤,【『風俗通』】一傳而爲荀卿, 復由荀卿授申公,【楊「疏」】是爲穀梁學之祖.

是子夏，荀卿者，集六經學術之大成者也.【用汪中『荀卿子通論』及陳玉樹『卜子年譜』「序」說.】兩漢諸儒殆皆守子夏，荀卿之學派者與.

第七課

孔子弟子之傳經(下)

『禮』, 『樂』二經, 孔門傳其學者尤不乏其人. 如子夏子貢皆深于『樂』,【『禮記』「樂記」篇】曾子子游孺悲皆深于『禮』.【見『禮記』「檀弓」, 「雜記」諸篇.】六國之時, 傳『禮經』者復有公孫尼子, 青史氏王史氏諸人.【本『漢書』「藝文志」.】而孔門弟子復爲『禮經』作記,【如子夏作『喪服記』是.】又雜采古代記禮之書以及孔子論禮之言, 依類排列, 薈萃成書,【即今『大戴禮』, 『小戴禮』是.】而子思作『中庸』, 七十子之徒作『大學』【用汪中說.】咸附列其中. 惟當世學者溺于墨子非樂之言, 致戰國之時, 治『樂經』者遂鮮. 此『禮』, 『樂』二經興廢之大略也.

又子夏之徒賡屬『爾雅』【張楫「上廣雅表」】以釋六藝之言.【鄭玄『駁五經異義』】鄒人孟軻受業子思之門人,【『史記』「荀孟列傳」】通五經之學, 尤長于『詩』, 『書』,【趙歧『孟子章句』「題詞」】作『孟子』七篇, 列于儒家之一,【『漢書』「藝文志」】大抵皆孔門之緒言也. 故鄒魯之民, 咸身習六經之文, 彬彬向學, 迄于周末弗衰.【用『史記』「儒林列傳敍文」之說.】

自魯置博士,【『史記』「公儀休傳」】始以六經爲官學. 魏文侯受業子夏, 復爲博士置弟子,【『漢書』「賈山傳」】已開秦制之先.【秦立博士.】惟秦代之時, 禁民間私習六經, 故焚書坑儒, 舍『易經』而外,【惟『易經』未毀.】咸出于灰

燼屋壁之中.【用『史記』「儒林傳」,『漢書』「藝文志」說.】此則六經之大厄也,【秦皇雖焚六經, 然特禁民間之私學耳, 未嘗不以六經爲官學也. 命民以吏爲師, 吏即博士, 所學者即六經之類也. 如叔孫通爲博士, 明于『禮』,『樂』, 張蒼爲秦柱下史, 明于『左氏春秋』. 是秦代有職之官,固未嘗禁其習六經也.】可不嘆哉!

第八課

尊崇六經之原因

六經本先王之舊典, 特孔子別有編訂之本耳. 周末諸子雖治六經, 然咸無定本, 致後世之儒, 只見孔子編訂之六經, 而周室六經之舊本咸失其傳. 班固作「藝文志」, 以六經爲六藝, 列于諸子之前, 誠以六經爲古籍, 非儒家所得私. 然又列『論語』, 『孝經』于六藝之末, 由是孔門自著之書, 始與六經幷崇. 蓋因尊孔子而幷崇六經,【因孔子編定之故.】非因尊六經而始崇孔子也.

且後世尊崇六經, 亦自有故. 蓋後儒治經學, 咸隨世俗之好尚爲轉移. 西漢侈言災異, 則說經者亦著災異之書. 東漢崇尚讖緯, 則說經者亦雜緯書之說.【著災異之書, 如董仲舒著『繁露』, 劉向著『洪範五行傳』, 以及眭孟, 京房, 李尋皆是也. 雜緯書之說者, 如何休以'西狩獲麟'爲'漢室受命之符', 及鄭玄宋均等注緯書, 皆是也.】推之魏晉尚清談, 則注經者雜引玄言,【如王弼, 韓康伯注『周易』, 何晏解『論語』是也.】宋明尚道學, 則注經者空言義理.【如程子注『易』, 朱子注『易』, 注『學』, 『庸』, 『論』, 『孟』, 楊時注『中庸』是也.】

蓋治經之儒, 各隨一代之好尚, 故歷代之君民咸便之, 而六經之書遂炳若日星, 爲一國人民所共習矣. 夫三代以前, 書缺有間, 惟六經之書確爲三代之古籍, 典章風俗即此可窺. 即『論』, 『孟』各書亦可窺儒

家學術之大略，則尊崇經學亦固其宜．惟後儒誤以六經爲孔子之私書，不知六經爲先王之舊籍，并不知孔門自著之書實與六經有別，此則疏于考古之弊也．

第九課

兩漢易學之傳授

　　秦政焚經, 以『易』爲卜筮之書, 傳者不絕. 漢興以來, 田何傳商瞿之『易』, 以授王同, 丁寬, 周王孫, 而楊何諸人受業王同, 復由楊何授司馬談, 京房.【別一京房也.】丁寬治『田氏易』, 復從周王孫問古義, 以授碭人田王孫, 復由田王孫授孟喜, 施讎, 由是『易經』有施孟之學.

　　梁丘賀本從京房受『易』, 後更事田王孫, 參合丁寬, 王同之說, 由是『易經』有梁丘之學. 京房【別一京房.】受『易』焦延壽, 延壽之學, 亦出孟喜, 說『易』長于災異, 由是『易經』有京氏之學.

　　當西漢時, 施, 孟, 梁丘, 京氏四家咸立學官, 此易學之今文也, 咸爲齊學之別派. 而民間所私傳者, 復有費氏易 高氏易 費氏易出于費直, 爲章句四卷, 以「彖」,「象」,「繫辭」,「文言」說上下經, 字皆古文. 及劉向校書以諸家皆祖田何, 惟京氏爲異, 惟費氏經與古文同.

　　當東漢時, 陳元, 馬融, 荀爽並傳費氏易, 鄭玄亦由京易習費易, 咸作『易』注, 此殆易學之古文與.

　　高氏易出于高相, 與費直同時, 源淵出于丁寬, 蓋亦齊學之別派也. 又東漢之時, 虞光世傳孟氏易, 五傳而至虞翻, 由是『易經』有虞氏之注, 亦爲西漢易學之支流.【以上用『漢書』「儒林傳」,『漢書』「藝文志」,『後漢書』

「儒林傳」及各列傳, 並『經典釋文』及江藩『漢學師承記』.】

　此漢代『易經』傳授之大略也.【別有韓氏易始于韓嬰, 白氏易始于白子支, 咸未能自成其學, 故弗錄. 虞翻注爲漢學, 故列入此課中.】

第十課

兩漢尙書學之傳授

　　秦政焚經，唯濟南伏生傳『尙書』. 伏生授晁錯，張生，張生授千乘歐陽生，歐陽生授兒寬，寬授歐陽生之子，世傳其業，至于曾孫歐陽高，是謂『尙書』歐陽氏之學.

　　又有夏侯都尉受業于張生，以授族子始昌，始昌傳族子勝，是爲『尙書』大夏侯之學. 勝授從子建，又別爲小夏侯之學.

　　西漢之世，三家咸立于學宮. 然所傳之書，僅二十八篇，是爲今文『尙書』，乃『尙書』中之齊學也. 東漢之世，歐陽氏世爲帝師，故歐陽氏之學于東京爲最盛.

　　孔安國本從伏生授『書』，復得孔壁所藏古文十六篇，以授膠東庸生，五傳而至桑欽，而劉歆亦崇信其書. 及東漢時，賈逵，孔僖世傳古文之學. 尹咸，周防，周磐，楊倫，張楷，孫期亦習古文，是古文『尙書』，乃『尙書』中之魯學也. 特古文十六篇絕無師說，【馬融說.】故傳其學者咸無注釋，非晉梅賾所稱之孔氏古文也.

　　又有扶風杜林得西州『漆書』古文，亦非僞書，以授衛宏，徐巡，而馬融亦傳其學. 鄭玄受『書』張恭祖，傳古文『尙書』，旣又遊馬融之門，兼通杜林『漆書』. 馬傳鄭注皆以『漆書』解今文二十八篇.【非爲古文十六篇

作注.】

　此漢代『書經』傳授之大略也.【以上用『漢書』「儒林傳」,「藝文志」,『後漢書』「儒
林傳」及各列傳,『經典釋文』,閻若璩『古文尚書疏證』,王鳴盛『尚書後案』,江聲『尚書古
今文集注音疏』,及『漢學師承記』. 又案近世魏源諸人以杜林『漆書』爲僞, 並疑及馬傳鄭
注說,未可從,故不用其說.】

第十一課

兩漢詩學之傳授

　　西漢之初, 『詩』有齊, 魯, 韓, 毛四家. 自浮丘伯受業荀卿而申培,
白生, 穆生, 楚元王咸受業浮丘伯, 號爲『魯詩』, 復由申培授江公, 許
生, 孔安國, 而韋賢受業江公, 傳子元成, 王式受業許生, 以傳張長
安, 薛廣德. 長安之學, 再傳而爲許晏, 王扶. 廣德之學, 一傳而爲龔
舍. 又劉向,【『列女傳』亦多『魯詩』說.】卓茂, 包咸, 李峻咸治『魯詩』. 是爲
『魯詩』之學.

　　自齊人轅固以『詩』敎授作爲『詩傳』, 號曰『齊詩』, 固授夏侯始昌, 始
昌傳后蒼, 蒼傳翼奉, 蕭望之, 匡衡, 師丹, 滿昌, 匡伯, 咸傳匡衡之
學. 張邯, 皮容, 馬援復傳滿昌之學, 徒衆尤盛. 而景鸞, 伏湛, 伏恭,
陳紀諸人咸治『齊詩』. 是爲『齊詩』之學.

　　自燕人韓嬰作『詩』內外傳數萬言, 號爲『韓詩』, 賁生及趙子受之,
趙傳蔡誼, 誼傳食子公, 王吉. 子公傳栗豐, 豐傳張就, 吉傳長孫順,
順傳發福. 而薛漢, 杜撫, 張恭祖, 侯包並治『韓詩』, 薛氏兼作『韓詩
章句』, 是謂『韓詩』之學. 西漢之時, 三家咸立學宮.

　　自河間毛亨受『詩』荀卿, 以傳毛萇, 號爲『毛詩』, 萇授貫長卿, 四
傳而爲謝曼卿, 曼卿授衛宏, 賈徽. 而鄭衆, 賈逵, 馬融, 鄭玄咸治『毛

詩』，馬融作傳，鄭玄復爲毛公『詩傳』作箋，或雜采三家之說．是爲『毛詩』之學．【以上用『漢書』「儒林傳」、「藝文志」，『後漢書』「儒林傳」及各列傳，『經典釋文』，『漢學師承記』，陳奐『詩疏序』．】此漢代『詩經』傳授之大略也．

第十二課

兩漢春秋學之傳授

西漢之初, 傳『春秋』者, 有左氏, 公羊, 穀梁, 鄒氏, 夾氏五家. 鄒氏無師, 夾氏有錄無書. 惟賈誼受左氏學于張蒼, 世傳其學, 至于賈嘉.【誼之孫.】嘉傳貫公, 而貫公之子長卿能修其學, 以傳張敞, 張禹, 禹傳尹更始, 更始傳胡常, 翟方進及子尹咸, 常傳賈護, 方進傳劉歆, 歆又從尹咸受業, 以其學授賈徽, 徽子逵修其學, 作『左氏解詁』. 又陳欽受業尹咸, 傳至子元, 元作『左氏同異』, 以授延篤. 又鄭興亦受業劉歆, 傳至子眾, 眾作『左氏條例章句』. 而馬融, 穎容皆爲左氏學. 鄭玄初治『公羊』, 後治『左氏』, 以所注授服虔, 虔作『左氏章句』, 而『左氏』之說大行. 是爲『左氏』之學.

自胡母生治『公羊』, 與董仲舒同師, 仲舒傳褚大, 嬴公, 呂步舒, 嬴公授孟卿及眭弘, 弘授嚴彭祖, 顏安樂, 由是有『嚴氏春秋』, 復有『顏氏春秋』, 兩家並立于學宮. 後漢何休墨守『公羊』之誼, 復依胡母生條例作『公羊解詁』. 是爲『公羊』之學.

自江公受『穀梁』于申公, 以授榮廣, 浩星公, 而蔡興公受業榮廣, 復更事浩星公, 以授尹更始, 更始作『章句』十五卷, 以授翟方進, 房鳳. 及宣帝時, 江公之孫爲博士, 以其學授胡常, 而韋賢, 夏侯勝, 蕭

望之，劉向並右『穀梁』，其學漸盛．是爲『穀梁』之學．【以上用『漢書』「儒林傳」，「藝文志」，『後漢書』「儒林傳」及各傳，並『經典釋文』．】

　　蓋『公羊』屬今文學，『左氏』，『穀梁』屬古文學，『公羊』爲齊學，而『穀梁』則爲魯學．此漢代『春秋經』傳授之大略也．

第十三課

兩漢禮學之傳授

　　秦政焚書，『禮經』缺壞．西漢之初，高堂生傳『士禮』十七篇，【卽今『儀禮』。】而魯徐生善爲容．景帝之時，河間獻王得『古禮』，計『古文禮』五十六篇，『記』百三十一篇，其十七篇與高堂生同而文字多異．傳『士禮』者，自蕭奮授孟卿，卿授后蒼，然所傳僅十七篇，所餘三十餘篇名爲『佚禮』．

　　蒼說『禮』作『曲臺記』，以授聞人通漢，並授戴德，戴聖，慶普，由是『禮』有大，小戴，慶氏之學．普授夏侯敬，數傳而至曹充，充傳子褒，而慶氏之學行．戴德授徐良，戴聖授橋仁，楊榮．又戴德刪『古禮記』二百四篇，【卽孔門弟子所編者，亦有漢初增益之書。】爲八十五篇，名『大戴禮』．戴聖復刪爲四十六篇，名『小戴禮』．

　　馬融復增益三篇，合爲四十九篇．鄭玄治『小戴禮』，爲四十九篇作注，復注『士禮』十七篇，【卽『禮經』。】並爲『周官經』作注．『周官經』者，當河間獻王時，李氏上『周官』五篇，缺「冬官」一卷，以「考工記」補之．劉歆爲王莽國師，始立『周官經』于學官，名爲『周禮』，以授杜子春．鄭興受業子春，傳至子衆，而賈徽，賈逵並作『周禮解詁』，衛弘，馬融，盧植，張恭祖皆治之，惟鄭玄注集其大成．

此漢代『禮經』傳授之大略也.【以上用『漢書』「儒林傳」、「藝文志」、『後漢書』「儒林傳」及各傳,『經典釋文』,『漢學師承記』,胡培翬『儀禮正義』諸書. 案：東漢以前, 本無三禮之名,『周官經』、『小戴禮』本不得稱之爲經, 不過與『禮經』相輔之書耳. 自鄭玄作『三禮注』, 而三禮之名遂一定而不可易. 至後代以『小戴禮』爲本經, 則又歧中之歧矣. 非不正名之故歟!】

第十四課

兩漢『論語』之傳授
附『孟子』, 『學』, 『庸』

　　西漢之初, 傳『論語』者有三家. 魯人所傳者爲『魯論』, 即今所行篇目是也, 龔奮, 夏侯建, 夏侯勝, 韋賢, 蕭望之並傳之. 齊人所傳者爲『齊論』, 別有「問王」, 「知道」二篇章句, 頗多於『魯論』. 王吉, 宋畸, 貢禹, 五鹿充宗, 庸譚並傳之, 惟王陽以之名家. 『古論語』出孔壁中, 有兩「子張」篇, 篇次不與『齊』, 『魯』同. 孔安國爲之傳, 馬融爲之注.

　　張禹受『魯論』于夏侯建, 又從王吉等受『齊論』, 刪「問王」, 「知道」二篇, 而所作章句最盛行. 至後漢時, 包咸, 周氏並爲章句, 列于學宮. 鄭玄亦授『魯論』, 復參考『齊論』, 『古論』爲之作注.【本『漢書』「儒林傳」「藝文志」『後漢書』「儒林傳」『經典釋文序錄』及『漢學師承記』】而何休亦注『論語』, 多用『齊論』之說.【戴望『論語注序』】此漢代『論語』傳授之大略也.

　　『孟子』當文帝時, 曾立博士之官.【後廢.】注『孟子』者, 始自揚雄. 後漢之時, 程曾, 高誘, 劉熙俱注『孟子』, 惟趙岐作『孟子章句』並作「題詞」, 至今仍存.【用『經典釋文敍錄』及焦循『孟子正義』「趙岐序」疏中.】然未嘗尊『孟子』爲一經也.【趙岐等注『孟子』, 猶嚴君平注『老子』, 高誘注『淮南子』耳.】

　　『中庸』, 『大學』, 戴聖刪『古禮記』並列于四十六篇中, 爲『小戴禮記』之一, 鄭玄諸儒咸注之,【鄭氏以『中庸』爲讚聖, 論定爲子思所作.】未嘗單行而

別爲一書也. 惟西漢時, 有『中庸説』二篇, 不晰爲何人所作, 見『漢書』
「藝文志」中, 大抵亦解析『中庸』之書也.【董仲舒『春秋繁露』亦多引『中庸』。唯漢
儒解釋『大學』及援引『大學』者甚少.】

第十五課

兩漢『孝經』之傳授

附『爾雅』

　　『孝經』當戰國時，由子夏授魏文侯，文侯爲之作傳，而荀卿諸儒皆傳之.【本汪宗沂『孝經十八章輯傳序』.】西漢之初，『孝經』有今文古文之別. 傳今文『孝經』者，始于顏芝，芝子顏貞傳其學，而長孫氏，江翁，后蒼，翼奉，張禹並傳今文，各自名家.【以上齊學.】

　　若古文『孝經』則出孔子廟壁中，較今文不同，【見桓譚『新論』.】孔安國得之. 及明帝時，魯國三老獻之朝. 自劉向校定其篇章，而許沖撰其說，馬融注其書，惜皆失傳.【以上采『漢書』「儒林傳」「藝文志」『後漢書』「儒林傳」，許沖「上說文表」，『經典釋文』「序錄」及阮福疏.】鄭玄亦注古文『孝經』,【『六藝論』】其書未成，其孫小同爲之作注,【陸澄，王伯厚說.】今所傳鄭注是也.【以上魯學.】此漢代孝經學傳授之大略也.

　　『爾雅』當西漢時，叔孫通，梁文咸有賡續,【張揖「上廣雅表」】毛公等注經多本之. 文帝之時，與『孟子』同立博士.【趙岐『孟子題詞』】武帝之時，有犍爲人舍人【舍人係人名，非官名，予別有考.】作『爾雅注』. 後揚雄亦崇『爾雅』，劉歆問業揚雄，亦爲『爾雅』作注. 東漢之時，注『爾雅』者，有樊光，李巡，孫炎，咸並作音義,【以上用『隋書』「經籍志」及胡元玉『雅學考』.】鄭玄亦注『爾雅』,【見『周禮』疏所引.】惜均失傳. 此漢代爾雅學傳授之大略也.

與『爾雅』相輔之書，舍三倉【李斯『蒼頡』篇，揚雄『訓纂』篇，賈魴『滂喜』篇，合爲三倉。】而外，復有孔鮒『小爾雅』，揚雄『方言』，許愼『說文』，劉熙『釋名』，呂忱『字林』，皆小學之津梁也。【『班志』列『爾雅』于『孝經』後，蓋『爾雅』、『孝經』皆學童必讀之書，一爲倫理之基，一爲國文之基也。】

第十六課

三國南北朝隋唐之易學

東漢之末, 說『易』者, 咸宗鄭注. 自魏王弼作『易注』, 舍象數而言義理, 復作『易略例』, 『周易繫辭』, 韓康伯補其缺, 間雜老莊之旨, 與鄭『易』殊, 而王朗所撰『易傳』, 亦立學宮. 蜀人李譔亦作『古文易』以攻鄭注. 至晉永嘉之亂, 而施, 孟, 梁邱之『易』亡.【京房之『易』尚存, 故晉董景道治『京氏易』.】

當南北朝時, 鄭『易』盛行于河北. 徐遵明以『周易』教授, 以傳盧景裕, 崔瑾. 景裕傳權會, 權會傳郭茂, 自是言『易』者皆出郭茂之門, 而李鉉亦作『周易義例』. 惟河南青, 徐之間, 間行王弼之注.【以上北學.】

若江左所行, 則以王注爲主, 立于學官. 及南齊從陸澄之言, 始鄭, 王竝置, 後復黜鄭崇王.【梁, 陳二朝, 亦間王, 鄭竝崇.】說『易』之儒, 有伏曼容,【『周易義』】梁武帝,【『周易講疏』】朱異,【『周易集注』】孔子祛,【『續周易集注』】何允, 張譏【皆『周易義』】, 以褚仲都, 周弘正『義疏』集其大成, 大抵以王注爲宗, 惟嚴植之治『周易』, 力崇鄭注.【以上南學.】

至于隋代, 王注盛行. 唐孔穎達力崇王氏『易』, 故所作義疏用王遺鄭, 而漢『易』遂亡. 惟李鼎祚『周易集解』采漢儒注『易』之說, 得三十五家, 崇鄭黜王, 發明漢學. 史徵『周易口訣義』亦與鼎祚之書相同. 而僧

人一行亦主孟喜卦氣之說，乃漢『易』之別派也．若邢璹『周易略例注』，郭京『周易舉正』，皆引伸王弼之言．蓋斯時玄學盛昌，故說『易』多采道家之旨．【以上用『三國志』注，『晉書』，『南史』，『北史』各列傳，『北齊書』及『隋書』「經籍志」『經典釋文』，王鳴盛『蛾術編』及『四庫全書提要』諸書．】此三國，六朝，隋，唐之易學也．

第十七課

三國南北朝隋唐之書學

東漢之末, 說『書』者, 咸宗鄭注. 自魏王肅作『尚書解』, 又僞作『聖證論』以攻鄭注, 而蜀儒李譔作『尚書傳』,【亦攻鄭注.】虞翻在吳亦攻鄭注之失. 時孔氏古文『尚書』已亡, 王肅, 皇甫謐之徒, 乃僞造古文『尚書』二十五篇, 復僞作『孔安國書傳』, 然不爲當世所崇. 至晉永嘉之亂, 而歐陽, 大小夏侯之義亡.

當南北朝時鄭氏『書』注行于河北. 徐遵明以鄭學授李周仁, 自是言『尚書』者, 咸崇鄭學, 惟劉芳作『尚書音』則用王肅之注.【以上北學.】

江左之間, 當晉元帝時, 梅賾奏僞古文『尚書』, 自謂得鄭沖, 蘇愉之傳,【自言鄭沖授蘇愉, 愉授梁柳, 柳授臧曹, 曹授梅賾.】晉代君臣信僞爲眞, 由是治『尚書』者, 咸以僞『孔傳』爲主, 立于學官. 惟梁, 陳二朝, 鄭, 孔竝立. 說『書』之儒, 有孔子祛,【『尚書義』, 『尚書集注』.】梁武帝,【『尚書答問』】張譏,【『尚書義』】惟范寧篤信今文, 而費甝復爲古文『尚書』作疏, 姚方興竝僞造「舜典孔傳」一篇,【自云得之大航頭.】于經文妄有增益.【以上南學.】

隋劉炫得南朝費甝疏, 竝崇信姚方興之書, 復增益「舜典」十六字, 而北方之士, 始治古文黜今文. 唐孔穎達本崇鄭注, 及爲『尚書』作義疏, 一以『孔傳』爲宗, 排斥鄭注, 而鄭義遂亡, 惟劉子玄稍疑『孔傳』.

玄宗之時，復用衛包之義，改『尙書』古本之文，使之悉從今字，而『尙書』古本復亡．此三國，六朝，隋，唐之尙書學也．【以上用『三國志』，『南史』，『北史』各列傳，『經典釋文』，閻氏『古文尙書疏證』，惠氏『古文尙書考』，王氏『尙書後案』及『蛾術編』.】

第十八課

三國南北朝隋唐之詩學

　　東漢之末, 說『詩』者, 咸宗毛, 鄭. 自魏王肅作『詩解』, 述『毛傳』以攻『鄭箋』, 蜀儒李譔作『毛詩傳』, 亦與『鄭箋』立異. 惟吳人陸璣作『毛詩草木鳥獸蟲魚疏』詳于名物, 有考古之功. 及晉永嘉之亂, 『齊詩』淪亡, 惟韓, 魯之說僅在.【晉董景道兼治『韓詩』.】

　　當南北朝時, 『毛傳』, 『鄭箋』之學行于河北. 通『毛詩』者, 始于劉獻之, 獻之作『毛詩序義』, 以授李周仁, 程歸則, 歸則傳劉軌思, 周仁傳李鉉, 鉉作『毛詩義疏』. 又劉焯, 劉炫咸從軌思受『詩』, 炫作『毛詩述義』. 而河北治『毛詩』者, 復有劉芳, 沈重,【『毛詩義』『毛詩音』】樂遜,【『毛詩序論』】魯世達,【『毛詩章句義疏』】大抵兼崇毛, 鄭.【以上北學.】

　　江左亦崇『毛詩』, 晉王基駁王申鄭, 孫毓作『詩評』, 評論毛鄭王三家得失, 多屈鄭祖王, 而陳統復難孫申鄭. 王, 鄭兩家互相掊擊, 然咸宗『毛傳』. 若伏曼容,【『毛詩義』】崔靈恩,【『毛詩集注』】何胤,【『毛詩總集』『毛詩隱義』】張譏,【『毛詩義』】顧越『毛詩傍通義』】亦治『毛詩』, 于鄭, 王二家亦間有出入. 惟周續之作『詩序義』, 最得毛, 鄭之旨.【以上南學.】

　　及唐孔穎達作『詩義疏』, 亦兼崇毛, 鄭, 引申兩家之說, 不復以己意爲進退, 守疏不破注之例, 故『毛詩』古義賴以僅存, 而魯, 韓遺說不

可復考矣．又唐人治『詩』者，有成伯璵『毛詩指說』，間以己見說經，以「詩序」爲毛公所續，【北朝沈重已有此說．】遂開宋儒疑「序」之先．此三國，六朝，隋，唐之詩經學也．【以上用『三國志』，『晉書』，『南史』，『北史』各列傳，『經典釋文』，『四庫全書提要』，『經義考』及『蛾術編』．】

三國南北朝隋唐之春秋學

　　三國之時, 治『春秋』者, 有魏王肅『左氏解』, 蜀李譔『左氏傳』, 而尹默, 來敏, 咸治『左氏』, 『公』, 『穀』之學漸衰. 晉杜預作『左傳注』, 乾沒賈服之說, 復作『春秋釋例』, 亦多牴誤.【又有京相璠作『春秋土地名』.】

　　當南北朝時, 服虔『左氏注』行于河北. 徐遵明傳服注作『春秋章義』, 傳其業者有張買奴諸人, 杜注得預玄孫杜垣之傳行于齊地, 故服, 杜二家互相排擊. 李鉉, 劉焯咸宗服注, 衛翼隆亦申服難杜, 姚文安則排斥服注, 李獻之復申服義以難之, 周樂遜作『左氏序義』, 亦申賈, 服排杜注. 若夫劉炫作『春秋述異』, 『春秋攻昧』, 并作『春秋規過』, 而張沖亦作『春秋義例略』, 咸與杜注立異.【以上北學.】

　　江左偏崇杜注, 間用服注. 惟梁崔靈恩作『左氏經傳義』申服難杜, 虞僧誕復『申杜難服』以答之.【以上南學.】

　　唐孔穎達作義疏專用杜注, 而漢學盡亡. 三國以後, 『公羊』學盛行河北, 徐遵明兼通之. 江左則『公』『穀』未立學官, 惟賀循請立三傳, 沈文阿作『三傳義疏』, 并及『公羊』. 說『穀梁』者, 有唐固, 糜信, 孔衍, 江熙, 程闡, 徐先民, 徐乾, 劉瑤, 胡訥, 十數家, 范寧集衆家之說成『穀梁集解』.

及唐徐彥作『公羊疏』以何休『解詁』爲主，楊士勳作『穀梁疏』以范寧『集解』爲主，而趙匡、啖助、陸淳【作『春秋集傳纂例』，『春秋微旨』。】掊擊三傳，以己意說經，別成一派．此三國，六朝，隋，唐之『春秋』學也．【以上用『三國志』，『晉書』，『南史』，『北史』各傳，『經典釋文』，『經義考』，『蛾術編』。】

三國南北朝隋唐禮之學

東漢之末, 說『禮』者, 皆崇鄭注. 自魏王肅作『三禮解』, 復作『儀禮』「喪服傳」, 專與鄭玄立異, 蜀李譔『三禮傳』亦然. 晉代說『禮』多宗王肅.

當南北朝時, 鄭玄『三禮注』盛行于河北, 徐遵明以鄭學教授. 同時治『禮』者有劉獻之,【『三禮大義』】沈重,【『三禮義』『三禮音』】劉芳,【『周官儀禮音』】從遵明受業者有李鉉, 祖儁, 熊安生. 李鉉又從劉子猛受『禮記』, 從房虯受『周官』,『儀禮』,【虯作『禮義疏』.】作『三禮義疏』. 安生作『周禮』,『禮記』義疏, 尤爲北朝所崇. 楊汪問『禮』于沈重, 劉炫, 劉焯並受『禮』熊安生, 咸治鄭學.【以上北學.】

江左治三禮者有何佟之,【『禮議』】王儉,【『禮論抄』】何承天,【『集禮論』】何胤,【『禮答問』『禮記隱義』】沈不害,【『五禮儀』】以崔靈恩『三禮義宗』爲最精, 然雜采鄭王之說, 與北朝崇信鄭學者稍殊. 惟嚴植之治三禮, 篤好鄭學, 沈文阿亦治『三禮義疏』, 戚袞受三禮于劉文紹, 復從北人宗懷芳受『儀禮』,『禮記疏』, 作『三禮義記』, 蓋皆崇尙鄭注者也. 又南朝治『周禮』者有干寶,【『周禮注』】沈峻,【精『周禮』.】崔靈恩.【『周禮集注』】治『儀禮』者多偏治「喪服」, 如雷次宗,【『禮服』】庾蔚之,【『喪服要記』】嚴植之,【『凶禮儀注』】顧越【『喪服義疏』】是也.【以上南學.】

至于唐代孔穎達作『禮記正義』，賈公彦作『周禮』，『儀禮』義疏，悉宗鄭注，故漢學未淪．若夫唐玄宗改『禮記』舊本，以「月令」爲首篇，則近于無知妄作．此三國，六朝，隋，唐之三禮學也．【以上用『三國志』，『晉書』，『南史』，『北史』各列傳，『經典釋文』及『四庫全書提要』，『禮書通故』．】

第二十一課

三國南北朝隋唐論語學

附『孟子』,『學』,『庸』

　　東漢之末, 說『論語』者多宗鄭注, 至魏王肅作『論語解』始與鄭注立異. 而陳群, 周生烈, 王弼咸注『論語』. 何晏諸人采撝漢魏經師之說,【采孔安國, 包咸, 周氏, 馬融, 鄭康成, 陳群, 王肅, 周生烈八家之說.】成『論語集解』, 其篇目一依『魯論』, 雖去取多乖, 然漢儒遺說賴此僅存.

　　晉代注『論語』者有欒肇, 蔡謨, 衛瓘, 范華, 而江熙復作『論語集解』,【所列者十三家.】大旨與何晏相同. 當南北朝時, 鄭玄『論語注』行于河北, 治『論語』者有李鉉,【論語義疏】樂遜,【『論語序論』】張沖,【『論語義』】悉以鄭注爲宗.【以上北學.】

　　江左治『論語』者有伏曼容『論語義』, 皇侃『論語義疏』, 以皇侃之書爲最精,【皇侃『論語疏』久亡, 惟日本有藏本耳. 近復由日本傳入中國, 然眞僞參半.】然仍以何氏『集注』爲主, 與北方墨守鄭注者不同.【以上南學.】

　　隋, 唐以降, 『論語』之學式微, 惟唐韓愈, 李翶作『論語筆解』, 附會穿鑿, 緣詞生訓, 遂開北宋說經之先. 此三國, 六朝, 隋, 唐之『論語』學也.【以上用『三國志』『晉書』, 『南史』, 『北史』各列傳, 『經義考』, 劉寶楠『論語正義』.】

　　三國以後, 治『孟子』者有晉人綦毋邃『孟子注』, 至于唐代有陸善經『孟子注』删節趙岐章句, 于趙注亦有去取, 今皆不存. 作『孟子』音義

者, 復有張鎰『孟子音義』, 丁公著『孟子手音』, 然分析章句, 漏略實多. 自韓愈, 皮襲美諸儒尊崇『孟子』, 遂開宋儒尊孟之先.【以上本焦循『孟子正義』『經義考』.】

三國以後, 說『大學』『中庸』者, 皆附『禮記』解釋. 唐孔穎達作『禮記正義』亦并疏『大學』, 『中庸』二篇. 惟梁武帝『中庸講疏』, 裁篇別出, 已開宋儒之先.【以上用『經義考』及方東樹『漢學商兌』, 汪中『文學評議』.】

第二十二課

三國南北朝隋唐之孝經學

附『爾雅』

東漢以後，說『孝經』者，亦多宗鄭注．當南北朝時，鄭氏『孝經注』盛行于河北，治『孝經』者，有李鉉『孝經義』，樂遜『孝經叙論』，樊深『孝經喪服問答』，皆崇鄭學，故北齊以降，皆立『孝經』于學官．【以上北學．】

南方之儒，治『孝經』者，有王元規，【『孝經義記』】張譏，【『孝經義』】顧越，【『孝經義疏』】自荀昶作『孝經集解』，以鄭爲優，范蔚宗，王儉亦信之，惟陸澄力辨其非，梁載言定爲鄭小同所作．【其說最確．】宋齊以降，亦立于學官．【以上南學．】

『孔傳』則自漢以後，眞本久亡．隋王逸託言得之長安，復由王邵示劉炫，炫信爲眞，復率意刪改，作『孝經述義』，分爲二十二章．唐劉子玄力辨鄭注之非，欲廢鄭行孔，司馬貞黜其妄，故玄宗禦注仍以十八章爲定本．此三國，六朝，隋，唐之孝經學也．【以上用『南史』，『北史』各傳，『經義考』，『蛾述編』，阮福『孝經疏』．】

三國以降，注『爾雅』者，有王肅，謝氏，顧氏，惟晉郭璞『爾雅注』集衆說之大成，竝作『爾雅音義』，『爾雅圖譜』．當南北朝時，雅學盛行于江左．【北方鮮治『爾雅』者．】爲『爾雅』作注者，有沈旋，陶弘景，爲『爾雅』作音者，有沈旋，施乾，謝嶠，顧野王，江灌，【灌竝作『爾雅圖讚』．】爲『爾雅』

作疏者，有孫炎，【此別一孫炎，非漢末之孫炎也．】高璉．

　　隋唐以降，說『爾雅』者，有曹憲『爾雅音義』，裴瑜『爾雅注』，【劉邵亦有『爾雅注』．】咸足補郭注之遺．若夫魏張揖作『廣雅』，梁顧野王作『玉篇』，隋曹憲作『博雅』，唐陸德明作『經典釋文』，咸精于聲音訓詁之學，亦小學之參考書也．【以上用『經義考』及胡元玉『雅學考』．】

宋元明之易學

　　宋儒治『易經』者，始于劉牧．牧學出於陳摶，摶作先天，後天圖，牧作『易數鉤隱圖』．邵雍亦傳陳摶易學，其子邵伯溫【作『易學辨惑』．】及弟子陳瓘【『了翁易說』．】咸以數推理．倪天隱受業胡瑗，治『易』主明義理．【作『周易口說』．】司馬光，張載『易說』，亦以空言說『易』．蘇軾『易傳』，【多言人事．】程頤『易傳』亦黜數言理．

　　自是以後，說『易』之書，如張根，【『吳園易解』．】耿南仲，【『易新講義』】李光，【『讀易詳說』】郭雍，【『傳家易說』】張栻【『南軒易說』】皆以說理爲宗，或引人事證經義．張浚，【『紫巖易傳』】朱震，【『漢上易集傳』】程大昌，【『易原』】程迥【『周易古占法』】皆以推數爲宗．然間有理數兼崇者．【如鄭剛中『周易窺餘』及吳沈『易璇璣』是．】

　　自呂大防，晁說之，呂祖謙主復古本，朱子本之，作『周易本義』，【經二卷，十翼十卷，後多淆亂．】亦理數兼崇，復作『易學啟蒙』，【朱鑑又輯『文公易說』．】惟林栗說『易』【『周易經傳集解』】與朱子殊．

　　宋元以來，言『易』者，或宗程子，【如項安世『周易玩辭』，楊萬里『誠齋易傳』，方聞一『大易粹言』，鄭汝諧『易翼傳』，許衡『讀易私言』，趙汸『周易文詮』是．】或宗朱子，【如蔡淵『經傳訓解』，稅與權『啓蒙小傳』，胡方平『啓蒙通釋』，俞琰『讀易舉要』，胡一

桂『本義附錄纂注』, 蔡清『易蒙引』是.】或參合程朱之說.【如董楷『傳義附錄』, 趙采
『程朱傳義折衷』是.】

　　自是以外, 有以心學釋『易』者,【如楊簡, 王宗傳『易傳』, 高攀龍『易簡說』是.】
有據圖象說『易』者,【如林至『稗傳』, 朱元升『三易備遺』, 雷思齊『易圖通變』, 張理『象
數鉤深圖』, 黃道周『三易洞機』是.】而馮椅,【『厚齋易學』】李過,【『西溪易說』】吳澄,
【『易纂言』】復改纂經文.

　　至明代輯『大全』,【胡廣等選.】而漢『易』盡亡. 惟王夫之『周易稗傳』, 尙
爲徵實. 此宋, 元, 明三朝之易學也.【以上用『四庫全書提要』, 『經義考』, 焦循
『易廣記』.】

第二十四課

宋元明之書學

　　宋儒治『尙書』者, 始于蘇軾『書傳』, 廢棄古注, 惟長于論議. 林之奇作『尙書全解』, 鄭伯熊作『書說』, 皆以史事說『尙書』. 呂祖謙受業之奇, 亦作『書說』, 大旨與『全解』相同. 而史浩,【作『尙書講義』】黃度【作『尙書說』.】亦治『尙書』, 皆隨文演釋, 近于講章. 惟夏僎,【『尙書解』】黃倫,【『尙書精義』】魏了翁,【『尙書要義』】胡士行『尙書詳說』之書, 間存古訓, 然糅雜漢, 宋, 悉憑臆見爲從違. 朱陸門人亦治『尙書』, 楊簡,【作『五誥解』.】袁燮,【『絜齋家塾書抄』】陳經,【『尙書詳解』】陳大猷【『集注或問』】咸沿陸氏學派, 間以心學釋『書』. 而蔡沈述朱子之義, 作『書集注』.

　　元代之儒, 若金履祥,【『尙書表注』】陳櫟,【『尙書集傳纂疏』】董鼎,【『尙書輯錄纂注』】陳師凱,【『蔡傳旁通』】朱祖義【『尙書句注』】說『書』, 咸宗蔡『傳』, 亦間有出入, 然不復考求古義. 明代輯『書傳大全』【胡廣等選.】亦以蔡『傳』爲主, 頒爲功令. 惟馬明衡,【『尙書疑義』】王樵,【『尙書日記』】袁仁,【『尙書砭蔡編』】稍糾蔡『傳』之訛, 以王夫之『書經稗疏』爲最精.【夫之作『尙書引義』, 亦多精語.】

　　又朱子, 吳澄,【作『書纂言』.】梅鷟【明人作『尙書考異』.】漸疑古文之僞, 而張栻則並疑今文. 宋人王柏復作『書疑』, 妄疑「大誥」, 「洛誥」不足信,

移易本經，牽合附會，而明人陳第【作『尚書疏衍』。】則又篤信僞古文，咸師心自用．若夫毛晃，【『禹貢指南』】程大昌【『禹貢論』】之說「禹貢」，胡瑗，【『洪範口義』】黃道周【『洪範明義』】之說「洪範」，雖疏于考古，亦足爲參攷之資．此宋，元，明三朝之尚書學也．【惟疑『古文尚書』一事，啓清儒閻，惠，孫，江之先．】

第二十五課

宋元明之詩學

　　宋儒治『詩經』者, 始于歐陽修『毛詩本義』, 與鄭立異, 不主一家. 蘇轍廣其義, 作『詩經說』, 立說專務新奇, 而南宋之儒若王質鄭樵專攻「小序」.【程大昌兼攻「大序」.】朱子作『詩集傳』, 亦棄「序」不用, 惟雜采毛鄭, 亦間取三家『詩』, 而『詩』義以淆. 陸氏門人若楊簡,【『慈湖詩傳』】袁燮,【『絜齋毛詩』『經筵議義』】咸治『詩經』, 或排斥傳註, 惟以義理擅長. 若范處義,【『詩補傳』】呂祖謙,【『呂氏家塾讀詩記』】嚴粲,【『詩緝』】則宗「小序」以說『詩』, 長于考證. 朱子既歿, 輔廣,【『詩童子問』】, 朱鑑,【『詩傳遺說』】咸宗『集傳』.

　　元代之儒若許謙,【『詩集傳名物抄』】劉瑾,【『詩傳通釋』】梁益,【『詩傳旁通』】朱公遷,【『詩經疏義』】梁寅【『詩演義』】引伸『集傳』, 尺步繩趨. 而王柏復作『詩疑』, 并作『二南相配圖』, 于「召南」, 鄭, 衛之詩斥爲淫奔, 刪削三十餘篇, 并移易篇次, 與古本殊.

　　自明代輯『大全』,【胡廣等選.】以俞瑾之書爲主, 頒爲功令. 而季本,【『詩說解頤』】, 朱朝瑛,【『讀詩略記』】, 李先芳『讀詩私記』之書, 則雜采漢宋之說. 惟何楷『詩經世本古義』, 王夫之『詩經稗疏』,【又有『詩廣傳』亦多新義.】詳于名物訓詁, 以朱謀㙔『詩故』爲最精, 雖間傷穿鑿, 然折衷漢詁, 與游談無根者不同. 若夫蔡卞『毛詩名物解』, 王應麟『詩地理考』,

博採古籍，爲宋代徵實之書．應麟復作『詩考』，于三家『詩』之遺說，採掇成編，【惟未注原文所從出，且遺漏之說甚多．近儒丁晏作『詩考補傳』，而『詩考』之書咸可觀矣．】存古之功，豈可沒乎！此宋，元，明三朝之『詩經』學也．【以上用『四庫全書提要』，『經義攷』，陳氏『毛詩稽古編』諸書．】

第二十六課

宋元明之春秋學

　　宋儒說『春秋』者, 始于孫復. 復作『尊王發微』, 廢棄傳注, 專論書法, 慘礉刻深. 王皙『皇綱論』, 蕭楚『辨疑』, 亦發明尊王之旨. 劉敞『春秋權衡』,【復作『春秋傳』, 『春秋意林』及『說例』.】復評論三傳得失, 以己意爲進退, 而葉夢得,【作『春秋傳』, 『春秋考』及『春秋讞』.】高閌『春秋集說』之書, 咸排斥三傳. 陳傅良『春秋後傳』, 則又雜糅三傳, 蕩棄家法. 自胡安國作『春秋傳』, 借今文以諷時事, 亦與經旨不符,【戴溪『春秋講義』亦然.】而張洽,【『春秋集說』】黃仲炎,【『春秋通說』】趙鵬飛,【『春秋經筌』】洪咨夔,【『春秋說』】家鉉翁『春秋詳說』之書, 咸舍事言理, 棄傳言經, 以元人程端學爲最甚.【作『春秋本義』, 『春秋或問』, 『三傳辨疑』.】自宋陳深『讀春秋編』尊『胡傳』, 而元儒俞皋,【『春秋集傳釋義大成』】汪克寬,【『胡傳纂疏』】咸以『胡傳』爲主.

　　明代『大全』【胡廣等選.】本之, 而『胡傳』遂頒爲功令矣.【明人若陸粲, 袁仁, 楊于庭則不從『胡傳』.】又宋代以來, 以『左傳』爲主者, 有蘇轍,【『春秋集傳.』】呂祖謙,【『左傳傳說』及『續說』.】程公說,【『春秋分紀』】呂大圭,【『春秋或問』】趙汸,【『春秋集傳』, 『春秋師說』, 『春秋屬詞』, 『春秋左氏傳補注』.】童品,【『經傳辨疑』】傅遜,【『左傳屬事』】而蘇趙之書, 亦間取資于『公』, 『穀』, 惟魏了翁,【『左傳要義』】馮時可『左氏釋』釋『左傳』以訓詁爲宗. 其以『公』, 『穀』爲主者, 有

崔子方,【『春秋本例』『春秋例要』】鄭玉,【『經傳缺疑』】亦間取資于『左傳』. 若夫薈萃舊說者, 宋有李明復,【『春秋集義』】元有王元杰,【『春秋讞義』】李濂,【『諸傳會通』】明有王樵,【『輯傳』】朱朝瑛,【『讀春秋略記』】雜採三傳旁及宋儒之說, 惟語鮮折衷耳. 此宋元明三朝之『春秋』學也.【以上探『四庫全書提要』,『經義考』,『春秋大事表』.】

第二十七課

宋元明之禮學

宋儒治三禮者, 始于張淳. 淳作『儀禮識誤』, 攷訂注疏. 而李如圭『儀禮集釋』,【又有『儀禮釋官』.】楊復『儀禮圖』, 魏了翁『儀禮要義』, 皆以纂輯舊說爲主. 朱子作『儀禮經傳通解』, 亦以『儀禮』爲經, 以『周禮』諸書爲傳, 門人黃幹續成之, 惟篇目不從『儀禮』. 及元儒吳澄作『儀禮逸經傳』, 而汪克寬亦作『經禮補佚』, 雜采他書之語, 定爲『儀禮逸文』, 或妄分子目, 體例未純. 敖繼公作『集說』, 遂疑『喪服傳』爲僞書, 而注文不遵鄭氏矣.

治『禮記』者, 始于衛湜『集說』, 徵引該博, 惟掇採未精. 及元吳澄作『纂言』, 重定篇次, 陳澔作『集說』, 立說亦趨淺顯. 明代『大全』【胡廣等選.】本之, 而古義遂亡.【明以『儀禮』爲本經.】若宋張虙『月令解』, 明黃道周『表記』, 『坊記』, 『緇衣』, 『儒行集傳』, 咸爲引古證今之作, 以王夫之『禮記章句』爲最精.

治『周禮』者, 始于王安石『新義』,【王昭禹『周禮詳解』本之.】若鄭伯謙,【『太平經國之書』】王與之『周禮訂義』之書則長於論議, 不考典章. 及俞廷椿作『復古編』, 以五官補「冬官」之缺, 陳友仁【『周禮集說』】從其說. 而易

被『周官補義』亦以臆說解經, 惟朱申『周禮句解』爲稍實. 明人說『周禮』者, 若柯尙遷,【『全經釋原』】王應電【『周禮傳』】咸改亂古經, 橫行新解. 而說三禮總義者, 以宋陳祥道『禮書』爲最著. 然掊擊古義, 穿鑿淺陋, 殊不足觀. 此宋元明三朝之三禮學也.【以上用『四庫全書提要』,『經義考』, 朱彬『禮記訓纂』, 江永「禮經綱目序」.】

第二十八課

宋元明之論語學

附『孟子』,『學』,『庸』

　　宋儒說『論語』者, 惟邢昺等所作『正義』采集古注, 餘咸以義理說經. 自程頤表章『論語』, 程門弟子如范祖禹, 謝顯道, 楊時, 尹焞咸說『論語』. 朱子輯宋儒十一家【二程, 張栻, 呂大臨, 呂祖謙, 謝良佐, 范祖禹, 遊酢, 楊時, 侯師聖, 尹焞.】之說, 作『論語集義』, 復作『論語集解』, 門人黃幹復作『論語注義通釋』. 同時治『論語』者有張栻,【『論語解』】朱震,【『論語解』】元明以降, 說『論語』者咸以朱子爲宗.

　　宋儒說『孟子』者, 有孫奭等所作『正義』, 以趙注爲主, 並作『孟子音義』. 自二程表章『孟子』, 尹焞復作『孟子解』. 及朱子輯宋儒十一家之說, 作『孟子集義』, 復作『孟子集解』.【張栻亦作『孟子解』.】元明以降, 說『孟子』者咸以朱子爲宗.

　　『大學』,『中庸』本列『禮記』, 宋儒特表而出之, 與『論』,『孟』並稱. 司馬光作『學庸廣義』, 程顥亦作『中庸解』, 其弟子遊酢, 楊時咸解『中庸』, 以石礅『中庸集解』爲最詳. 朱子作『學庸章句』,『學庸或問』, 並作『中庸輯略』, 以『大學』爲曾子所作, 分『大學』爲經一章, 傳十章, 復移易經文, 并分『中庸』爲三十三章. 元明以來, 說『學』,『庸』者多主朱子. 惟王栢, 高攀龍復攺定『大學』, 而方孝孺, 王守仁則主復『大學』古本, 與

朱子不同.

　　自程朱以『學』,『庸』,『論』,『孟』爲四書, 而蔡模作『集疏』, 趙順孫作『纂疏』, 吳真子作『集成』, 陳櫟作『發明』, 倪士毅作『輯釋』, 詹道傳作『纂箋』. 明代『大全』【胡廣等選.】本之, 宋學盛行而古說淪亡矣.【以上用『四庫全書提要』,『經義攷』,『蛾術編』.】

第二十九課

宋元明之孝經學

附『爾雅』

　　宋儒治『孝經』者，始于邢昺．昺作『孝經疏』，不信偽古文，以唐玄宗之注爲本，列爲十三經義疏之一．至司馬光篤信偽古文，作『孝經指解』，以『孔傳』爲主，朱子亦信古文．又因胡寅，【謂『孝經』引『詩』非經本文．】汪端明【謂『孝經』多由後人附會．】之疑，作『孝經刊誤』，就古文定爲經文一章，復分傳爲十四章，多所删易．元吳澄則以今文爲正，遵朱子『刊誤』章目，定爲經一章，傳十二章．明孫賁復作『孝經集善』，亦以今文爲正，大抵宗吳澄之說，與古說不符．若元董鼎作『孝經大義』，亦遵朱子之說．明項霖作『孝經述註』，則以孔注爲本，而不盡宗朱，此皆未悉古文之偽者也．惟黃道周『孝經集傳』以鄭氏今文爲正，間以史事釋『孝經』，或參以己說，立意較爲平實，但未能灼見古文之偽耳．【以上採『經義攷』，『四庫全書提要』．】

　　宋儒治『爾雅』者，有邢昺『爾雅疏』，以郭注爲主，然簡質固陋，未悉聲音文字之源．羅愿作『爾雅翼』，陸佃作『爾雅新義』，鑿破亦穿碎，喜採俗說．自是厥後，治雅學者，曠然無聞．『爾雅』以外，治『說文』者，宋有徐鉉，徐鍇，【有『說文係傳』諸書．】張有．元有吾邱衍，亦淺率不足觀．若夫宋陸佃作『埤雅』，于制度名物考證多疏．惟明朱謀㙔作『駢雅』，方

以智作『通雅』，咸引證浩博．即宋郭忠恕『佩觿汗簡』，明楊慎『字說』，
【見『升菴全集』中．】亦足助小學參考之用也．【以上用『宋史』，『元史』，『明史』各列傳
及『四庫全書提要』，謝氏『小學攷』，江藩『爾雅小箋自序』．】

第三十課

近儒之易學

　　明末之時, 言易學者咸知闢陳邵之圖. 黃宗羲作『易學象數論』, 其弟宗炎復作『周易象辭』,『圖書辨惑』, 然不宗漢學, 家法未明. 惟胡渭『易圖明辨』, 李塨『周易傳註』, 舍數言理, 無穿鑿之失. 毛奇齡述仲兄錫齡之言, 作『仲氏易』, 又作『推易始末』,『春秋占筮書』,『易小帖』三書, 謂易占五義, 牽合附會, 務求詞勝. 惟東吳惠氏世傳易學, 自周惕作『易傳』, 其子士奇作『易說』, 雜釋卦爻, 以象爲主, 專明漢例, 但採掇未純.

　　士奇子棟作『周易述』, 以虞注鄭注爲主, 兼采兩漢易家之說, 旁通曲證, 然全書未竟, 門人江藩繼之, 作『周易述補』. 棟又作『易漢學』,『易例』,『周易本義辨證』, 咸宗漢學. 江都焦循作『易章句』, 其體例略仿虞注. 又作『周易通釋』, 掇刺卦爻之文, 以字類相屬, 通以六書九數之義. 復作『易圖略』,『易話』,『易廣記』, 發明大義, 成一家言.

　　武進張惠言治『易』亦宗虞, 鄭, 作『周易虞氏義』,『鄭氏義』, 并作『周易易禮』,『虞氏消息』. 姚佩中, 劉逢祿, 方申宗其義, 佩中作『周易姚氏學』, 逢祿作『易虞氏五述』, 申作『易學五書』, 咸以象數爲主, 或雜援讖緯, 然家法不背漢儒. 若錢澄之,【『田間易學』】李光地,【『周易通論』,『周

易觀象』】蘇宿,【『周易通義』】查愼行,【『周易玩辭集解』】之書，則崇宋黜漢，率多臆測之談，遠出惠焦之下．此近儒之周易學也．

第三十一課

近儒之書學

　　自吳澄，梅鷟攻僞古文，太原閻若璩作『古文尚書疏證』，灼見古文
『孔傳』之僞，惟體例未純，不足當疏證之目．弟子宋鑒廣其義，別作
『尚書考辨』．厥後，惠棟作『古文尚書考』，江聲從棟受業，作『尚書集
注音疏』，江南學者皆遵之．王鳴盛作『尚書後案』，孫星衍作『尚書古今
文注疏』，咸崇今文黜僞孔，以馬，鄭傳注爲宗．段玉裁作『古文尚書撰
異』，亦詳於考覈．

　　惟毛奇齡崇信僞古文，作『古文尚書冤詞』．【朱鶴齡亦信僞古文．】厥後，
莊存與諸人亦言僞『尚書』不可廢．存與作『尚書旣見』，以宣究微言．其
甥劉逢祿亦作『書序述聞』，並作『尚書古今文集解』．及魏源作『書古
微』，以馬，鄭之學出於杜林『漆書』，並疑杜林『漆書』爲僞作，乃排黜
馬，鄭，上溯西漢今文家言，雖武斷穿鑿，亦間有善言．龔自珍治『尚
書』，亦作『太誓答問』，以今文「太誓」爲僞書，常州學派多從之．若李光
地『尚書解義』，張英『書經衷論』，據理臆測，至不足觀．

　　若夫釋『尚書』天文者，有盛百二『尚書釋天』，而胡渭『洪範正論』並
闢災異五行之說．【雖不守漢儒家法，然辨惑之功則甚大．】釋『尚書』地理者，有
蔣廷錫『尚書地理今釋』，而胡渭『禹貢錐指』辨證尤詳．後起之儒，有朱

鶴齡,『禹貢長箋』徐文靖,『禹貢會箋』焦循,『禹貢鄭注釋』程瑤田,『禹貢三江考』成蓉鏡『禹貢班義述』詮釋「禹貢」, 咸有專書. 此近儒之尚書學也.

第三十二課

近儒之詩學

　　國初說『詩』之書, 如錢澄之,【『田間詩學』】嚴虞惇,【『讀詩質疑』】顧鎭【『廣東學詩』】咸無家法. 而毛奇齡作『毛詩寫官記』, 『詩禮』, 顧棟高作『毛詩類釋』, 亦多鑿空之詞. 又吳江朱鶴齡作『詩通義』, 雜采漢宋之說, 博而不純. 陳啓源與鶴齡同里, 商榷『毛詩』作『毛詩稽古編』, 雖未標漢學之幟, 然考究制度名物, 尙能明晰辨章.

　　及李黼平作『毛詩紬義』, 戴震作『毛鄭詩考證』, 『詩經補注』, 咸宗漢詁. 段玉裁受業戴震, 復作『毛詩故訓傳』, 『詩經小學』, 以校訂古經, 然擇言短促. 惟馬瑞辰『毛詩傳箋通釋』, 胡承珙『毛詩後箋』稍爲精博. 至陳奐受業段玉裁, 作『毛詩義疏』, 舍鄭用毛, 克集衆說之大成. 並作『毛詩說』, 『毛詩音』及『鄭氏箋考證』, 以考『鄭箋』之所本.【近儒治『鄭箋』者, 有江都梅植之擬作『鄭箋疏』, 未成.】

　　至若惠周惕作『詩說』, 莊存與作『毛詩說』, 則別爲一派, 舍故訓而究微言.【詳于禮制.】及魏源作『詩古微』, 斥『毛詩』而宗三家『詩』, 然擇說至淆. 龔自珍亦信魏說, 非毛非鄭, 并斥序文. 又丁晏作『詩考補注』, 【專採三家『詩』之說.】陳喬樅作『三家詩遺說』, 並作『齊詩翼氏學疏證』, 皆以三家爲主, 然單詞碎義, 弗克成一家之言. 若夫包世榮作『毛詩禮

證』，焦循作『毛詩草木蟲魚鳥獸釋』，【姚炳作『詩釋名解』，陳大章作『詩傳名物集覽』，黃中松作『詩疑辨證』，亦與焦同.】亦多資多識博聞之用. 此近儒之詩經學也.

第三十三課

近儒之春秋學

順康之交, 說『春秋』者, 仍仿宋儒空言之例. 如方苞,【『春秋通論』】俞汝言【『春秋平義』,『四傳糾正』.】之書是也. 毛奇齡作『春秋傳』, 又作『春秋簡書刊誤』,『春秋屬辭比事記』, 以經文爲綱, 然穿鑿無家法. 惠士奇作『春秋說』, 以典禮說『春秋』, 其書亦雜糅三傳. 顧棟高『春秋大事表』博大精深, 惜體例未嚴.

治『左氏』者, 自顧炎武作『杜解集正』, 朱鶴齡『讀左日抄』本之. 而惠棟,【『左傳補注』】沈彤,【『春秋左傳小疏』】洪亮吉,【『左傳詁』】馬宗槤,【『左傳補注』】梁履繩『左傳補釋』】咸糾正杜注, 引申賈服之緒言, 以李貽德『賈服古注輯述』爲最備. 至劉孟瞻作『左傳舊注正義』, 始集衆說之大成. 是爲『左氏』之學.

治『公羊』者, 以孔廣森『公羊通義』爲嚆矢, 會通禮制, 不墨守何氏之言. 凌曙作『公羊禮說』,『公羊禮疏』,『公羊問答』, 亦以『禮』爲綱.【並注董子『繁露』.】弟子陳立廣其義, 作『公羊正義』,【並疏『白虎通』.】及莊存與作『春秋正辭』, 宣究『公羊』大義, 其甥劉逢祿復作『公羊何氏釋例』,『何氏解詁箋』, 並排斥『左傳』,『穀梁』. 而宋翔鳳, 魏源, 龔自珍, 王闓運咸以『公羊』義說群經. 是爲『公羊』之學.

治『穀梁』者，有侯康，【『穀梁禮證』】柳興恩，【『穀梁大義述』】許桂林，【『穀梁釋例』】鍾文烝【『穀梁補注』】咸非義疏．梅毓作『穀梁正義』，亦未成書．是爲『穀梁』之學．若夫段玉裁校定古經，陳厚耀校正歷譜，江永考究地輿，咸爲有用之學．此近儒之春秋學也．

第三十四課

近儒之禮學

近儒治三禮學者, 始于徐乾學『讀禮通考』,【僅凶禮一門】而萬斯大,【作『學禮質疑』,『儀禮商』,『禮記偶箋』.】蔡德晉,【作『禮經禮傳本義』及『通禮』.】毛奇齡【于昏禮, 喪禮, 祭禮, 廟制, 學校, 明堂, 宗法, 郊禘咸有著述.】盛世佐『儀禮集編』咸治禮經, 然糅雜無家法. 安溪李氏亦深于三禮,【李光地作『周官筆記』, 其弟光坡復作『三禮述注』, 兄子某亦作『周禮訓纂』.】方苞問業光地, 殫心禮學,【於三禮皆有書.】亦武斷無倫緒.

惟張爾岐『儀禮鄭注句讀』分析章句, 條理秩然, 而吳廷華,【『儀禮章句』】金日追,【『儀禮正僞』】沈彤,【『儀禮小疏』】褚寅亮,【『儀禮管見』】亦宗漢詁治『儀禮』, 及江永作『禮經綱目』, 于三禮咸有撰著.【作『周禮疑義舉要』,『禮記訓義擇言』,『釋宮補』.】戴震【作『考工記圖』.】金榜【作『禮箋』】承其學, 同學之士有胡匡衷【作『儀禮釋宮』.】程瑤田.【作『宗法小記』,『喪服足徵錄』,『釋宮小記』,『考工創物小記』, 兼通水地聲律之學.】後有凌廷堪, 胡培翬, 以廷堪『禮經釋例』爲最精. 任大椿【作『釋繒』,『弁服釋例』.】阮元,【作『車制考』.】孔廣森【作『大戴禮補注』.】咸從戴震問『禮』. 張惠言與榜同學作『儀禮圖』, 秦蕙田『五禮通攷』,【集三禮之大成.】亦採江戴之緒言.

自培翬作『儀禮正義』, 而朱彬作『禮記訓纂』, 孫詒讓作『周禮正義』,

三禮新疏咸出舊疏之上矣．後起之書，有黃以周『禮書通故』爲最詳備．
若夫論『禮經』者，有惠士奇，【『禮說』】莊存與，【『周官說』】凌曙，【『禮論』】考
名物制度者，有齊召南，沈彤，【『周官祿田考』】王鳴盛，【『周禮軍賦說』】惠
棟，【『明堂大道錄』】金鶚，【『禮說』】疑三禮者，有方苞，【『疑周禮儀禮』】邵位
西．【『疑儀禮』】此近儒之三禮學也．

第三十五課

近儒之論語學

附『孟子』,『學』,『庸』

　　國初之儒, 治『論語』者, 咸宗朱注, 空言義理, 及劉台琪,【作『論語駢枝』.】方觀旭,【作『論語偶記』.】錢坫,【作『論語後録』.】包愼言【作『論語溫故録』.】始宗漢注治『論語』, 而劉寶楠『論語正義』以何晏『集解』爲主, 集衆說之大成. 厥後劉逢祿,【作『論語述何』.】宋翔鳳,【作『論語發微』.】戴望,【作『論語注』.】咸以『公羊』述『論語』, 別成一家言, 而焦循『論語通釋』, 析理尤精, 江永『鄉黨圖考』, 亦究心名物制度. 繼起之書, 有黃式三『論語後案』, 力持漢宋之平時有善言.

　　近儒治『孟子』者, 亦空言性理, 惟黃宗羲『孟子師說』爲稍優. 若焦循『孟子正義』, 折衷趙注, 廣博精深, 而戴震『孟子字義疏證』, 解析義理, 黜宋崇漢, 亦近代之奇書也.

　　國初治『學』『庸』者, 亦從朱子定本, 自毛奇齡,【作『大學證文』.】李塨【大學辨業』始排斥宋注, 而李光地治『大學』, 亦主復古本, 惟所作『中庸章段』, 仍空言義理. 乾嘉以後, 治漢學者, 則反『學』『庸』于『禮記』, 而汪中『大學評議』, 尤爲正本清源之論. 若惠棟,【『易大義』】魏源【『易庸通義』】則以『周易』述『中庸』, 宋翔鳳, 包愼言, 則以『公羊』述『中庸』, 別爲一派.

近儒雖多宗漢學，然以『學』·『庸』·『論』·『孟』爲四書，仍多沿宋儒之號．毛奇齡作『四書改錯』，排斥朱注不遺餘力，而閻若璩『四書釋地』，翟灝『四書攷異』，凌曙『四書典故覈』，考證亦精，皆宗漢註，而排斥宋注者也．

第三十六課

近儒之孝經學
附『爾雅』

　　近儒治『孝經』者, 始于毛奇齡, 奇齡作『孝經問』, 排朱子, 吳澄之說, 然以空理相駁詰, 頗乖著書之體. 自阮福作『孝經義疏』, 定鄭注爲小同所著, 而近人皮錫瑞, 復作『孝經鄭注疏』, 以伸鄭注之義. 若丁晏『孝經徵文』, 徵引繁博, 且力攻孔傳爲僞書, 汪宗沂『孝經輯傳』, 復攻鄭注爲不經, 而姚際恒作『古今僞書考』, 直列『孝經』于僞書, 定爲張禹同時人所作, 殆疏于考證者也.

　　近儒治漢學者, 咸治『爾雅』, 以古訓爲宗. 邵晉涵作『爾雅正義』, 以郭注爲主, 守疏不破注之例. 郝懿行復作『爾雅義疏』, 雖亦宗郭注, 然注有訛謬, 則博采漢注, 或以己說訂正之, 且正名辨物, 咸卽字音求字義, 多得阮元之傳. 若臧庸輯『爾雅』舊注, 葉蕙心復作『爾雅古注斠』, 皆旁采漢魏以前舊說, 惟語鮮折衷. 又近人胡元玉作『雅學考』, 于雅學源流敍列頗詳.

　　『爾雅』以外, 疏張揖『廣雅』者, 有王念孫, 疏揚雄『方言』者, 有戴震, 錢侗, 而杭世駿復作『續方言』, 沈齡爲之作疏, 疏劉熙『釋名』者, 有江聲, 畢沅, 釋許愼『說文解字』者, 有段玉裁, 桂馥, 王筠,【餘書甚多.】輯呂忱『字林』者, 有林大椿, 而大椿復輯『小學鉤沈』, 若夫吳玉搢

作『別雅』，宋翔鳳疏『小爾雅』，孫星衍輯『蒼頡篇』，皆足補『爾雅注疏』之缺，此小學所由日盛也．

「유군(劉君) 신숙(申叔) 사략(事略)」

채원배(蔡元培)

군의 이름은 사배(師培)이고 신숙(申叔)은 그의 자이다. 또 다른 이름은 광한(光漢)이고, 별호는 좌암(左盦)이며, 강소(江蘇) 의정(儀征) 출신이다. 그 증조부는 문기(文淇), 조부는 육숭(毓崧), 백부는 수증(壽曾)인데, 모두 『춘추좌씨전(春秋左氏傳)』 연구로 당시에 유명하였다. 부친은 귀증(貴曾)인데, 역시 경술(經術)로 유명하였다.

군은 어려서 총명하여 12세에 바로 사자서(四子書)와 오경(五經)을 다 읽었다. 처음 시첩의 시를 익힐 때였다. 어느 날 밤, 달빛이 밝은데 시를 외던 중 홀연 깨달음이 있어서 기뻐하며 시를 지었으니, 「수선화부(水仙花賦)」이다. 또 하루 이틀 힘써서 「봉선화시(鳳仙花詩)」 100수를 지었다. 다른 책을 읽을 때도 이와 같이 성실하여 박학다식하였으며, 나가서 말할 때는 어른들에게 항상 공손하였다.

18세에 현학 생원(縣學生員)이 되었다. 19세에 향천(鄕薦)을 받았고, 20세에 회시(會試)에 응시하러 경사에 갔다가 돌아오는 길에 상해(上海)에 체류하며 장병린(章炳麟) 및 다른 애국 학자 동지들을 만나 끝내 혁명에 찬성하게 되었다. 이때가 민국(民國) 기원전 9년 전이다.

혼인하고서 이윽고 부인 하반(何班)과 함께 상해로 갔다. 하반은

애국여학교에 들어가 공부하고, 군은 광한으로 개명하고 『양서(攘書)』
를 저술하여 배만복한(排滿復漢)을 제창하였다. 민국 기원전 8년, 임
해(林□)와 함께 경종일보사(警鍾日報社)를 맡았다. 겨울, 만복화(萬福
華) 등과 왕지춘(王之春)을 암살하려다가 미수로 그쳤다.

민국 기원전 7년 봄, 군은 국수학보(國粹學報)에 글을 게재하였는데,
얼마 지나지 않아 경종일보가 폐간되었다. 군은 진중보(陳仲甫), 장사쇠
(章士釗) 등과 무호(蕪湖)의 환강중학(皖江中學)에서 교원으로 있으면서
백화보(白話報)를 발행하였다. 민국 기원전 5년에 일본으로 망명하였는
데, 하반도 함께 가서 진(震)으로 개명하였다. 이때 민보(民報)에 글을
썼는데, 장병린과 의기투합하였다.

여름, 군이 천의보(天義報)를 창간하였다. 가을, 장계(張繼)와 사회주
의 강습회를 열었다. 민국 기원전 4년, 또 형보(衡報)를 창간하였다. 이
두 가지는 모두 사회주의와 무정부주의에 대한 것이었다. 이해에 군은
갑자기 장병린과 사이가 틀어졌으나, 장병린은 안 좋은 옛일을 염두에
두지 않고 군을 매우 그리워하여, 이에 나와 약속하여 함께 상해의 신
문들에 광고를 내서 군에게 동쪽으로 올 것을 권하였다.

민국 기원전 2년, 하진을 움직여 군에게 단방(端方)을 위해 일할
것을 요구하였다. 군은 이해 겨울에 귀국하여 강남에서 단방을 따랐
는데, 민국 기원전 1년 단방을 따라 사천(四川)에 갔다가 단방은 죽고
군은 다행히 죽음을 면하여 사천국학원(四川國學院)에서 강학하였다.
그러나 장강 이남에서의 군의 행적은 잘 알 수 없고, 군은 산서(山西)
로 갔다. 민국 3년에 북경으로 갔다.

민국 4년, 군은 갑자기 양도(楊度) 등에게 포섭되어 주안회(籌安會)
에 가입했다. 원세개(袁世凱)가 죽고서 군은 천진(天津)에 체류했다.

내가 북경대학의 총장이 된 후 군을 초빙하여 교수로 임용하였다. 군은 당시에 병이 이미 심하여 큰소리로 강연을 할 수 없었다. 그러나 준비한 강의가 깊이 있어 매우 학생들의 환영을 받았다. 민국 8년 11월 20일, 군이 졸하였다. 나이 36세였다.

그의 저작으로 그 제자인 진종범(陳鍾凡), 유문전(劉文典) 제군의 수집을 거친 것, 그 벗인 전현동(錢玄同)이 정리한 것, 남계형(南桂馨)이 정유부(鄭裕孚)를 초빙하여 교정 인쇄한 것들은 모두 뭇 경서(經書) 및 소학(小學, 문자학)에 관한 것 22종, 학술(學術) 및 문사(文辭)를 논한 것 13종, 뭇 서적들을 교감 주석한 것 24종으로, 시문집 외에는 대부분 민국 기원전 9년 이후 15년 동안 쓴 것들이다. 그 근면함과 민첩함이 매우 놀랍다. 만일 군이 학술에 전념하여 바깥일에 흔들리지 않고 신체를 건강히 하여 저술에 매진했다면, 그가 이루었을 학설이 끝이 있었겠는가? 애석하다!

민국 25년 8월

(『유신숙유서(劉申叔遺書)』권수(卷首)에서 발췌)

劉君申叔事略

蔡元培

君名師培，申叔其字也．又名光漢，別號左盦，江蘇儀征人．其曾祖文淇，祖毓崧，伯父壽曾，均以治『春秋左氏傳』有聲於時．父貴曾，亦以經術名．

君幼慧，年十二，即讀畢四子書及五經．初習爲試帖詩，一夜，月色皎然，諷誦之頃，恍然有悟，遂喜爲詩賦，曾作「水仙花賦」．又窮一二日之力，成「鳳仙花詩」一百首．其讀他書，勤備亦如是，博學強記，出語恒警其長老．

年十八，補縣學生員．十九，領鄉薦．二十，赴京會試，歸途，滯上海，晤章炳麟及其他愛國學社諸同志，遂贊成革命．時民國紀元前九年也．

歸娶，旋偕其妻何班至上海．何班進愛國女學肄業，而君則改名光漢，著『攘書』，昌言排滿復漢矣．前八年，與林君獬主持警鍾日報社．冬，與萬君福華等謀刺王之春，未遂．

前七年，春，君時作文揭載於國粹學報．未幾，警鍾日報被封．君與陳仲甫，章士釗諸君在蕪湖之皖江中學任教員，並發行白話報．前五年，亡命日本，何班偕往，改名震．時爲民報撰文．與炳麟甚相得．

夏，君創天義報．秋．與張君繼設社會主義講習會．前四年，又創衡報，此兩報皆言社會主義與無政府主義者也．是年，君忽與炳麟齟齬，有小人乘間跡，炳麟不念舊惡，甚思君，乃約余共登一廣告於上海各報，勸君東下．

民國二年運動何震，劫持君爲端方用．君於是年冬歸國，依端方於江南．前一年，隨端方至四川．端方死，君幸而免，蓋在四川國學院講學．然長江下遊不易知君蹤，君赴山西．三年，赴北京．

四年，君忽爲楊度等所勾引，加入籌安會．袁世凱死，君留滯天津．余長北京大學後，聘君任教授．君時病瘵已深，不能高聲講演．然所編講義，元元本本，甚爲學生所歡迎．八年十一月二十日，君卒．年三十有六．

所著書經其弟子陳鍾凡，劉文典諸君所搜輯，其友錢君玄同所整理，南君桂馨聘鄭君裕孚所校印者，凡關於論群經及小學者二十二種，論學術及文辭者十三種，群書校釋二十四種，除詩文集外，率皆民元前九年以後十五年中所作，其勤敏可驚也．向使君委身學術．不爲外緣所擾．以康強其身，而盡瘁於著述，其所成說寧可限量？惜哉！

二十五年八月

（選自『劉申叔遺書』卷首）

중국경학사(中國經學史)

초판 1쇄 인쇄 2020년 2월 21일
초판 1쇄 발행 2020년 2월 28일

지은이 유사배
옮긴이 이영호·서혜준
펴낸이 신동렬
책임편집 신철호
편집 현상철·구남희
마케팅 박정수·김지현

펴낸곳 성균관대학교 출판부
등록 1975년 5월 21일 제1975-9호
주소 03063 서울특별시 종로구 성균관로 25-2
대표전화 (02)760-1253~4
팩시밀리 (02)762-7452
홈페이지 http://press.skku.edu

ISBN 979-11-5550-407-9 94150
      978-89-7986-833-3 (세트)

이 저서는 2018년 대한민국 교육부와 한국연구재단의 지원을 받아 수행된 연구임.
(NRF-2018S1A6A3A01023515)